Mitbestimmung
und Verantwortlichkeit

Europäische Hochschulschriften

Publications Universitaires Européennes
European University Studies

Reihe II
Rechtswissenschaft

Série II Series II
Droit
Law

Bd./Vol. 3207

PETER LANG
Frankfurt am Main · Berlin · Bern · Bruxelles · New York · Oxford · Wien

Stefanie Jürgens

Mitbestimmung und Verantwortlichkeit

Die Haftung der Arbeitnehmervertreter im Aufsichtsrat unter besonderer Berücksichtigung ihrer Rechtsstellung dargestellt am Beispiel der Aktiengesellschaft

PETER LANG
Europäischer Verlag der Wissenschaften

Die Deutsche Bibliothek - CIP-Einheitsaufnahme

Jürgens, Stefanie:

Mitbestimmung und Verantwortlichkeit : die Haftung der Arbeitnehmervertreter im Aufsichtsrat unter besonderer Berücksichtigung ihrer Rechtsstellung ; dargestellt am Beispiel der Aktiengesellschaft / Stefanie Jürgens. - Frankfurt am Main ; Berlin ; Bern ; Bruxelles ; New York ; Oxford ; Wien : Lang, 2001
(Europäische Hochschulschriften : Reihe 2, Rechtswissenschaft ; Bd. 3207)
Zugl.: Münster (Westfalen), Univ., Diss., 2001
ISBN 3-631-38214-6

D 6
ISSN 0531-7312
ISBN 3-631-38214-6

www.peterlang.de

Vorwort

Diese Arbeit wurde im Wintersemester 2000/2001 von der Rechtswissenschaftlichen Fakultät der Westfälischen Wilhelms-Universität Münster als Dissertation angenommen. Rechtsprechung und Literatur sind bis Februar 2001 berücksichtigt.

Bedanken möchte ich mich bei meinem Doktorvater, Herrn Prof. Dr. Dr. h.c. Wilfried Schlüter, der das Thema der Arbeit angeregt und ihren Fortgang stets interessiert verfolgt hat. Besonderen Dank schulde ich ihm für die lange Zeit, in der ich an seinem Lehrstuhl arbeiten durfte.

Außerdem danke ich Herrn Prof. Dr. Johann Kindl, der es übernommen hat, das Zweitgutachten zu erstellen.

Ganz besonders am Herzen liegt es mir, mich bei meinen großartigen Eltern zu bedanken. Der Rückhalt, den sie mir immer gegeben haben und noch geben, war und ist für mich sehr wichtig. Ohne sie wäre die Arbeit nicht möglich gewesen.

März 2001 *Stefanie Jürgens*

Inhaltsverzeichnis

Literaturverzeichnis

Abeltshauser, Thomas E.: Leitungshaftung im Kapitalgesellschaftsrecht; Köln, Berlin, Bonn, München 1998.

Altmeppen, Holger: Arbeitnehmerbeteiligung im Personalausschuß des Aufsichtsrats; in: Pfeiffer, Gerd / Kummer, Joachim /Scheuch, Silke (Hrsg.), Festschrift für Hans Erich Brandner zum 70. Geburtstag, Köln 1996, S. 3 ff.

Arbeitskreis „Externe und interne Überwachung der Unternehmung„ der Schmalenbachgesellschaft / Deutsche Gesellschaft für Betriebswirtschaft e.V.: Grundsätze ordnungsgemäßer Aufsichtsratstätigkeit – ein Diskussionspapier; DB 1995, S. 1 ff.

Auffarth, Fritz: Zur Bedeutung der Beteiligungsrechte des Betriebsrats nach dem Betriebsverfassungsgesetz 1972 für eine paritätische Mitbestimmung der Arbeitnehmer auf Unternehmensebene; RdA 1976, S. 2 ff.

Badura, Peter: Paritätische Mitbestimmung und Verfassung; München 1985.

ders. / ***Rittner***, Fritz / ***Rüthers***, Bernd: Mitbestimmungsgesetz 1976 und Grundgesetz; München 1977.

Bastuck, Burkhard: Enthaftung des Managements; Köln, Berlin, Bonn, München 1986.

Bauer, Ulrich: Organklagen zwischen Vorstand und Aufsichtsrat der Aktiengesellschaft; Köln, Berlin, Bonn, München 1986.

Baumbach, Adolf / ***Hueck***, Alfred: GmbH-Gesetz; 17. Auflage, München 2000 (zit.: Baumbach/Hueck-*Bearbeiter*).

Baums, Theodor: Empfiehlt sich eine Neuregelung des aktienrechtlichen Anfechtungs- und Organhaftungsrechts, insbesondere der Klagemöglichkeiten von Aktionären?; Gutachten F für den 63. Deutschen Juristentag; Verhandlungen des dreiundsechzigsten Deutschen Juristentages Leipzig 2000, Band I, München 2000.

Bayer, Walter: Aktionärsklagen des lege lata und de lege ferenda; NJW 2000, S. 2609 ff.

Belling, Detlev W.: Die Haftung des Betriebsrats und seiner Mitglieder für Pflichtverletzungen; Tübingen 1990.

Bertelsmann Stiftung / ***Hans-Böckler-Stiftung*** (Hrsg.): Mitbestimmung und neue Unternehmenskulturen – Bilanz und Perspektiven; Gütersloh 1998 (zit.: *Bericht der Kommission Mitbestimmung*).

Biedenkopf, Kurt H.: Mitbestimmung, Beiträge zur ordnungspolitischen Diskussion; Köln 1972.

Blomeyer, Wolfgang: Beschränkung der Arbeitnehmerhaftung bei nicht gefahrgeneigter Arbeit – BAG-GS, NJW 1993, S. 1732 ff.; JuS 1993, S. 903 ff.

Brill, Werner: Zur zivilrechtlichen Haftung des Betriebsrats und seiner Mitglieder (I); AuR 1980, S. 353 ff.

Brox, Hans: Allgemeiner Teil des BGB; 24. Auflage, Köln, Berlin, Bonn, München 2000 (zit.: *Brox*, BGB AT).

ders. / ***Rüthers***, Bernd: Arbeitsrecht; 14. Auflage, Stuttgart, Berlin, Köln 1999.

Bydlinski, Franz: Zur „Reduktionsklausel„ des deutschen Referentenentwurfes für eine Novellierung der Schadensersatzrechtes; JBl 1968, S. 330 ff.

Canaris, Claus-Wilhelm: Verstöße gegen das verfassungsrechtliche Übermaßverbot im Recht der Geschäftsfähigkeit und im Schadensersatzrecht; JZ 1987, S. 993 ff.

Chen, Ming-Huei: Zum Schutz der Repräsentanten der Arbeitnehmer im Recht der Betriebsverfassung und der Unternehmensmitbestimmung; München 1995.

Claussen, Carsten P.: Abgestufte Überwachungspflicht des Aufsichtsrats?; AG 1984, S. 20 ff.

ders: Aktienrechtsreform 1997; AG 1996, S. 481 ff.

Clemm, Hermann: Abschlußprüfer und Aufsichtsrat; ZGR 1980, S. 455 ff.

Däubler, Wolfgang: Das Arbeitsrecht 1, Leitfaden für Arbeitnehmer; 15. Auflage, Reinbek bei Hamburg 1998.

ders. / ***Kittner***, Michael / ***Klebe***, Thomas (Hrsg.): Betriebsverfassungsgesetz, Kommentar für die Praxis; 7. Auflage, Frankfurt am Main 2000 (zit.: Däubler/Kittner/Klebe-*Bearbeiter*).

Deckert, Martina: Effektive Überwachung der AG-Geschäftsführung durch Ausschüsse des Aufsichtsrates; ZIP 1996, S. 985 ff.

Denecke, Johannes: Die Frage der Beschränkung der Haftung des Arbeitnehmers; RdA 1952, S. 209 ff.

Dernburg, Heinrich: Die Schuldverhältnisse; 3. Auflage, Halle a.S. 1905.

Deutsch, Erwin: Allgemeines Haftungsrecht; 2. Auflage, Köln, Berlin, Bonn, München 1996.

Dietz, Rolf / ***Richardi***, Reinhard: Betriebsverfassungsgesetz;
- Band 2: §§ 74 – Schluß mit Betriebsverfassungsgesetz 1952; 6. Auflage, München 1982.

Döring, Helmut: Arbeitnehmerhaftung und Verschulden; Berlin 1977.

Dörner, Dietrich / ***Oser***, Peter: Erfüllen Aufsichtsrat und Wirtschaftsprüfer ihre Aufgaben?; DB 1995, S. 1085 ff.

Dreher, Meinrad: Interessenkonflikte bei Aufsichtsratsmitgliedern von Aktiengesellschaften; JZ 1990, S. 896 ff.

ders.: Das Ermessen des Aufsichtsrats; ZHR 158 (1994), S. 614 ff.

ders.: Die Qualifikation der Aufsichtsratsmitglieder; in: Ebenroth, Carsten Thomas / Hesselberger, Dieter / Rinne, Manfred Eberhard (Hrsg.), Verantwortung und Gestaltung, Festschrift für Karlheinz Boujong, München 1996, S. 71 ff.

Edenfeld, Stefan / ***Neufang***, Sebastian: Die Haftung der Arbeitnehmervertreter im Aufsichtsrat; AG 1999, S. 49 ff.

Eisenhardt, Ulrich: Zum Problem der Haftung der Aufsichtsratsmitglieder von Aktiengesellschaft und GmbH gegenüber der Gesellschaft; Jura 1982, S. 289 ff.

Ensch, Jürgen: Institutionelle Mitbestimmung und Arbeitnehmereinfluß; Köln, Berlin, Bonn, München 1989.

Emmerich, Volker / ***Sonnenschein***, Jürgen: Konzernrecht; 6. Auflage, München 1997.

Erdmann, Ernst-Gerhard: Die Bedeutung der Mitbestimmung des Betriebsrats für die unternehmerische Entscheidung: Der Weg zur Überparität; RdA 1976, S. 87 ff.

Erman, Walter: Handkommentar zum Bürgerlichen Gesetzbuch; Westermann, Harm Peter (Hrsg.)
- 1. Band: §§ 1 – 853, MHG, ProdHaftG, VerbrKrG, HausTWG, AGBG; 10. Auflage, Münster, Köln 2000 (zit.: Erman/*Bearbeiter*).

Fabricius, Fritz (Hrsg.): Gemeinschaftskommentar zum Mitbestimmungsgesetz; Neuwied 1976 (zit.: GK-MitbestG/*Bearbeiter*).

ders. / ***Kraft***, Alfons / ***Wiese***, Günther / ***Kreutz***, Peter / ***Oetker***, Hartmut: Gemeinschaftskommentar zum Betriebsverfassungsgesetz; 6. Auflage, Neuwied, Kriftel, Berlin
- Band I: §§ 1 – 73 mit Wahlordnungen (1997)
- Band II: §§ 74 – 132 mit Kommentierung des BetrVG 1952 (1998)
(zit.: GK-BetrVG/*Bearbeiter*).

Faude, Michael: Schulungsansprüche von Aufsichtsratsmitgliedern der Arbeitnehmer?; DB 1983, S. 2249 ff.

Feddersen, Dieter: Neue gesetzliche Anforderungen an den Aufsichtsrat; AG 2000, S. 385 ff.

Fees, Werner: Multinationale Unternehmen und Mitbestimmung; Frankfurt a.M., Bern, New York, Paris 1986.

Fitting, Karl / ***Kaiser***, Heinrich / ***Heither***, Friedrich / ***Engels***, Gerd: Betriebsverfassungsgesetz, Handkommentar; 20. Auflage, München 2000.

Fitting, Karl / ***Wlotzke***, Otfried / ***Wißmann***, Hellmut: Mitbestimmungsgesetz, Kommentar; 2. Auflage, München 1978.

Fleck, Hans-Joachim: Das Organmitglied – Unternehmer oder Arbeitnehmer?; in: Dietrich, Thomas / Gamillscheg, Franz / Wiedemann, Herbert (Hrsg.), Festschrift für Marie Luise Hilger und Hermann Stumpf, München 1983, S. 197 ff.

ders.: Eigengeschäfte eines Aufsichtsratsmitglieds; in: Kübler, Friedrich / Mertens, Hans-Joachim / Werner, Winfried (Hrsg.), Festschrift für Theodor Heinsius zum 65. Geburtstag, Berlin, New York 1991, S. 89 ff.

Forster, Karl-Heinz: Aufsichtsrat und Abschlußprüfung; ZfB 58 (1988), S. 789 ff.

Gamillscheg, Franz: Die Mitbestimmung der Arbeitnehmer im deutschen Recht nach dem Urteil des Bundesverfassungsgerichts vom 1. März 1979; in: Gamillscheg, Franz / de Givry, Jean / Hepple, Bob / Verdier, Jean-Maurice (Hrsg.), Gedächtnisschrift für Sir Otto Kahn-Freund, München 1980, S. 93 ff.

Gaul, Dieter: Das Arbeitsrecht im Betrieb, Band II; 8. Auflage, Heidelberg 1986.

Geitner, Dirk: Offene Fragen im Mitbestimmungsgesetz; AG 1976, S. 210 ff.

Geßler, Jörg H.: Aktiengesetz, Kommentar; Loseblattsammlung, Neuwied, Kriftel, Berlin, Stand: Dezember 2000

Geßler, Ernst / ***Hefermehl***, Wolfgang / ***Eckardt***, Ulrich / ***Kropff***, Bruno: Aktiengesetz, Kommentar; München
- Band II: §§ 76 – 147 (1973, 1974)
- Band III: §§ 148 – 178 (1973).

Gierke, Otto: Der Entwurf eines bürgerlichen Gesetzbuchs und das deutsche Recht; Leipzig 1889.

Godin, Freiherr von / ***Wilhelmi***, Hans: Aktiengesetz; 4. Auflage, Berlin, New York 1971.

Götz, Heinrich: Die Überwachung der Aktiengesellschaft im Lichte jüngerer Unternehmenskrisen; AG 1995, S. 337.

Großkommentar zum Aktiengesetz: Hopt, Klaus J. / Wiedemann, Herbert (Hrsg.)
- Erster Band, 2. Halbband §§ 76 – 147; 3. Auflage, Berlin, New York 1973
- §§ 92 - 94; 4. Auflage, Berlin New York 1999
- Mitbestimmungsgesetz; 4. Auflage, Berlin, New York 1999
(zit.: Großkommentar AktG/*Bearbeiter*).

Habetha, Joachim W.: Direktorenhaftung und gesellschaftsfinanzierte Haftpflichtversicherung; Heidelberg 1994.

Hanau, Peter: Das Verhältnis des Mitbestimmungsgesetzes zum kollektiven Arbeitsrecht; ZGR 1977, S. 397 ff.

ders.: Die arbeitsrechtliche Bedeutung des Mitbestimmungsurteils des Bundesverfassungsgerichts; ZGR 1979, S. 524 ff.

ders. / ***Adomeit***, Klaus: Arbeitsrecht; 12. Auflage, Neuwied, Kriftel, Berlin 2000.

ders. / ***Ulmer***, Peter: Mitbestimmungsgesetz, Kommentar; München 1981.

Hauß, Fritz: Referat zu Thema „Empfiehlt es sich, die Haftung für schuldhaft verursachte Schäden zu begrenzen? Kann für den Umfang der Schadensersatzpflicht auf die Schwere des Verschuldens und die Tragweite der verletzen Norm abgestellt werden?„; in: Verhandlungen des 43. Deutschen Juristentages, Band II (Sitzungsberichte), Tübingen 1962.

Henn, Günter: Handbuch des Aktienrechts; 6. Auflage, Heidelberg 1998.

Henze, Hartwig: Leitungsverantwortung des Vorstands – Überwachungspflicht des Aufsichtsrats; BB 2000, S. 209 ff.

Hess, Harald / ***Schlochauer***, Ursula / ***Glaubitz***, Werner: Kommentar zum Betriebsverfassungsgesetz; 5. Auflage, Neuwied, Berlin, Kriftel 1997.

Hoffmann, Dietrich / ***Preu***, Peter: Der Aufsichtsrat; 4. Auflage, München 1999.

Hoffmann, Dietrich / ***Lehmann***, Jürgen / ***Weinmann***, Heinz: Mitbestimmungsgesetz, Kommentar; München 1978.

Hoffmann-Becking, Michael: Der Aufsichtsrat im Konzern; ZHR 159 (1995), S. 325 ff.

Hohloch, Gerhard: Allgemeines Schadensrecht, Empfiehlt sich eine Neufassung der gesetzlichen Regelung des Schadensrecht (§§ 249 – 255 BGB)?; in: Gutachten und Vorschläge zur Überarbeitung des Schulrechts, Band I; Köln 1981.

Hommelhoff, Peter: Die Autarkie des Aufsichtsrats – Besprechung der Entscheidung BGHZ 85, 295 „Hertie„ -; ZGR 1983, S. 551 ff.

ders.: 100 Bände BGHZ: Aktienrecht; ZHR 151 (1987), S. 493 ff.

ders. / ***Mattheus***, Daniela: Corporate Governance nach dem KonTraG; AG 1998, S. 249 ff.

Hopt, Klaus J.: Die Haftung von Vorstand und Aufsichtsrat – Zugleich ein Beitrag zur corporate governance-Debatte -; in: Immenga, Ulrich / Möschel, Wernhard / Reuter, Dieter (Hrsg.), Festschrift für Ernst-Joachim Mestmäcker, Baden-Baden 1996, S. 909 ff.

Horlitz, Horst: Betrachtungen zur Verantwortung und Haftung des Aufsichtsrats (Beirats, Verwaltungsrats); 2. Auflage, Essen 1989.

Horn, Norbert: Die Haftung des Vorstands der AG nach § 93 AktG und die Pflichten des Aufsichtsrats; ZIP 1997, S. 1129 ff.

Hübner, Ulrich: Mangerhaftung, München 1992.

Hüffer, Uwe: Aktiengesetz, Kommentar; 4. Auflage, München 1999.

Ihlas, Horst: Organhaftung und Haftpflichtversicherung; Berlin 1997.

Jaeger, Carsten: Aufsichtsratsausschüsse ohne Arbeitnehmervertreter?; ZIP 1995, S. 1735 ff.

Jakobs, Michael Ch.: Der Grundsatz der Verhältnismäßigkeit; Köln, Berlin, Bonn, München 1985.

Jaschke, Thomas: Die betriebswirtschaftliche Überwachungsfunktion aktienrechtlicher Aufsichtsräte; Köln 1989.

Jhering, Rudolph: Das Schuldmoment im Römischen Privatrecht; in: Civilistische Abhandlungen, Band 13, Giessen 1867.

Jürgenmeyer, Michael: Das Unternehmensinteresse; Heidelberg 1984.

Kästner, Karin: Aktienrechtliche Probleme der D&O-Versicherung; AG 2000, S. 113 ff.

Kallmeyer, Harald: Organhaftpflichtprozesse in der Aktiengesellschaft; AG 1997, S. 107 ff.

Kau, Wolfgang M. / ***Kukat***, Klaus: Haftung von Vorstands- und Aufsichtsratsmitgliedern bei Pflichtverletzungen nach dem Aktiengesetz; BB 2000, S. 1045 ff.

Kindl, Johann: Die Geltendmachung vom Mängeln bei aktienrechtlichen Aufsichtsratsbeschlüssen und die Besetzung von Ausschüssen im mitbestimmten Gesellschaften; DB 1993, S. 2065 ff.

Kleine, Thorsten: Arbeitnehmervertreter in den Aufsichtsräten von Genossenschaften; Münster 1993.

Klinkhammer, Heinz / ***Rancke***, Friedbert: Verschwiegenheitspflicht der Aufsichtsratsmitglieder; Königstein/Ts. 1978.

Koch, Wolfgang: Das Unternehmensinteresse als Verhaltensmaßstab der Aufsichtsratsmitglieder im mitbestimmten Aufsichtsrat einer Aktiengesellschaft; Frankfurt a. M., Bern, New York 1983.

Kölner Kommentar zum Aktiengesetz: Zöllner, Wolfgang (Hrsg.), 2. Auflage, Köln, Berlin, Bonn, München
- Band 2: §§ 76 – 117 AktG (1996)
- Band 4: Rechnungslegung der Aktiengesellschaft (1991)
(zit.: Kölner Kommentar/*Bearbeiter*).

Köstler, Roland / ***Kittner***, Michael / ***Zachert***, Ulrich: Aufsichtsratspraxis; 6. Auflage, Frankfurt am Main 1999.

Köstler, Roland / ***Schmidt***, Thomas: Interessenvertretung und Information; BB 1981, S. 88 ff.

Konrad, Birgitta: Das Recht am Arbeitsplatz als sonstiges Recht im Sinne von § 823 I BGB; Diss Univ. Münster 1984.

Kossen, Klaus C.: Haftung des Vorstandes und des Aufsichtsrates einer Aktiengesellschaft für Pflichtverletzungen; DB 1988, S. 1785 ff.

Kowalski, André: Der Ersatz von Gesellschafts- und Gesellschafterschaden; Köln 1990.

Krieger, Gerd: Personalentscheidungen des Aufsichtsrats; Köln, Berlin, Bonn, München 1981.

Kropff, Bruno: Aktiengesetz, Düsseldorf 1965.

Kübler, Friedrich / ***Schmidt***, Walter / ***Simitis***, Spiros: Mitbestimmung als gesetzgebungspolitische Aufgabe; Baden-Baden 1978.

Kust, Egon: Zur Sorgfaltspflicht und Verantwortlichkeit eines ordentlichen und gewissenhaften Geschäftsleiters; WM 1980, S. 758 ff.

Lange, Hermann: Empfiehlt es sich, die Haftung für schuldhaft verursachte Schäden zu begrenzen? Kann für den Umfang der Schadensersatzpflicht auf die Schwere des Verschuldens und die Tragweite der verletzten Norm abgestellt werden?; Gutachten für den 43. Deutschen Juristentag; Verhandlungen des 43. Deutschen Juristentags, Band I, Tübingen 1960.

Lehmann, Jürgen: Die Zusammensetzung von Aufsichtsratsausschüssen in Gesellschaften, für die das MitbestG gilt; AG 1977, S. 14 ff.

Lieb, Manfred: Arbeitsrecht; 7. Auflage, Heidelberg 2000.

Löwe, Walter: Richterliche Ermäßigung des Schadensersatzes?; VersR 1970, S. 289 ff.

Lorenz-Meyer, Ulrich: Haftungsstruktur und Minderung der Schadensersatzpflicht durch richterliches Ermessen; Tübingen 1971.

Loritz, Karl-Georg: Sinn und Aufgabe der Mitbestimmung heute; ZfA 1991 S. 1 ff.

Lutter, Marcus: Information und Vertraulichkeit im Aufsichtsrat; 2. Auflage, Köln, Berlin, Bonn, München 1984 (zit.: *Lutter*, Information und Vertraulichkeit).

ders.: Defizite für eine effiziente Aufsichtsratstätigkeit und gesetzliche Möglichkeiten der Verbesserung; ZHR 159 (1995), S. 287 ff.

ders. / ***Kremer***, Thomas: Die Beratung der Gesellschaft durch Aufsichtsratsmitglieder; ZGR 1992, S. 87 ff.

ders. / ***Krieger***, Gerd: Rechte und Pflichten des Aufsichtsrats; 3. Auflage, Freiburg/Br. 1993.

Marhold, Franz: Aufsichtsratstätigkeit und Belegschaftsvertretung; Wien 1985.

Matthießen, Volker: Stimmrecht und Interessenkollision im Aufsichtsrat; Köln, Berlin, Bonn, München 1989.

Medicus, Dieter: Schuldrecht I, Allgemeiner Teil; 12. Auflage, München 2000 (zit.: *Medicus*, SchuldR I).

ders.: Der Grundsatz der Verhältnismäßigkeit im Privatrecht; AcP 192 (1992), S. 35 ff.

Merkt, Hanno: US-amerikanisches Gesellschaftsrecht; Heidelberg 1991.

Mertens, Hans-Joachim: Aufsichtsratsausschüsse, Mitbestimmung und Methodenlehre; AG 1981, S. 113 ff.

ders.: Bedarf der Abschluß einer D & O Versicherung durch die Aktiengesellschaft der Zustimmung der Hauptversammlung?; AG 2000, S. 447.

Meyer-Landrut, Joachim: Zur Suspendierung eines Vorstandsmitglieds einer Aktiengesellschaft; in: Lutter, Marcus / Stimpel, Walter / Wiedemann, Herbert (Hrsg.), Festschrift für Robert Fischer; Berlin, New York 1979, S. 477 ff.

Mitbestimmungskommission: Mitbestimmung im Unternehmen, Bericht der Sachverständigenkommission zur Auswertung der bisherigen Erfahrungen bei der Mitbestimmung; BT-Drs. 6/334, S. 3 ff.

Möllers, Thomas M. J.: Professionalisierung des Aufsichtsrates; ZIP 1995, S. 1725 ff.

Münchener Handbuch des Gesellschaftsrechts: Bälz, Ulrich (Hrsg.)
- Band 4: Aktiengesellschaft; 2. Auflage, München 1999 (zit.: MünchAG/*Bearbeiter*).

Münchener Handbuch zum Arbeitsrecht: Richardi, Reinhard / Wlotzke, Otfried (Hrsg.), 2. Auflage, München 2000
- Band 1: Individualarbeitsrecht I
- Band 3: Kollektives Arbeitsrecht

(zit.: MünchArbR/*Bearbeiter*).

Münchener Kommentar zum Aktiengesetz: Kropff, Bruno / Semler, Johannes (Hrsg.)
- Band 8: §§ 278 – 328; München 2000 (zit.: MünchKomm-AktG/*Bearbeiter*).

Münchener Kommentar zum Bürgerlichen Gesetzbuch: Rebmann, Kurt / Säcker, Franz Jürgen (Hrsg.)
- Band 1: Allgemeiner Teil (§§ 1- 240, AGB-Gesetz); 3. Auflage, München 1993
- Band 2: Schuldrecht Allgemeiner Teil (§§ 241 – 432); 4. Auflage, München 2000
- Band 5: Schuldrecht Besonderer Teil III (§§ 705 – 853, PartGG, ProdHaftG); 3. Auflage, München 1997

(zit.: MünchKomm-BGB/*Bearbeiter*).

Mutter, Stefan: Unternehmerische Entscheidungen und Haftung des Aufsichtsrats der Aktiengesellschaft; Köln 1994.

Nagel, Bernhard: Die Verlagerung der Konflikte um die Unternehmensmitbestimmung auf das Informationsproblem; BB 1979, S. 1799 ff.

ders.: Zusammensetzung mitbestimmter Aufsichtsratsausschüsse und Unternehmensinteresse; DB 1982, S. 2677 ff.

Paefgen, Walter: Struktur und Aufsichtsratsverfassung der mitbestimmten AG; Köln, Berlin, Bonn, München 1982.

Palandt, Otto: Kommentar zum Bürgerlichen Gesetzbuch; 60. Auflage, München 2001 (zit.: Palandt/*Bearbeiter*).

Peltzer, Martin: Die Haftung des Aufsichtsrats bei Verletzung der Überwachungspflicht; WM 1981, S. 346 ff.

ders. / von Werder, Axel: Der „German Code of Corporate Governance (GCCG)„ des Berliner Initiativkreises; AG 2001, S. 1 ff.

Potthoff, Erich / ***Trescher***, Karl: Das Aufsichtsratsmitglied; 4. Auflage, Stuttgart 1999.

Prühs, Hagen: Der Sachverstand im Aufsichtsrat; AG 1979, S. 347 ff.

Raiser, Thomas: Mitbestimmungsgesetz; Kommentar, 3. Auflage, Berlin, New York 1998 (zit.: *Raiser*, MitbestG).

ders.: Recht der Kapitalgesellschaften; 2. Auflage, München 1992 (zit.: *Raiser*, Kapitalgesellschaften).

ders.: Klagebefugnisse einzelner Aufsichtsratsmitglieder; ZGR 1989, S. 44 ff.

ders.: Anmerkung zu BGH, Urt. v. 17.05.1993; DZWir 1993, S. 510 ff.

ders.: Pflicht und Ermessen von Aufsichtsratsmitgliedern; NJW 1996, S. 552 ff.

Referentenentwurf eines Gesetzes zur Änderung und Ergänzung schadensrechtlicher Vorschriften: Bundesministerium der Justiz (Hrsg.); Karlsruhe 1967 (zit.: *RefE*).

Reich, Norbert / ***Lewerenz***, Karl-Jochen: Das neue Mitbestimmungsgesetz; AuR 1976, S. 353 ff.

Rellermeyer, Klaus: Aufsichtsratsausschüsse; Köln, Berlin, Bonn, München 1986.

Richardi, Reinhard: Betriebsverfassungsgesetz mit Wahlordnung, Kommentar; 7. Auflage, München 1998 (zit.: *Richardi*, BetrVG).

ders.: Recht der Betriebs- und Unternehmensmitbestimmung, Band 1, Grundriß; 2. Auflage, Heidelberg, Karlsruhe 1979 (zit.: *Richardi*, Mitbestimmung).

Rürup, Lebrecht: Prüfung des Jahresabschlusses und des Lageberichts durch Aufsichtsrat und Abschlußprüfer, in: Förschle, Gerhart / Kaiser, Klaus / Moxter, Adolf (Hrsg.), Rechenschaftslegung im Wandel, Festschrift für Wolfgang Dieter Budde, München 1995, S. 543 ff.

Säcker, Franz Jürgen: Aufsichtsratsausschüsse nach dem Mitbestimmungsgesetz 1976; Düsseldorf, Frankfurt 1979 (zit.: *Säcker*, Aufsichtsratsausschüsse).

ders.: Die Rechte des einzelnen Aufsichtsratsmitglieds; NJW 1979, S. 1521 ff.

ders.: Aktuelle Probleme der Verschwiegenheitspflicht der Aufsichtsratsmitglieder; NJW 1986, S. 803 ff.

Schaub; Günter: Arbeitsrechts-Handbuch; 9. Auflage, München 2000.

Scheffler, Eberhard: Der Aufsichtsrat – nützlich oder überflüssig?; ZGR 1993, S. 63 ff.

ders.: Betriebswirtschaftliche Überlegungen zur Entwicklung von Grundsätzen ordnungsgemäßer Überwachung der Geschäftsführung durch den Aufsichtsrat; AG 1995, S. 207 ff.

ders.: Zum Rollenverständnis der Aufsichtsräte; DB 2000, S. 433 ff.

Scheuerle: Der arbeitsrechtliche Fahrlässigkeitsbegriff und das Problem des innerbetrieblichen Schadensausgleiches; RdA 1958, S. 247.

Schlüter, Wilfried: Die Haftung der Arbeitnehmervertreter im Aufsichtsrat einer Aktiengesellschaft bei Nichtigkeit des Jahresabschlusses; in: Fischer, Thomas R. / Hömberg, Reinhold (Hrsg.), Jahresabschluß und Jahresabschlußprüfung, Festschrift für Jörg Baetge zum 60. Geburtstag, Düsseldorf 1997, S. 982 ff.

Schmidt, Karsten: Gesellschaftsrecht; 3. Auflage, Köln, Berlin, Bonn, München 1997.

Schneider, Uwe H.: Haftungsmilderung für Vorstandsmitglieder und Geschäftsführer bei fehlerhafter Unternehmensleitung; in: Hadding, Walther / Immenga, Ulrich / Mertens, Hans-Joachim / Pleyer, Klemens / Schneider, Uwe H. (Hrsg.), Festschrift für Winfried Werner zum 65. Geburtstag, Berlin, New York 1984, S. 795 ff.

ders. / ***Strenger***, Christian: Die „Corporate Governance-Grundsätze„ der Grundsatzkommission Corporate Governance (German Panel on Corporate Governance); AG 2000; S. 106 ff.

Schwark, Eberhard: Zum Haftungsmaßstab der Aufsichtsratsmitglieder einer AG; in: Hadding, Walther / Immenga, Ulrich / Mertens, Hans-Joachim / Pleyer, Klemens / Schneider, Uwe H. (Hrsg.), Festschrift für Winfried Werner zum 65. Geburtstag, Berlin, New York 1984, S. 841 ff.

Semler, Johannes: Leitung und Überwachung der Aktiengesellschaft; 2. Auflage, Köln, Berlin, Bonn, München 1996.

Singhof, Bernd: Die Amtsniederlegung durch das Aufsichtsratsmitglied einer Aktiengesellschaft; AG 1998, S. 318 ff.

Soergel, Hans Theodor: Bürgerliches Gesetzbuch, Kommentar
- Band 2: Schuldrecht I (§§ 241 – 432); 12. Auflage, Stuttgart, Berlin, Köln 1990 (zit.: Soergel/*Bearbeiter*).

Staudinger, Julius von: J. von Staudingers Kommentar zum Bürgerlichen Gesetzbuch mit Einführungsgesetz und Nebengesetzen; Beitzke, Günther (Hrsg.); 13. Auflage, Berlin
- Erstes Buch, Allgemeiner Teil §§ 21 - 103 (1995)
- §§ 397 – 432 (1999)

(zit.: Staudinger/*Bearbeiter*).

Stege, Dieter: Die Geheimhaltungspflicht für Arbeitnehmer, Betriebsräte und Arbeitnehmervertreter in Aufsichtsräten; DB 1977, Beil. 8.

Steinbeck, Claudia: Überwachungspflicht und Einwirkungsmöglichkeiten des Aufsichtsrats in der Aktiengesellschaft; Berlin 1992.

Steindorff, Ernst: Fahrlässigkeit der Arbeitnehmer; JZ 1959, S. 1 ff.

Stoll, Hans: Die Reduktionsklausel im Schadensrecht aus rechtsvergleichender Sicht; RabelsZ 1970, S. 481 ff.

Teuteberg, Hans Jürgen: Geschichte der industriellen Mitbestimmung in Deutschland; Tübingen 1961.

Theisen, Manuel René: Grundsätze ordnungsgemäßer Kontrolle und Beratung der Geschäftsführung durch den Aufsichtsrat; AG 1995, S. 193 ff.

Thümmel, Roderich C.: Persönliche Haftung von Managern und Aufsichtsräten; 2. Auflage, Stuttgart, München, Hannover, Berlin, Weimar, Dresden 1998.

ders. / ***Sparberg***, Michael: Haftungsrisiken der Vorstände, Geschäftsführer, Aufsichtsräte und Beiräte sowie deren Versicherbarkeit; DB 1995, S. 1013 ff.

Trescher, Karl: Aufsichtsratshaftung zwischen Norm und Wirklichkeit; DB 1995, S. 661 ff.

Trockels, Friedrich: „Business Judgement Rule„ und „Corporate Take-overs„; AG 1990, S. 139 ff.

Ulmer, Peter: Aufsichtsratsmandat und Interessenkollision; NJW 1980, S. 1603 ff.

ders.: Die Aktionärsklage als Instrument zur Kontrolle des Vorstands- und Aufsichtsratshandelns; ZHR 163 (1999), S. 290 ff.

Vetter, Eberhard: Aktienrechtliche Probleme der D & O Versicherung; AG 2000, S. 453 ff.

Wadle, Elmar: Alles-oder-Nichts-Prinzip und Reduktionsklausel; VersR 1971, S. 485 ff.

Wardenbach, Frank: Interessenkonflikte und mangelnde Sachkunde als Bestellungshindernisse zum Aufsichtsrat der AG; Köln 1996.

Weber, Angela: Die Schweigepflicht des Betriebsrats; Frankfurt am Main, Berlin, Bern, Bruxelles, New York, Oxford, Wien 2000.

Weber, Hansjörg: Die Rechtsfolgen von Amtspflichtverletzungen des Betriebsrats und seiner Mitglieder; DB 1992, S. 2135 ff.

Westerbarkey, Hilmar: Die Rechtsstellung der Betriebsratsmitglieder und der Arbeitnehmervertreter im Aufsichtsrat während des Streiks und der Aussperrung; Diss., Univ. Münster 1968.

Wiedemann, Herbert: Organverantwortung und Gesellschafterklagen in der Aktiengesellschaft; Opladen 1989.

Zimmer, Daniel: Das Gesetz zur Kontrolle und Transparenz im Unternehmensbereich; NJW 1998, S. 3521 ff.

Zöllner, Wolfgang: Die Besetzung von Aufsichtsratsausschüssen nach dem MitbestG 1976; in: Bettermann, Karl August / Löwisch, Manfred / Otto, Hansjörg / Schmidt, Karsten (Hrsg.), Festschrift für Albrecht Zeuner zum siebzigsten Geburtstag, Tübingen 1994, S. 161 ff.

ders. / ***Loritz***, Karl-Georg: Arbeitsrecht; 5. Auflage, München 1998.

Hinsichtlich der verwendeten Abkürzungen wird verwiesen auf:

Kirchner, Hildebert: Abkürzungsverzeichnis der Rechtssprache; 4. Auflage, Berlin, New York 1993.

1. Kapitel: Einleitung

§ 1 Einführung in die Problematik

Mit der Entsendung von Arbeitnehmervertretern in die Aufsichtsräte wird im deutschen Recht die Unternehmensmitbestimmung der Arbeitnehmer umgesetzt. Der anfängliche politische Widerstand gegen diese Entsendung hat sich zwar im Laufe der Jahre gelegt, dennoch wirft die Situation der Arbeitnehmervertreter aus rechtlicher Sicht weiterhin etliche Fragen auf. Dazu gehört auch diejenige, wie weit die Haftung der Arbeitnehmervertreter für Amtspflichtverletzungen reicht. Dieses Thema gewinnt angesichts der steigenden Zahl von Unternehmenskrisen und -zusammenbrüchen, in deren Verlauf auch das Organ des Aufsichtsrats immer stärker in die Kritik kommt,[1] zunehmend an Bedeutung. In engem Zusammenhang mit diesem Komplex steht die Frage, in welchem Verhältnis die Unternehmensmitbestimmung der Arbeitnehmer zu der mit dem Aufsichtsratsamt verbundenen Verantwortung steht und wie weit die Verantwortlichkeit der Arbeitnehmerrepräsentanten reichen kann bzw. reichen muß.

Unternehmensmitbestimmung bedeutet die institutionelle Teilhabe der Arbeitnehmer oder ihrer Vertreter an den wirtschaftlichen Planungen und Entscheidungen im Unternehmen.[2] Dabei meint „institutionelle" Mitbestimmung in erster Linie die Repräsentation der Arbeitnehmer und nicht deren unmittelbare Mitwirkung an der Unternehmensleitung.[3] Vor diesem Hintergrund verlangt die Unternehmensmitbestimmung auch keine echte Parität zwischen den Vertretern der Arbeitnehmer und der Anteilseigner, obwohl der Wortlaut etwas anderes vermuten lassen könnte.

Umgesetzt ist diese Unternehmensmitbestimmung im Rahmen der sie betreffenden Gesetze[4] durch die Entsendung von Arbeitnehmervertretern in die Aufsichtsräte von Kapitalgesellschaften. Diese Gesetze zur Unternehmensmitbestimmung befassen sich aber im wesentlichen mit der Frage, wie die Arbeit-

---

[1] Erinnert sei nur an die Fälle Metallgesellschaft, Balsam (dazu LG Bielefeld AG 2000, 136), Schneider oder in jüngerer Zeit die „Philipp Holzmann"-Krise.

[2] *Mitbestimmungskommission*, BT-Drs. 6/334, S. 56; *Fitting/Wlotzke/Wißmann*, Vorb. Rdnr. 1; *Gamillscheg*, GS Kahn-Freund, S. 93; *Köstler/Kittner/Zachert*, Rdnr. 2; *Richardi*, Mitbestimmung, S. 1.

[3] *Biedenkopf*, S. 159.

[4] *Montan-Mitbestimmungsgesetz* vom 21.05.1951 (BGBl. I 1951, S. 347), zuletzt geändert durch Gesetz vom 09.06.1998; *Montan-Mitbestimmungsergänzungsgesetz* vom 07.08.1956 (BGBl. I 1956, S. 707), zuletzt geändert durch Gesetz vom 09.06.1998; *Betriebsverfassungsgesetz 1952* vom 11.10.1952 (BGBl. I 1952, S. 681), zuletzt geändert durch Gesetz vom 02.08.1994; *Gesetz über die Mitbestimmung der Arbeitnehmer (Mitbestimmungsgesetz)* vom 04.05.1976 (BGBl. I 1976, S. 1153), zuletzt geändert durch Gesetz vom 28.10.1994.

nehmervertreter in den Aufsichtsrat gelangen, d.h. welche Voraussetzungen seitens des Unternehmens vorliegen müssen (z.B. Größe, Gesellschaftsform oder Unternehmenszweck) bzw. wie die einzelnen Personen für dieses Amt bestimmt werden (z.B. das Verhältnis von Belegschafts- und Gewerkschaftsvertretern oder Wahlmodalitäten). Sobald die Arbeitnehmervertreter einmal als Mitglieder des Aufsichtsrats bestellt sind, richtet sich ihre Rechtsstellung vor allem nach dem einschlägigen Gesellschaftsrecht, wobei in der Regel nicht unterschieden wird zwischen den Arbeitnehmervertretern einerseits und den Anteilseignervertretern als der anderen Interessengruppe im Aufsichtsrat andererseits. Aufgrund der Ausgestaltung des Aufsichtsratsmandats im Rahmen des Gesellschaftsrechts drängt es sich auf den ersten Blick auch nicht unbedingt auf, beide Gruppen unterschiedlich zu behandeln.

Diese vom Gesetz vorgesehene weitgehende Gleichstellung kommt für die Aufsichtsratsmitglieder vor allem dann zum Tragen, wenn sie im Rahmen ihrer Aufsichtsratstätigkeit einen Schaden verursacht haben und für diesen Schaden persönlich haften sollen. Die Haftung der Aufsichtsratsmitglieder wurde und wird in der Literatur stark diskutiert, wobei die meisten Autoren auch hier nicht danach unterscheiden, von welcher Seite die betroffenen Aufsichtsratsmitglieder entsandt worden sind, sondern sich mit dem Hinweis begnügen, daß grundsätzlich alle Aufsichtsratsmitglieder die gleichen Rechte und Pflichten haben und damit auch nach gleichen Grundsätzen haften müssen. Diese wissenschaftliche „Gleichbehandlung“ verwundert schon wegen des doch sehr verschiedenen Hintergrunds, den die einzelnen Aufsichtsratsmitglieder haben. Noch mehr verwundert sie aber bei einer genaueren Betrachtung der Arbeitnehmervertreter als Repräsentanten der Arbeitnehmer. Denn für das Arbeitsrecht haben Haftungsfragen eine große Bedeutung, und sowohl für das Individualarbeitsrecht als auch für das kollektive Recht der Betriebsverfassung werden Haftungsbeschränkungen für Arbeitnehmer seit langem diskutiert und auch anerkannt. Die Frage nach einer Haftungsbeschränkung für die Arbeitnehmerseite im Recht der Unternehmensmitbestimmung spielte hingegen bisher keine Rolle, obwohl gerade für die Arbeitnehmervertreter im Aufsichtsrat schon allein aufgrund der Höhe der drohenden Schäden ein enormes Haftungsrisiko besteht. Angesichts der vom Grundsatz her arbeitnehmerfreundlichen Intention der Mitbestimmung muß darüber nachgedacht werden, ob die Arbeitnehmervertreter im Vergleich zu den Anteilseignervertretern vor diesem Risiko der persönlichen Inanspruchnahme zumindest teilweise zu schützen sind. Denn auch wenn ihre persönliche Wahl sicher aufgrund ihrer besonderen Position oder Qualifikation erfolgt ist, so liegt doch das Hauptaugenmerk ihrer Entsendung auf der Repräsentation der Arbeitnehmerschaft und damit auf dem mitbestimmungsrechtlichen Aspekt. Demgegenüber ist die Entsendung der Anteilseignervertreter allein an der aktienrechtlichen Aufgabe des Gesellschaftsorgans Aufsichtsrat ausgerichtet.

Daneben stellt sich hier in besonderem Maße die Frage nach der Qualität der Mitbestimmung und der faktischen Rechtsstellung der Arbeitnehmervertreter, weil das Maß und die Reichweite der Mitbestimmung in einem gegenseitigen Abhängigkeitsverhältnis zu der haftungsrechtlichen Verantwortung der Repräsentanten steht. Wenn aus bestimmten Gründen keine echte Mitbestimmung der Arbeitnehmervertreter im Aufsichtsrat möglich ist, bedeutet das, daß sie faktisch nicht die gleichen Rechte und Durchsetzungsmöglichkeiten wie die Anteilseignervertreter haben. In diesem Fall muß aber auch das Ausmaß ihrer Pflichten und damit ihrer persönlichen Verantwortlichkeit hinterfragt werden.

Bei einer Untersuchung der Rechtsstellung der Arbeitnehmervertreter und den sich daraus für ihre Haftung ergebenden Konsequenzen muß ein zweifacher Bezugspunkt gewählt werden. Erster Bezugspunkt ist die Gruppe der Arbeitnehmervertreter als Repräsentanten der Arbeitnehmerschaft im Aufsichtsrat in Abgrenzung zu der Interessengruppe der Anteilseignervertreter.[5] Daneben müssen - als zweiter Bezugspunkt - die Arbeitnehmervertreter als Einzelpersonen in ihrer Funktion als individuelle Aufsichtsratsmitglieder betrachtet werden. Eine solche Differenzierung ist notwendig, um ein vollständiges Bild von der Situation der Arbeitnehmervertreter zu erhalten. Denn im Gesetz, speziell in den einschlägigen aktienrechtlichen Vorschriften, wird zwar grundsätzlich nicht zwischen den beiden Interessengruppen im Aufsichtsrat unterschieden, sondern meist nur auf das individuelle Aufsichtsratsmitglied abgestellt, in der Praxis gibt es jedoch erhebliche Abweichungen von dieser Regel. Diese Abweichungen, die die Situation der Arbeitnehmervertreter als Gruppe prägen, werden sich ohne eine differenzierte Betrachtung von Interessengruppe und Individuum nicht erfassen lassen. Gerade sie bilden aber am ehesten einen Ansatzpunkt, um über die Notwendigkeiten und Möglichkeiten einer Haftungserleichterung für die einzelnen Arbeitnehmervertreter nachzudenken.

Die Untersuchung soll am Beispiel der Aktiengesellschaft erfolgen. Denn zum einen stellt das Aktiengesetz die wichtigste gesellschaftsrechtliche Regelung für den mitbestimmten Aufsichtsrat dar, auf das für andere Gesellschaftsformen häufig in weiten Teilen verwiesen wird.[6] Daher gewährt die konkrete Untersuchung anhand der Aktiengesellschaft den umfassendsten Blick auf die Problematik. Zum anderen werden sich aber ohnehin die meisten mitbestimmten Aufsichtsräte in Aktiengesellschaften finden, so daß sich die Untersuchung auch auf den in der Praxis jedenfalls quantitativ wichtigsten Bereich bezieht.

---

[5] Die beiden Interessengruppen im Aufsichtsrat, also die Vertreter der Arbeitnehmer und der Anteilseigner werden manchmal auch als „Bänke" bezeichnet.

[6] Etwa in § 52 GmbHG.

§ 2 Gang der Untersuchung

Ziel dieser Untersuchung ist es zu klären, ob die Ausgestaltung der Aufsichtsratshaftung für die Arbeitnehmervertreter im Aufsichtsrat in der derzeit geltenden Form gerechtfertigt ist und ob es überhaupt rechtliche Möglichkeiten gibt, die Haftung für die Arbeitnehmervertreter zu modifizieren oder einzuschränken.

Die Arbeit gliedert sich dabei in drei Kapitel:

Während das erste Kapitel sich mit einer Einführung in die Problematik beschäftigt, wird im zweiten Kapitel die Rechtsstellung der Arbeitnehmervertreter im Aufsichtsrat untersucht. Da eine solche Untersuchung nur unter Berücksichtigung der grundsätzlichen Stellung des Aufsichtsrats und seiner einzelnen Mitglieder möglich ist, soll zunächst ein Überblick gegeben werden über die Aufgaben, Rechte und Pflichten des gesamten Aufsichtsrats.[7] Dabei ergibt sich aus den Aufgaben des Unternehmensorgans, das der Aufsichtsrat darstellt, zum einen der Einfluß seiner Mitglieder auf die Unternehmensgeschicke und damit auch ein erster Blick auf den Einfluß der Arbeitnehmervertreter. Zum anderen ist die Aufgabenverteilung zugleich vor dem Hintergrund einer drohenden Amtshaftung zu betrachten. Denn der Rahmen seiner Rechte und Pflichten bestimmt für den Aufsichtsrat bzw. für seine Mitglieder auch den Rahmen für mögliche Amtspflichtverletzungen, die ihrerseits geeignet sind, eine Haftung auszulösen.

Aus dem gleichen Grund wird im folgenden die Stellung der einzelnen Aufsichtsratsmitglieder, so wie sich die Situation vor dem gesellschaftsrechtlichen Hintergrund darstellt, untersucht um festzustellen, in welchem Rahmen sich das einzelne Mitglied anläßlich seiner Mandatstätigkeit bewegen kann.[8] Im Anschluß daran soll sodann die besondere Stellung der Arbeitnehmervertreter genauer betrachtet werden,[9] weil sich aufgrund ihrer Arbeitnehmereigenschaft für sie besondere Rechte ergeben. Zudem gibt es hinsichtlich dieser Gruppe besondere rechtliche Probleme, die ebenfalls mit ihrer Herkunft aus den Reihen der Arbeitnehmer im Zusammenhang stehen und ein besonderes Potential für Interessenkonflikte beinhalten, wie etwa das Problem der Streikteilnahme oder der Verschwiegenheitspflicht.[10]

Im dritten Kapitel wird anschließend vor dem Hintergrund der Rechtsstellung der Arbeitnehmervertreter im Aufsichtsrat speziell die Haftung als wichtigstes Sanktionsmittel bei Verstößen gegen Amtspflichten betrachtet. Auch hier soll zunächst ein Überblick gegeben werden über die Haftungssituation für den

---

[7] Dazu unten § 3 A).

[8] Dazu unten § 3 B).

[9] Dazu unten § 4.

[10] Dazu unten § 4 C) II.

gesamten Aufsichtsrat einschließlich der drohenden Sanktionen und der Durchsetzungsmöglichkeiten.[11]

Schließlich werden anhand der bis dahin gewonnenen Erkenntnisse die rechtlichen Möglichkeiten zur Beschränkung der Haftung für die Arbeitnehmervertreter untersucht.[12] Dabei bieten sich verschiedene Ansätze aus dem allgemeinen Zivilrecht sowie aus dem Arbeitsrecht, dem die Arbeitnehmervertreter in ihrer Repräsentationsfunktion besonders verbunden sind, an, die auf ihre Umsetzbarkeit auf die besondere Position der Arbeitnehmervertreter untersucht und beurteilt werden sollen.

---

[11] Dazu unten § 5.

[12] Dazu unten § 6.

2. Kapitel: Die Rechtsstellung der Arbeitnehmervertreter im Aufsichtsrat

Die Rechtsstellung der Arbeitnehmervertreter im Aufsichtsrat ergibt sich in erster Linie aus der Mitgliedschaft der Arbeitnehmervertreter im Organ Aufsichtsrat und den aus diesem Mandat resultierenden Rechten und Pflichten der Aufsichtsratsmitglieder. Dabei nehmen die Aufsichtsratsmitglieder dieses Mandat nebenamtlich wahr.[13] Insbesondere für die hier durchzuführende Untersuchung der Haftungssituation ist die Rechtsstellung von besonderer Bedeutung, weil der sie prägende Tätigkeitsbereich der Aufsichtsratsmitglieder zugleich den tatbestandlichen Umfang der Haftung und damit der persönlichen Verantwortlichkeit für das einzelne Mitglied bestimmen. Denn die Begründung der Aufsichtsratshaftung setzt ein Verhalten des Aufsichtsratsmitglieds, sei es durch aktives Handeln oder Unterlassen, voraus, das in Bezug zu der Aufsichtsratstätigkeit steht. Daher befaßt sich dieses Kapitel zunächst mit der Rechtsstellung des gesamten Aufsichtsrats und seiner einzelnen Mitglieder, ehe vor diesem Hintergrund die besondere Stellung der Arbeitnehmervertreter betrachtet wird.

§ 3 Die Rechtsstellung des Aufsichtsrats

Das Aktienrecht sieht eine mehrgliedrige Organisation der Unternehmensverfassung vor, die ein System von „checks and balances" einrichtet.[14] Dabei bilden Vorstand und Aufsichtsrat die beiden Hauptorgane, die ihre Aufgaben voneinander getrennt und unabhängig wahrnehmen.[15] Während dem Vorstand die eigentliche Geschäftsführung obliegt, ist es Hauptaufgabe des Aufsichtsrats, diese Geschäftsführung zu kontrollieren. Darüber hinaus gibt es als drittes wichtiges Organ die Hauptversammlung, in der die Aktionäre ihre Rechte ausüben, ohne allerdings direkt mit der Unternehmensführung verbunden zu sein. Da die Haupt-

---

[13] *Potthoff/Trescher*, S. 105.

[14] Geßler/*Hefermehl*/Eckardt/Kropff, vor § 76 Rdnr. 7; *Hüffer*, § 76 Rdnr. 4; *Möllers*, ZIP 1995 S. 1726; *Schlüter*, FS Baetge, S. 983. *K. Schmidt*, S. 788, spricht von einem System der Gewaltenteilung.

[15] Im Gegensatz dazu herrscht international eine monistische Unternehmensverfassung vor, in der kein unabhängiges Organ zur Überwachung der Geschäftsleitung vorgesehen ist. Exemplarisch dafür ist das im anglo-amerikanischen Raum verbreitete „Boardsystem" zu nennen, bei dem nur ein zentrales Verwaltungsorgan, der *„Board of Directors"*, vorhanden ist, dessen Mitglieder sowohl Aufgaben der Geschäftsführung als auch der Überwachung übernehmen. (*Potthoff/Trescher*, S. 14.) Allerdings scheint es auch dort eine verstärkte Tendenz zu geben, zumindest innerhalb des *Boards* eine Aufgabenverteilung nach dem Vorbild der deutschen Unternehmensverfassung vorzunehmen, um eine bessere Kontrolle zu erreichen. (*Hopt*, FS Mestmäcker, S. 912.)

versammlung nur in dem eng begrenzten Rahmen der gesetzlichen Zuständigkeiten handeln darf und keinen direkten Einfluß auf die Geschäftsführung nehmen kann, kommt ihr bei der Verwaltung der Gesellschaft im Verhältnis zu den Organen Vorstand und Aufsichtsrat auch nur eine untergeordnete Rolle zu.[16] Daher kann man, obwohl die Aktiengesellschaft tatsächlich drei Hauptorgane hat, von einer dualen Unternehmensstruktur sprechen.

A) Aufgaben, Rechte und Pflichten des Gesamtaufsichtsrats

Dem Gesamtaufsichtsrat obliegen unterschiedliche Aufgaben im Bereich der Unternehmensverwaltung, die in erster Linie auf seine Hauptaufgabe, die Überwachung, ausgerichtet sind. Diese Aufgabe wird schon an der Organbezeichnung deutlich, denn der Aufsichtsrat ist - wie der Name sagt - ein Aufsichts- und Überwachungsorgan. Als solches obliegt es ihm an erster Stelle, die Unternehmensleitung bei ihrer Tätigkeit zu überwachen. Gesetzlich manifestiert ist dieses ausdrücklich in § 111 Abs. 1 AktG, der - wenn auch nicht erschöpfenden - Kernvorschrift für die Aufsichtsratstätigkeit.[17] Die weiteren Aufgaben des Aufsichtsrats stellen sich in erster Linie als Ausprägung bzw. Konkretisierung dieser allgemeinen Überwachungsaufgabe dar, sind also von dieser nicht zu trennen, auch wenn sie unterschiedliche Aspekte der Unternehmensverwaltung betreffen.[18]

Dagegen fällt dem Aufsichtsrat nicht die Leitung des Unternehmens zu, die nach § 76 AktG allein dem Vorstand obliegt.[19] Da der Aufsichtsrat nicht geschäftsführend für die Gesellschaft tätig wird, vertritt er diese auch nicht im Rechtsverkehr nach außen. Diese Aufgabe kommt ebenfalls dem Vorstand zu. Der Aufsichtsrat ist allerdings nach § 112 AktG wiederum gegenüber dem Vorstand gesetzlicher Vertreter der Gesellschaft.

---

[16] *Raiser*, Kapitalgesellschaften, § 16 Rdnr. 1; *Schlüter*, FS Baetge, S. 983.

[17] *Geßler*/Hefermehl/Eckardt/Kropff, § 111 Rdnr. 8; *Hüffer*, § 111 Rdnr. 1; Kölner Kommentar/*Mertens*, § 111 Rdnr. 7.

[18] *Hoffmann/Preu*, Rdnr. 104; vgl. auch Auflistung bei *Raiser*, Kapitalgesellschaften, § 15 Rdnr. 1 ff; dementsprechend sehen einige Autoren sämtliche Aufgaben des Aufsichtsrats als Überwachungsaufgaben und ordnen sie nur verschiedenen Formen der Überwachung zu; vgl. etwa *Potthoff/Trescher*, S. 3; *Scheffler*, AG 1995, S. 208, der in „gestaltende Überwachung(...), begleitende und prüfende Überwachung (...), vorbeugende Überwachung" einteilt; dagegen MünchAG/*Hoffmann-Becking*, § 29 Rdnr. 1, der nicht alle Aufgaben, die der Aufsichtsrat hat, der Überwachung zuordnen will; *Lutter*, ZHR 159 (1995) S. 289 f., unterscheidet nur zwei Aufgaben, nämlich Überwachung einerseits und Bestellung und Abberufung der Vorstandsmitglieder andererseits.

[19] *Lutter/Krieger*, Rdnr. 16.

I. Überwachung und Beratung der Unternehmensleitung

Die Überwachung des Vorstands ist also die originäre und zugleich übergeordnete Aufgabe des Aufsichtsrats, die sich im Gegensatz zu den weiteren Aufgaben[20] nicht auf ein bestimmtes Ereignis bezieht, sondern grundsätzlich auf den gesamten Ablauf der Unternehmensleitung ausgerichtet ist und damit fortlaufend zu erfolgen hat. Um die konkrete Überwachung des Vorstands von der grundlegenden gesetzlichen Kontrollaufgabe des Aufsichtsrats (als Überwachung im weiteren Sinne), die eben auch die weiteren Aufgaben des Organs erfaßt, abzugrenzen, kann man auch von der Überwachung im engeren Sinne sprechen.

Dabei umfaßt die Überwachungsaufgabe im engeren Sinne zunächst die Kontrolle des Vorstands. Darüber hinaus hat der Aufsichtsrat den Vorstand auch hinsichtlich der Geschäftsführung zu beraten, was aus der Mitverantwortung des Aufsichtsrats für das Unternehmen resultiert.[21] Der Aufsichtsrat hat nicht nur die aktuelle Tätigkeit der Unternehmensleitung zu überwachen, sondern muß sein Augenmerk vor allem auf die zukünftige Geschäftspolitik richten. Insofern stellt sich die Überwachungsaufgabe als vorbeugende Kontrolle dar[22], um von vornherein Schaden vom Unternehmen fernzuhalten. Denn im Rahmen seiner Überwachungsaufgabe ist der Aufsichtsrat neben der Geschäftsleitung für die Zukunft des Unternehmens mitverantwortlich.[23]

1. Gegenstand und Umfang der Überwachung

Gegenstand der Überwachung ist nach § 111 Abs. 1 AktG die „Geschäftsführung". Die Geschäftsführung in der Aktiengesellschaft fällt in den Zuständigkeitsbereich des Vorstands, so daß der Aufsichtsrat prinzipiell dessen gesamte Leitungstätigkeit zu überwachen hat.[24] Einen wichtigen Anhaltspunkt, was konkret Gegenstand der Überwachung zu sein hat, gibt die in § 90 Abs. 1 AktG normierte Berichtspflicht des Vorstands. Denn was dem Aufsichtsrat schon von Gesetzes wegen zu berichten ist, muß in jedem Fall auch Gegenstand seiner

---

[20] Dazu unten II.-IV.

[21] BGHZ 114, 127, 130; *Dreher*, FS Boujong, S. 74; *Lutter*, Information und Vertraulichkeit, S. 25; *Lutter/Kremer*, ZGR 1992, S. 89; MünchAG/*Hoffmann-Becking*, § 29 Rdnr. 32; *Möllers*, ZIP 1995, S. 1726 f.; *Peltzer*, WM 81, S. 348.

[22] BGHZ 114, 127, 129; LG Stuttgart AG 2000, 237 f.; *Kau/Kukat*, BB 2000, S. 1045; *Lutter/Kremer*, ZGR 1992, S. 89; Kölner Kommentar/*Mertens*, § 111 Rdnr. 11; *Raiser*, Kapitalgesellschaften, § 15 Rdnr. 2; *Scheffler*, AG 1995, S. 208; *Zimmer*, NJW 1998, S. 3524. Dazu auch die Amtl. Begründung zum KonTraG (BT-Drs. 13/9712), S. 15.

[23] *Hoffmann/Preu,* Rdnr. 108.1.

[24] *Lutter/Krieger*, Rdnr. 17; MünchAG/*Hoffmann-Becking* § 29 Rdnr. 23; *Potthoff/Trescher*, S. 63; *Semler*, Rdnr. 112.

Überwachung sein.[25] Es besteht somit ein starkes Abhängigkeitsverhältnis zwischen den Informationsrechten des Aufsichtsrats, vor allem in Form der damit korrespondierenden Berichtspflicht durch den Vorstand, und seiner Überwachungsaufgabe.[26] Die den Vorstand treffende Berichtspflicht gibt dem Aufsichtsrat damit das wichtigste Instrument für die Überwachung der Geschäftsleitung an die Hand.[27] Denn durch sie erhält er die nötigen Informationen, die er zur Beurteilung der Geschäftsführung braucht. Dabei dient die Vorschrift des § 90 AktG nur als Grundlage für die Berichtspflicht.[28] Bei wichtigen Anlässen hat der Vorstand darüber hinaus jedenfalls den Aufsichtsratsvorsitzenden zu informieren, der wiederum die Informationen an den Gesamtaufsichtsrat weiterzuleiten hat.[29]

Da die Berichte des Vorstands eine so große Bedeutung haben, müssen die Mitglieder des Aufsichtsrats aber auch in der Lage sein, diesen die für sie wesentlichen Informationen zu entnehmen. Hier zeigt sich bereits eines der Grundprobleme der Aufsichtsratsarbeit. Denn eine effektive Kontrolle anhand dieser Berichte setzt voraus, daß die Aufsichtsratsmitglieder die Berichte des Vorstands auch verstehen und möglicherweise zudem auf ihre Richtigkeit überprüfen können. Schon an dieser Stelle wird deutlich, welche hohen Anforderungen an die Mitglieder des Überwachungsorgans gestellt werden.[30]

Die Kontrolle durch den Aufsichtsrat muß sich auf die wesentlichen Schwerpunkte der Vorstandstätigkeit beschränken. Eine Überwachung aller Einzelheiten, bei der sich der Aufsichtsrat quasi als stets gegenwärtiger kontrollierender und drohender Schatten des Vorstands darstellt, ist nicht seine Aufgabe.[31] Das könnte der Aufsichtsrat auch gar nicht leisten, weil seine Mitglieder nicht ständig ihr - nebenamtliches - Mandat im Unternehmen wahrnehmen und dort präsent sind. Zudem würde eine Überwachung in allen Einzelheiten des Tagesgeschäftes aber auch den Vorstand bei seiner Arbeit und damit bei der Unternehmensleitung behindern, was zumindest indirekt das Unternehmen gefährden könnte. Der Aufsichtsrat muß allerdings alles tun, was für eine wirksame Kontrol-

---

[25] *Hoffmann/Preu*, Rdnr. 247.1; *Lutter/Krieger*, Rdnr. 18; *Mutter*, S. 38.

[26] So auch *J. Geßler*, § 90 Rdnr. 1; *Henze*, BB 2000, S. 213; Kölner Kommentar/*Mertens*, § 90 Rdnr. 4; *Semler*, Rdnr. 111.

[27] *Scheffler*, DB 2000, S. 435.

[28] *Geßler*/Hefermehl/Eckardt/Kropff, § 111 Rdnr. 19; Kölner Kommentar/*Mertens*, § 111 Rdnr. 14; *Scheffler*, AG 1995, S. 208.

[29] *Hoffmann/Preu*, Rdnr. 255.

[30] Ausführlich zu den Anforderungen an die einzelnen Aufsichtsratsmitglieder und den damit verbundenen Problemen unten C) II.

[31] *Hoffmann/Preu*, Rdnr. 259; *Lutter*, Information und Vertraulichkeit, S. 29; *Lutter/Krieger*, Rdnr. 19; Kölner Kommentar/*Mertens*, § 111 Rdnr. 12; MünchAG/*Hoffmann-Becking*, § 29 Rdnr. 23; *Steinbeck*, S. 81.

le der Geschäftsführung erforderlich ist.[32] Das kann in Krisensituationen bedeuten, daß der Aufsichtsrat seine Überwachungstätigkeit intensivieren und den Vorstand stärker beraten muß.[33] Der tatsächliche Umfang der Kontrolle muß sich also immer an den jeweiligen Umständen des überwachten Unternehmens ausrichten. Um seine Aufgabe pflichtgemäß zu erfüllen, muß der Aufsichtsrat daher den Umfang seiner Überwachung auch immer der momentanen Unternehmenslage anpassen und vor allem in Krisenzeiten dafür Sorge tragen, daß es nicht zu einem Überwachungsdefizit kommt, das für die Gesellschaft schädlich sein könnte. Das Aufsichtsratsamt verlangt demnach von den Mandatsträgern nicht nur die Fähigkeiten, die Berichte des Vorstands angemessen bewerten zu können, sondern darüber hinaus auch eine eigenständige Beurteilung der Unternehmenssituation, um das Ausmaß der Überwachung an diese Situation anpassen zu können.

Objekt der Überwachungstätigkeit ist nach dem Wortlaut des § 111 AktG die Geschäftsleitung, also der Vorstand. Dagegen muß der Aufsichtsrat nicht die Tätigkeit von Angestellten unterhalb der Vorstandsebene überwachen, auch wenn diese maßgebliche Leitungsfunktionen übernehmen.[34] Die Überwachung dieser Personen ist alleinige Aufgabe des Vorstands, der allerdings wiederum seinerseits bezüglich dieser Aufgabe vom Aufsichtsrat überwacht werden muß.[35] Damit kommt es zumindest indirekt auch zu einer faktischen Kontrolle der leitenden Angestellten durch den Aufsichtsrat, denn dieser kann deren Kontrolle durch den Vorstand nur dann sachgerecht beurteilen, wenn er sich zumindest in den Grundzügen ein Bild von ihrer Arbeit gemacht hat.[36]

---

[32] BGH AG 1978, 79; 1978, 106; *Henn*, Rdnr. 612.

[33] *Hüffer*, § 111 Rdnr. 7; *Lutter/Kremer*, ZGR 1992, S. 90; *Scheffler*, DB 2000, S. 435; im Ergebnis ebenso Kölner Kommentar/*Mertens*, § 111 Rdnr. 20; *Steinbeck*, S. 92 ff.; noch weitergehend *Semler*, Rdnr. 231 ff., der von einer dreistufigen Intensivierung ausgeht, wonach bei normalem Verlauf der Geschäftsentwicklung begleitende Überwachung, bei einer Verschlechterung der Unternehmenslage unterstützende Überwachung und bei einer Krise gar gestaltende Überwachung durch den Aufsichtsrat geboten ist; ebenso *Henze*, BB 2000, S. 214; ähnlich *Dörner/Oser*, DB 1995, S. 1086; a.A. *Claussen*, AG 1984, 20 f.

[34] So auch *Henn*, Rdnr. 608; *Semler*, Rdnr. 116.

[35] BGHZ 75, 120, 133; *Lutter/Krieger*, Rdnr. 20; MünchAG/*Hoffmann-Becking*, § 29 Rdnr. 24; *Mutter*, S. 36; *Potthoff/Trescher*, S. 62; *Steinbeck*, S. 40 ff.; a.A. *Geßler*/Hefermehl/Eckardt/Kropff, § 111 Rdnr. 15, wonach der Aufsichtsrat auch Angestellte zu überwachen hat, die konkrete Leitungsfunktionen wahrnehmen; differenzierend Kölner Kommentar/*Mertens*, § 111 Rdnr. 21.

[36] So auch *Henze*, BB 2000, S. 214, wonach die effektive Überwachung des Vorstands ohnehin voraussetzt, daß die Tätigkeit der leitenden Angestellten ebenfalls überprüft wird.

2. Maßstäbe der Überwachung

Grundsätzlich hat der Aufsichtsrat darauf zu achten, daß die Geschäftsleitung die Sorgfalt eines ordentlichen und gewissenhaften Geschäftsleiters anwendet, wie es das Gesetz in § 93 Abs. 1 AktG vorschreibt.[37] Dabei hat nach ganz herrschender Meinung nicht nur eine Kontrolle nach Ordnungs- und Rechtmäßigkeit, sondern auch nach Wirtschaftlichkeit und Zweckmäßigkeit zu erfolgen.[38] Denn der Vorstand hat das Unternehmen nicht nur nach dem geltenden Recht und der Unternehmenssatzung zu führen, sondern muß auch die Zweckmäßigkeit und Wirtschaftlichkeit seiner Entscheidungen in Hinblick auf die Entwicklung des Unternehmens beachten.[39]

Als Hauptmaßstab für die Überwachungstätigkeit wird regelmäßig das Unternehmensinteresse genannt,[40] wobei einige Autoren den Aufsichtsratsmitgliedern eine Tendenz zur Interessenwahrung der von ihnen vertretenen Bank zubilligen.[41] Probleme bereitet in diesem Zusammenhang der Begriff des „Unternehmensinteresses", der dem Gesetz zwar fremd ist, aber von der Rechtsprechung wiederholt angesprochen wurde, ohne daß allerdings eine konkrete Definition erfolgt wäre.[42] Die Erklärungsversuche in der Literatur sind vielfältig, haben jedoch zu keiner allgemein anerkannten abstrakten Definition geführt.[43] Weit verbreitet ist die Ansicht, daß das Unternehmensinteresse die verschiedenen Sonderinteressen der am Unternehmen beteiligten Gruppen vereine und damit eine Ausgleichsfunktion zwischen diesen Sonderinteressen übernehme. Dabei ist allerdings unklar, nach welchen Abwägungskriterien dieser Ausgleich erfolgen soll und wessen Interessen überhaupt einbezogen werden.[44] Letztlich muß das Unternehmensinteresse wohl als Generalklausel verstanden werden, die am je-

[37] *Jaschke*, S. 15.

[38] RGZ 107, 221, 226; BGHZ 114, 127, 129 f.; LG Stuttgart AG 2000, 237; *Dreher*, ZHR 158 (1994), S. 620; *Hopt*, FS Mestmäcker, S. 927; *Lutter/Kremer*, ZGR 1992, S. 88; *Potthoff/Trescher*, S. 79; kritisch zu diesen Kriterien: *Jaschke*, S. 16 ff.

[39] Kölner Kommentar/*Mertens*, § 111 Rdnr. 11; MünchAG/*Hoffmann-Becking*, § 29 Rdnr. 26, *Semler*, Rdnr. 183 ff.

[40] BVerfGE 34, 103; 50, 290, 374; BGHZ 36, 296, 306; LG Stuttgart AG 2000, 237; *Semler*, Rdnr. 182; a.A. *Jaschke*, S. 23.

[41] *Claussen*, AG 1996, S. 484; Großkommentar AktG/*Oetker*, § 25 MitbestG Rdnr. 22; Kölner Kommentar/*Mertens*, § 116 Rdnr. 28. Ausführlich zur Bindung an das Unternehmensinteresse und zur Treuepflicht der Aufsichtsratsmitglieder unten C) III. 2. c).

[42] Etwa BVerfGE 50, 290, 374; BGHZ 36, 296, 310.

[43] Auf eine Darstellung der verschiedenen Ansätze soll hier verzichtet werden. Verwiesen sei dafür auf die besonders ausführlichen Darstellungen bei *Jürgenmeyer*, Unternehmensinteresse, und *Koch*, Unternehmensinteresse, jeweils mit umfangreichen Nachweisen.

[44] *Steinbeck*, S. 46 ff.

weiligen Einzelfall auszurichten ist, wobei die wichtigsten Bestandteile die Interessen der Anteilseigner sowie der Arbeitnehmer sein müssen. Einen allgemein gültigen Verhaltensmaßstab, an dem sich die Aufsichtsratsmitglieder ausrichten könnten, kann dieser Begriff jedoch nicht liefern.[45] Damit ist eine eigenständige Beurteilung durch den Aufsichtsrat gefragt, weil seine Mitglieder selbst entscheiden müssen, inwieweit bestimmte Maßnahmen dem Unternehmensinteresse dienen oder nicht, ohne daß sie sich dabei an einem konkreten vorgeschriebenen Maßstab orientieren könnten, wonach sich dieses Interesse letztlich bestimmt.

3. Einwirkungsmöglichkeiten des Aufsichtsrats im Rahmen der Überwachung

Der Aufsichtsrat kann seine Aufgaben, die ihm nach dem Gesetz zufallen, nur dann effektiv erfüllen, wenn ihm Einwirkungs- und Reaktionsmöglichkeiten auf den Vorstand bzw. dessen Tätigkeit zustehen. Er muß reagieren, wenn dessen Geschäftsführung nicht ordnungsgemäß ist, und angemessene Maßnahmen ergreifen.[46] Denn eine rein passive Überwachung, die nicht im Ernstfall zu einem Handeln des Aufsichtsrats führt, wäre sinnentleert und vollkommen nutzlos. Daher sind die Einwirkungsmöglichkeiten des Aufsichtsrats wesentlicher Bestandteil seiner Überwachung. Außerdem ist gerade in Hinblick auf das Thema dieser Untersuchung zu bedenken, daß der Aufsichtsrat sich seinerseits haftbar machen kann, wenn er von den ihm zur Verfügung stehenden Einwirkungsmöglichkeiten nicht ordnungsgemäß Gebrauch macht.

Als mildestes Mittel, um auf den Vorstand einzuwirken, kann der Aufsichtsrat gegenüber dem Vorstand Bedenken gegen bestimmte Maßnahmen äußern. Diese Möglichkeit geht einher mit der grundsätzlichen Beratungspflicht, die der Aufsichtsrat gegenüber dem Vorstand hat.[47] Der Aufsichtsrat sollte bemüht sein, möglichst im Vorfeld von Entscheidungen dafür Sorge zu tragen, daß er nicht gegen die Tätigkeit des Vorstands einschreiten muß. Die Beratung stellt sich also in erster Linie als prophylaktische Maßnahme dar.[48]

Soweit der Vorstand bereits eine Entscheidung getroffen hat, die der Aufsichtsrat für pflichtwidrig hält, muß er diese beanstanden. Mit der Beanstandung durch den Aufsichtsrat und der darin enthaltenen Stellungnahme muß der Vorstand sich auseinandersetzen und dazu Stellung beziehen, auch wenn er der Meinung des Aufsichtsrats nicht folgt und dieses aufgrund seiner eigenen Verantwortung als Geschäftsleitung auch nicht muß.[49]

---

[45] I.E. ebenso *Steinbeck*, S. 50.

[46] *Lutter/Krieger*, Rdnr. 32; *Semler*, Rdnr. 206 ff.

[47] Dazu oben 1.

[48] Kölner Kommentar/*Mertens*, § 111 Rdnr. 34.

[49] Kölner Kommentar/*Mertens*, § 111 Rdnr. 31; *Lutter/Krieger*, Rdnr. 33; *Matthießen*, S. 289;

Ob der Aufsichtsrat, der nach § 112 AktG die Gesellschaft gegenüber dem Vorstand vertritt, das Verlangen auf Vornahme oder Unterlassen von Geschäftsführungsmaßnahmen auf dem Klagewege durchsetzen kann oder sogar muß, ist umstritten.[50] Es ist aber davon auszugehen, daß das dem Aufsichtsrat in letzter Konsequenz möglich sein muß, wenn er sein berechtigtes Verlangen sonst nicht durchsetzen könnte. Denn andernfalls wäre es ihm verwehrt, seinen gesetzlichen Überwachungsauftrag effektiv auszuführen. Er hat zudem mögliche Ansprüche der Gesellschaft gegen den Vorstand zu prüfen und ggf. Schadensersatz von diesem - notfalls auf dem Klageweg - zu verlangen.[51]

II. Bestellung und Anstellung der Geschäftsleitung

Eine der in der Praxis wohl wichtigsten und verantwortungsvollsten Aufgaben des Aufsichtsrats ist die Bestellung und Anstellung der Vorstandsmitglieder und des Arbeitsdirektors.[52] Denn mit der Auswahl der Geschäftsleitung setzt der Aufsichtsrat deutliche Akzente für die Geschäftspolitik des Unternehmens. Das wirkt sich nicht nur direkt durch die Arbeit der neuen Vorstandsmitglieder aus, sondern kann auch aufgrund der Reaktionen von außen, etwa durch Kursveränderungen der Aktien, starke Auswirkungen auf die Geschäftsentwicklung haben. Für die Vorbereitung der Organbestellung, vor allem für die Auswahl der Kandidaten, ist daher auch eine strenge Vertraulichkeit besonders wichtig, weil eine vorzeitige Publizität negative Auswirkungen auf den Entscheidungsprozeß haben könnte, der möglichst unbeeinflußt von außen stattfinden sollte. Daher kommt der Verschwiegenheitspflicht der Aufsichtsratsmitglieder gerade bei dieser Aufgabe eine besonders große Bedeutung zu.[53]

Die Bestellung der Vorstandsmitglieder erfolgt nach § 84 AktG. Dabei ist unter dem Begriff „Bestellung" der Rechtsakt zu verstehen, mit dem eine bestimmte Person zum Organmitglied berufen wird.[54] Davon zu unterscheiden ist der Anstellungsvertrag, der das schuldrechtliche Verhältnis zwischen dem neu

---

Steinbeck, S. 159.

[50] Dagegen: OLG Hamburg AG 1992, 197; Kölner Kommentar/*Mertens*, § 111 Rdnr. 37; dafür: *Raiser*, ZGR 1989, S. 63; offengelassen in BGHZ 106, 54, 67; differenzierend *Bauer*, S. 121; *Lutter/Krieger*, Rdnr. 42; *Steinbeck*, S. 209.

[51] BGHZ 135, 244; *Hüffer*, § 111 Rdnr. 4a.

[52] Ausführlich dazu: *Krieger*, Personalentscheidungen des Aufsichtsrats; *Raiser*, DZWir 1993, S. 511, sieht in der Vorstandsbestellung sogar die Aufgabe, derentwegen die Arbeitnehmer in allererster Linie auf eine paritätische Beteiligung im Aufsichtsrat gedrängt hätten.

[53] Ausführlich zur Verschwiegenheitspflicht unten C) III. 2. b).

[54] BGHZ 3, 90, 92; *Hoffmann/Preu,* Rdnr. 201; Geßler/*Hefermehl*/Eckardt/Kropff, § 84 Rdnr. 5; Kölner Kommentar/*Mertens*, § 84 Rdnr. 4; *Potthoff/Trescher*, S. 245.

berufenen Vorstandsmitglied und der Gesellschaft betrifft.[55] Auch für den Anstellungsvertrag, der überwiegend als Dienst-[56] bzw. Geschäftsbesorgungsvertrag[57] angesehen wird, ist der Aufsichtsrat zuständig.[58] Im Gegensatz zur Bestellung, die nach § 107 Abs. 3 Satz 2 AktG nur durch den Gesamtaufsichtsrat erfolgen kann,[59] darf die Anstellung aber einem Aufsichtsratsausschuß übertragen werden.[60] Die ausschließliche Alleinkompetenz des Aufsichtsrats für die Vorstandsbestellung schließt nicht aus, daß er sich bei der Besetzung vakanter Vorstandsposten mit dem amtierenden Vorstand berät, weil dieser häufig am besten einschätzen kann, welche Eigenschaften und Fähigkeiten für die zu besetzende Position notwendig sind.[61] Dennoch muß der Aufsichtsrat allein die abschließende Entscheidung treffen.

In mitbestimmten Unternehmen ist nach § 33 Abs. 1 MitbestG bzw. § 13 Abs. 1 MontanMitbestG zusätzlich zu den eigentlichen Vorstandsmitgliedern ein Arbeitsdirektor zu bestellen, der eine gesetzliche Kernzuständigkeit in Personal- und Sozialangelegenheiten des Unternehmens hat[62]. Für seine Bestellung gelten grundsätzlich die gleichen Regeln wie für die Bestellung der übrigen Vorstandsmitglieder.[63] Allerdings kann im Rahmen des Montan-Mitbestimmungsgesetzes der Arbeitsdirektor nicht gegen die Mehrheit der Arbeitnehmervertreter bestellt werden.

Der Widerruf der Bestellung durch den Aufsichtsrat ist nach § 84 Abs. 3 AktG nur aus wichtigem Grund zulässig. Das rechtfertigt sich daraus, daß die Bestellung grundsätzlich ohnehin auf einen Zeitraum von fünf Jahren beschränkt ist. Ein wichtiger Grund liegt vor, wenn es dem Unternehmen nicht zuzumuten ist, das Organmitglied weiter als solches zu beschäftigen.[64] Als (nicht abschlie-

---

[55] Geßler/*Hefermehl*/Eckardt/Kropff, § 84 Rdnr. 34.

[56] BGHZ 10, 187, 191; 36, 142 f.; WM 1978, 319 f.; MünchAG/*Wiesner*, § 21 Rdnr. 5.

[57] Kölner Kommentar/*Mertens*, § 84 Rdnr. 33; *Lutter/Krieger*, Rdnr. 147.

[58] Geßler/*Hefermehl*/Eckardt/Kropff, § 84 Rdnr. 38; *Hüffer*, § 84 Rdnr. 12.

[59] Auf das Beschlußverfahren zur Bestellung der Vorstandsmitglieder, für das nach § 31 Abs. 2 - 4 MitbestG ein kompliziertes Mehrstufenverfahren eingeführt wurde, soll hier nicht weiter eingegangen werden; ausführlich dazu : *Krieger*, Personalentscheidungen, S. 97 ff.

[60] BGHZ 65, 190; Geßler/*Hefermehl*/Eckardt/Kropff, § 84 Rdnr. 39; *Hoffmann/Preu,* Rdnr. 222; Kölner Kommentar/*Mertens*, § 84 Rdnr. 10; *Krieger*, Personalentscheidungen, S. 166; *Lutter/Krieger*, Rdnr. 149; MünchAG/*Wiesner*, § 21 Rdnr. 16.

[61] *Hommelhoff*, ZHR 151 (1987), S. 499 f.; *Lutter/Krieger*, Rdnr. 122; *Mutter*, S. 73.

[62] BVerfGE 50, 290, 378; *Hoffmann/Preu,* Rdnr. 204; *Krieger*, Personalentscheidungen, S. 262; *Potthoff/Trescher*, S. 256.

[63] *Krieger*, Personalentscheidungen, S. 268; *Potthoff/Trescher*, S. 255.

[64] BGH WM 1955, 1222; 1968, 1325; Geßler/*Hefermehl*/Eckardt/Kropff, § 84 Rdnr. 69; Kölner Kommentar/*Mertens*, § 84 Rdnr. 129; *Krieger*, Personalentscheidungen, S. 131; *Lutter/Krieger*, Rdnr. 139; *Potthoff/Trescher*, S. 246.

ßende) Beispiele für wichtige Gründe führt § 84 Abs. 3 Satz 2 AktG grobe Pflichtverletzung, Unfähigkeit zur ordnungsgemäßen Geschäftsführung sowie Vertrauensentzug durch die Hauptversammlung aus sachlichen Gründen auf. Obwohl das Gesetz in § 84 Abs. 3 Satz 1 AktG dem Aufsichtsrat einen Ermessensspielraum hinsichtlich des Widerrufs einräumt, ist der Aufsichtsrat wohl, soweit ein wichtiger Grund vorliegt, regelmäßig zum Widerruf der Bestellung verpflichtet.[65] Denn da der Aufsichtsrat sich in erster Linie am Wohl des Unternehmens orientieren muß, darf er diesem nicht abverlangen, ein „unzumutbares" Vorstandsmitglied weiter zu beschäftigen. Etwas anderes kann nur gelten, wenn besondere Umstände vorliegen, die ausnahmsweise ein Festhalten an dem fraglichen Vorstandsmitglied rechtfertigen.[66] Ebenso wie die Bestellung kann deren Widerruf nur durch den Gesamtaufsichtsrat erfolgen.[67] Welche Verantwortung für das Unternehmen mit der Vorstandsbestellung verbunden ist, macht gerade auch die beschränkte Widerrufsmöglichkeit deutlich. Denn dadurch wirkt sich die Bestellung in jedem Fall ganz entscheidend auf die Geschäftspolitik der kommenden Jahre aus.

Als milderes Mittel gegenüber dem Widerruf der Bestellung ist auch eine vorübergehende Suspendierung eines Vorstandsmitglieds möglich, obwohl diese nicht ausdrücklich im Gesetz genannt wird.[68] Unter welchen Voraussetzungen eine Suspendierung möglich sein soll, ist umstritten.[69] Da es sich jedoch um eine vorübergehende Maßnahme handelt, sollte eine Suspendierung nur in solchen Fällen erfolgen, in denen gegen ein Vorstandsmitglied ein schwerwiegender Verdacht dahingehend besteht, daß Umstände vorliegen könnten, die seine Abberufung rechtfertigen würden, und dieser Verdacht nicht ohne weitere Nachforschungen ausgeräumt oder bestätigt werden kann. In diesem Fall besteht ein berechtigtes Interesse des Unternehmens, ein weiteres Tätigwerden des betroffenen

---

[65] Kölner Kommentar/*Mertens*, § 84 Rdnr. 93; *Lutter/Krieger*, Rdnr. 140; MünchAG/*Wiesner*, § 20 Rdnr. 50; a.A. Großkommentar AktG/*Meyer-Landrut*, § 84 Anm. 33.

[66] *Krieger*, Personalentscheidungen, S. 142.

[67] BGHZ 79, 38, 41; *Raiser*, Kapitalgesellschaften, § 14 Rdnr. 37.

[68] OLG München AG 1986, 234 f.; KG AG 1984, 25 f.; Kölner Kommentar/*Mertens*, § 84 Rdnr. 152; *Meyer-Landrut*, FS Fischer 1979, S. 480; *Lutter/Krieger*, Rdnr. 145; MünchAG/*Wiesner*, § 20 Rdnr. 60.

[69] *Krieger*, Personalentscheidungen, S. 149. Zum Teil wird das Vorliegen eines wichtigen Grundes verlangt, der auch eine sofortige Abberufung rechtfertigen würde, bzw. ein so konkreter Verdacht, daß schon dieser die Abberufung rechtfertigen würde (OLG München AG 1986, 234; Geßler/*Hefermehl*/Eckardt/Kropff, § 84 Rdnr. 62; *Krieger*, Personalentscheidungen, S. 154; *Meyer-Landrut*, FS Fischer, S. 477). Nach anderer Ansicht soll schon jedes billigenswertes Interesse der Gesellschaft ausreichen, so daß schon der Verdacht einer Pflichtverletzung, der noch keine Abberufung rechtfertigen würde, für die Suspendierung genügen soll (Kölner Kommentar/*Mertens*, § 84 Rdnr. 152).

Vorstandsmitglieds bis zur endgültigen Klärung des Sachverhaltes zu verhindern, um möglichen Schaden vom Unternehmen fernzuhalten.

Das Recht zur Bestellung und Abberufung der Vorstandsmitglieder gibt dem Aufsichtsrat nicht nur im Kernbereich seiner Personalkompetenz großen Einfluß auf die Entwicklung des Unternehmens, sondern darüber hinaus auch direkt auf den von ihm eingesetzten Vorstand. Des weiteren kann der Aufsichtsrat nach § 77 Abs. 2 AktG dem Vorstand eine Geschäftsordnung geben und damit weitgehend die Vorstandsorganisation beeinflussen.[70] Damit stehen ihm auch in diesem Bereich Mittel zur Verfügung, um seine Überwachungsaufgabe effektiv wahrzunehmen.

III. Mitwirkung an Maßnahmen der Geschäftsführung

Trotz der dualen Unternehmensorganisation mit der grundsätzlich strikten Trennung von Geschäftsleitung und Überwachung derselben weist das Gesetz dem Aufsichtsrat auch einige Aufgaben zu, die dem Bereich der Geschäftsführung zuzuordnen sind. Zwar kommt es bei diesen Aufgaben tatsächlich zu einer - zumindest indirekten - Beteiligung an der Unternehmensführung. Dennoch soll mit ihrer Zuweisung an den Aufsichtsrat vor allem erreicht werden, daß der Aufsichtsrat den Vorstand durch den mit der Beteiligung entstehenden Einigungszwang effektiv kontrollieren und damit seine allgemeine Überwachungsaufgabe vollständig erfüllen kann. Hier wird in besonderem Maße die Kontrollfunktion des Aufsichtsrats deutlich, dem bei für das Unternehmen besonders wichtigen Entscheidungen verstärkt Einfluß auf den Vorstand zugestanden wird. Dadurch ist eine vorbeugende Kontrolle möglich, die verhindern kann, daß für das Unternehmen negative Entscheidungen überhaupt getroffen werden. Damit wird dem Aufsichtsrat mit seinen nebenamtlichen Mitgliedern, die nur zum Teil eine den Qualifikationen der Vorstandsmitglieder entsprechende Ausbildung haben, beträchtlicher Einfluß auf die Unternehmensleitung zugesprochen, der aber zugleich mit einem ganz erheblichen Maß an Verantwortung für die Geschicke des Unternehmens einhergeht. Dennoch soll bei diesen Aufgaben nicht die grundsätzliche Trennung zwischen dem geschäftsführenden und dem überwachenden Organ aufgehoben werden.

Zu den Aufgaben im Rahmen der Mitwirkung an der Geschäftsleitung gehören u.a. zustimmungspflichtige Rechtsgeschäfte, die Feststellung des Jahresabschlusses sowie die Ausübung von Beteiligungsrechten nach § 32 MitbestG und § 15 MitbestErgG.

---

[70] Kölner Kommentar/*Mertens*, § 111 Rdnr. 35.

1. Zustimmungspflichtige Rechtsgeschäfte

Nach § 111 Abs. 4 AktG kann durch Satzung oder den Aufsichtsrat direkt bestimmt werden, daß bestimmte Arten von Geschäften nur mit Zustimmung des Aufsichtsrats vorgenommen werden können. Damit nimmt der Aufsichtsrat faktisch an der Geschäftsführung teil.[71] Um nicht die Autonomie des Vorstands, der nach dem Gesetz das Unternehmen allein führt, zu untergraben, dürfen Zustimmungsvorbehalte aber nur für bedeutsame Angelegenheiten angeordnet werden,[72] die eine verstärkte Einflußmöglichkeit des Überwachungsorgans Aufsichtsrat nötig erscheinen lassen.

Durch den Beschluß von Zustimmungsvorbehalten, der nach § 107 Abs. 3 Satz 2 AktG dem Aufsichtsratsplenum vorbehalten ist, kann der Aufsichtsrat beabsichtigte Geschäftsführungsmaßnahmen des Vorstands verhindern. Das kann auch ad hoc geschehen, wenn der Vorstand sich in konkreten Entscheidungssituationen nicht von Argumenten des Aufsichtsrats überzeugen läßt,[73] und sogar zur Pflicht für den Aufsichtsrat werden, wenn sich nur noch auf diesem Weg rechtswidrige Geschäftsführungsmaßnahmen des Vorstands verhindern lassen.[74] Daran wird deutlich, daß auch die Zustimmungsvorbehalte effektiv vor allem der vorbeugenden Überwachung des Vorstands dienen. Denn durch sie sollen möglicherweise irreversible Schäden für das Unternehmen durch Fehlentscheidungen des Vorstands von vornherein verhindert werden.

2. Feststellung des Jahresabschlusses

Eine weitere wichtige Aufgabe, die gerade in der Praxis viel Beachtung findet, ist die Prüfung und Feststellung des Jahresabschlusses durch den Aufsichtsrat nach den §§ 171, 172 AktG. Die Prüfung des Jahresabschlusses gibt dem Aufsichtsrat die Möglichkeit, die Geschäftsführung des vergangenen Jahres zu kontrollieren und anhand der im Jahresabschluß dargelegten Planung und des Gewinnverwendungsvorschlages Einblick in die zukünftige Geschäftspolitik zu nehmen.[75] Wie bei den zustimmungspflichtigen Rechtsgeschäften sind auch hier sowohl Elemente von Überwachung als auch von Beteiligung an der Geschäftsführung gegeben. Hauptintention der Prüfung nach § 171 AktG ist auch sicherlich die Überwachung des Vorstands. Der Jahresabschluß bietet noch stärker als die

---

[71] *Hopt*, FS Mestmäcker, S. 912; a.A. OLG Hamburg, ZIP 1995, 1673, 1675; *Abeltshauser*, S. 35, wonach auch Zustimmungsvorbehalte - allerdings scharfe - Mittel der Überwachung sind.

[72] *Lutter/Krieger*, Rdnr. 37.

[73] BGHZ 124, 111, 127; Kölner Kommentar/*Mertens*, § 111 Rdnr. 65; *Lutter/Krieger*, Rdnr. 36.

[74] LG Bielefeld AG 2000, 136, 138.

[75] *Rürup*, FS Budde, S. 549; *Schlüter*, FS Baetge, S. 986.

Berichte nach § 90 AktG die Möglichkeit, das Handeln des Vorstands zu beurteilen. Mit der Feststellung nach § 172 AktG beteiligt sich der Aufsichtsrat aber zugleich aktiv an der Jahresschlußrechnung und trifft in diesem Bereich eine eigenständige Entscheidung, so daß ein ebenso großes Gewicht auf der Geschäftsführung liegt.[76]

Den Jahresabschluß, der vom Vorstand erstellt wird, leitet dieser zusammen mit dem Bericht des Abschlußprüfers dem Aufsichtsrat zu, der daraufhin den Jahresabschluß auf Recht- und Zweckmäßigkeit prüft.[77] Die Prüfung durch den Aufsichtsrat kann sich dabei am Bericht des Abschlußprüfers orientieren.[78] Soweit sich aus diesem keine Bedenken gegen die Rechtmäßigkeit des Jahresabschlusses ergeben, kann sich der Aufsichtsrat auf das Durcharbeiten des Prüfungsberichts beschränken, ohne den gesamten Jahresabschluß erneut durcharbeiten zu müssen.[79] Hierbei ist allerdings zu beachten, daß der Abschlußprüfer lediglich die Rechtmäßigkeit des Jahresabschlusses prüft, der Aufsichtsrat, der zudem die Zweckmäßigkeit zu prüfen hat, insoweit also einen weiteren Prüfungsrahmen hat und sich zumindest bei Bedenken hinsichtlich des Jahresabschlusses daher nicht allein auf den Bericht des Abschlußprüfers verlassen darf.[80] In jedem Fall muß sich der Aufsichtsrat ein eigenes Urteil über den Jahresabschluß bilden.[81] Nach der Aktienrechtsreform durch das *KonTraG* sieht § 171 Abs. 1 Satz 2 AktG nunmehr vor, daß der Abschlußprüfer an den Aufsichtsratssitzungen, die die Prüfung des Jahresabschlusses betreffen, teilzunehmen und über das wesentliche Ergebnis seiner Prüfung zu berichten hat. Zudem soll er seinen Bericht nach § 321 HGB so formulieren, daß dieser auch nicht sachverständigen Aufsichtsratsmitgliedern verständlich ist.[82] Damit soll die Qualität der Zusammenarbeit zwischen Aufsichtsrat und Abschlußprüfer verbessert und den einzelnen Aufsichtsratsmitgliedern die sachgerechte Prüfung des Jahresabschlusses erleichtert werden.[83] Das ist vor allem für die Arbeitnehmervertreter eine wichtige Neuregelung, weil diese im Vergleich zu den Anteilseignervertretern seltener eine

---

[76] So auch *Forster*, ZfB 58 (1988), S. 791; *Hoffmann/Preu,* Rdnr. 306; *Mutter*, S. 150.

[77] *Clemm*, ZGR 1980, S. 457; *Forster*, ZfB 58 (1988), S. 793; Kölner Kommentar/*Claussen*, § 171 Rdnr. 7; *Lutter/Krieger*, Rdnr. 192; MünchAG/*Hoffmann-Becking*, § 44 Rdnr. 15.

[78] *Clemm*, ZGR 1980, S. 457; Kölner Kommentar/*Claussen*, § 171 Rdnr. 8; *Rürup*, FS Budde, S. 549.

[79] Geßler/Hefermehl/Eckardt/*Kropff*, § 171 Rdnr. 6; *Horlitz*, S. 29; *Mutter*, S. 147; *Schlüter*, FS Baetge, S. 987

[80] *Clemm*, ZGR 1980, S. 456; *Hüffer*, § 171 Rdnr. 6; *Jaschke*, S. 243; *Mutter*, S. 148; *Raiser*, Kapitalgesellschaften, § 18 Rdnr. 8; *Schlüter*, FS Baetge, S. 986.

[81] *Clemm*, ZGR 1980, S. 457; *Hüffer*, § 171 Rdnr. 5; *Jaschke*, S. 244; *Steinbeck*, S. 96; *Schlüter*, FS Baetge, S. 987.

[82] Amtl. Begr., BT-Drs. 13/9712, S.28; *Zimmer*, NJW 1998, S. 3533.

[83] *Hommelhoff/Mattheus*, AG 1998, S. 256 f.; *Zimmer*, NJW 1998, S. 3532.

betriebswirtschaftliche Ausbildung besitzen, folglich regelmäßig größere Schwierigkeiten haben werden, den Jahresabschluß und die anhängenden Berichte zu verstehen, und sich so einem viel schwerer zu kalkulierendem Haftungsrisiko aussetzen.

Billigt der Aufsichtsrat den Jahresabschluß, so ist dieser nach § 172 Abs. 1 Satz 1 AktG festgestellt, worüber nach Satz 2 der Hauptversammlung zu berichten ist. Zwar können Aufsichtsrat und Vorstand nach dem Gesetz beschließen, die Feststellung des Jahresabschlusses der Hauptversammlung zu überlassen, von dieser Möglichkeit wird aber aus unternehmenspolitischen Gründen nur selten Gebrauch gemacht. Denn hierdurch könnte der Eindruck entstehen, die Gesellschaft befände sich in ernsthaften Schwierigkeiten und der Aufsichtsrat wolle sich einer möglichen Haftung entziehen.[84] Daher besteht für den Vorstand ein deutlicher Druck, sich mit dem Aufsichtsrat über den Jahresabschluß zu einigen, was dem Aufsichtsrat wiederum die Möglichkeit gibt, die konkrete Ausgestaltung des Jahresabschlusses zu beeinflussen und damit faktisch an der Unternehmensführung mitzuwirken.[85] Insgesamt hat der Aufsichtsrat im Zusammenhang mit dem Jahresabschluß also erhebliche Möglichkeiten über gesetzliche Vorgaben oder auch faktische Zwänge, auf die Geschäftspolitik des Vorstands und die Unternehmensleitung Einfluß zu nehmen, und trägt als Konsequenz daraus gerade in diesem Bereich ein besonders großes Maß an Mitverantwortung für die Gesellschaft.

3. Ausübung von Beteiligungsrechten

Für mitbestimmte Unternehmen sehen die §§ 32 MitbestG, 15 MitbestErgG besondere Beteiligungsrechte des Aufsichtsrats vor. Danach dürfen bestimmte Personal- und Strukturentscheidungen im Rahmen von (mindestens 25%-igen) Beteiligungen an einem anderen paritätisch mitbestimmten Unternehmen nur aufgrund von Beschlüssen des Aufsichtsrats getroffen werden. Zu diesen Entscheidungen gehören im Personalbereich die Bestellung, Abberufung und Entlastung von Verwaltungsträgern, im Strukturbereich die Auflösung, Verschmelzung oder Umwandlung sowie der Abschluß von Unternehmensverträgen. Allerdings dürfen diese Entscheidungen, die für den Vorstand bindend sind, im Aufsichtsrat nur mit der Mehrheit der Anteilseignervertreter getroffen werden. Damit soll die Arbeitnehmermitbestimmung in den Fällen begrenzt werden, in denen in beiden betroffenen Unternehmen ein paritätisch besetzter Aufsichtsrat vorhanden ist, um so zu verhindern, daß die Mitbestimmung sich übermäßig auswirkt.[86] Indiz dafür, daß das Ziel dieser Regelungen nicht eine effizientere

---

[84] *Schlüter*, FS Baetge, S. 989.

[85] *Hoffmann/Preu*, Rdnr. 306; *Jaschke*, S. 249; *Schlüter*, FS Baetge, S. 989.

[86] *Fitting/Wlotzke/Wißmann*, § 32 Rdnr. 2; *Potthoff/Trescher*, S. 380.

Kontrolle des Vorstands, sondern eine Gestaltung des Arbeitnehmereinflusses ist, ist schon der Standort in den Gesetzen zur Unternehmensmitbestimmung und nicht im Aktiengesetz, wo originär die Aufgaben des Aufsichtsrats geregelt sind. Diese Vorschriften zielen also nicht auf eine Verbesserung der Vorstandskontrolle im Rahmen der allgemeinen gesellschaftsrechtlichen Aufgabe des Aufsichtsrats ab, sondern dienen der Modifizierung der Arbeitnehmermitbestimmung, indem der Arbeitnehmereinfluß nicht über das gesetzlich vorgesehene Maß hinaus ausgedehnt werden soll.

IV. Sonstige Aufgaben

Darüber hinaus stehen dem Aufsichtsrat bestimmte selbständige Initiativ- und Entscheidungsrechte zu, die in erster Linie mit dem Zusammenspiel der einzelnen Unternehmensorgane einschließlich dem dritten Organ der Hauptversammlung zusammenhängen. Da die Bedeutung für den Überwachungsauftrag des Aufsichtsrats eher gering ist, sollen diese sonstigen Aufgaben im folgenden nur in der gebotenen Kürze dargestellt werden.

So ist der Aufsichtsrat nach § 111 Abs. 3 Satz 1 AktG verpflichtet, die Hauptversammlung einzuberufen, wenn das Wohl der Gesellschaft die Einberufung erforderlich macht. Da die Pflicht, die Hauptversammlung einzuberufen, nach § 121 Abs. 2 Satz 1 AktG eigentlich in den Zuständigkeitsbereich des Vorstands fällt, kann § 111 Abs. 3 Satz 1 AktG nur in äußersten Notsituationen greifen, wenn nämlich der Vorstand sich weigert, seiner Verpflichtung nachzukommen.[87] Auch diese Aufgabe beruht also in erster Linie wieder auf der Kontrollfunktion des Aufsichtsrats, der quasi als Instanz hinter dem Vorstand steht. Die Mitglieder des Aufsichtsrats haben zudem nach § 118 Abs. 2 AktG das Recht, an der Hauptversammlung teilzunehmen und dieselben Informationen wie die Anteilseigner zugesendet zu bekommen.[88]

Weiter können sie gegen nichtige Beschlüsse der Hauptversammlung, Aufsichtsratswahlen und die Feststellung des Jahresabschlusses Klage erheben, um deren Nichtigkeit feststellen zu lassen.[89]

Nach § 204 Abs. 1 Satz 2 AktG bedarf der Vorstand außerdem bei der Ausnutzung eines genehmigten Kapitals (§ 202 AktG) zur Festsetzung der Ausgabebedingungen der Zustimmung des Aufsichtsrats, der vor Erteilung seiner Zustimmung die Recht- und Zweckmäßigkeit des Vorhabens zu prüfen hat.[90]

---

[87] *Hoffmann/Preu,* Rdnr. 354.

[88] *Hoffmann/Preu,* Rdnr. 378; *Köstler/Kittner/Zachert*, Rdnr 421.

[89] *Hoffmann/Preu,* Rdnr. 356.

[90] *Lutter/Krieger*, Rdnr. 195.

Der Aufsichtsrat ist zudem nach § 112 AktG Vertreter der Gesellschaft gegenüber dem Vorstand, was vor allem bei der Kreditgewährung durch die Gesellschaft an Vorstandsmitgliedern von Bedeutung ist.[91]

V. Besonderheiten im Konzern

Angesichts der immer stärker werdenden Verflechtungen im Wirtschaftsbereich spielt die unabhängige Einzelgesellschaft, von der z.B. im Aktiengesetz ausgegangen wird, in der Praxis nur noch eine untergeordnete Rolle. Häufiger anzutreffen sind hingegen Konzernstrukturen mit Ober- und Untergesellschaften (bzw. Mutter- und Tochtergesellschaften), die sich auch auf die Arbeit der jeweiligen Aufsichtsräte in den Einzelgesellschaften und damit auf die Effektivität der Mitbestimmung auswirken. Obwohl die einzelnen Untergesellschaften rechtlich selbständig sind, bilden sie doch mit der Muttergesellschaft eine wirtschaftliche Einheit.[92] Damit verbunden ist die Tatsache, daß die jeweiligen Untergesellschaften bedingt durch eine Konzentration der unternehmerischen Leitungsmacht bei der Muttergesellschaft in der Regel auch einer einheitlichen Wirtschaftspolitik unterworfen sind. Das hat unweigerlich zur Folge, daß die tatsächliche Unternehmensführung und -verwaltung von den Leitungsorganen der Untergesellschaften - und damit auch von den Aufsichtsräten der Untergesellschaften - auf die Konzernspitze übertragen wird.

Für die Überwachung im Konzern gilt grundsätzlich das Gleiche wie für die Überwachung einer Einzelgesellschaft. Die Unterschiede beruhen in erster Linie auf einer Verschiebung der wesentlichen Überwachungsaspekte.[93] So ist für den Aufsichtsrat einer Obergesellschaft nicht nur die reine Geschäftsleitung der Obergesellschaft Überwachungsgegenstand, sofern es sich nicht um eine reine Holding handelt, sondern darüber hinaus die Konzernleitung.[94] Überwachungsgegenstand ist hingegen nicht die Geschäftsleitung der beherrschten Unternehmen.[95] Der Vorstand des herrschenden Unternehmens kann daher viele geschäftliche Aktionen der Kontrolle des Aufsichtsrats entziehen, indem er sie in Untergesellschaften verlegt.[96] Inwieweit der Aufsichtsrat der Obergesellschaft sich am Interesse des gesamten Konzerns - und nicht allein am Interesse der Obergesellschaft - auszurichten hat, ist umstritten.[97] Meist wird diese Frage allerdings keine Rolle

---

[91] *Hoffmann/Preu,* Rdnr. 230.

[92] *Köstler/Kittner/Zachert*, Rdnr. 134.

[93] Ausführlich dazu: *Hoffmann-Becking*, ZHR 159 (1995), S. 325 ff.

[94] *Lutter/Krieger*, Rdnr. 44; *Scheffler*, DB 2000, S. 436.

[95] *Hoffmann-Becking*, ZHR 159 (1995), S. 329; *Horlitz*, S. 12; MünchAG/*Krieger*, § 69 Rdnr. 26.

[96] *Potthoff/Trescher*, S. 92 f.

[97] *Semler*, Rdnr. 382; MünchAG/*Krieger*, § 69 Rdnr. 27.

spielen, weil die Interessen von Konzern und Obergesellschaft weitgehend deckungsgleich sein werden.

VI. Ergebnis

Den Aufsichtsrat treffen in der Unternehmensverwaltung eine Reihe von unterschiedlichen Aufgaben. Dabei wird der Aufsichtsrat aber nicht nur als reiner Überwacher tätig, sondern ist mit bestimmten gesetzlich festgelegten Maßnahmen zudem an der Geschäftsführung des Unternehmens, die prinzipiell beim Vorstand liegt, beteiligt. Insgesamt zeigt sich bei einer genaueren Betrachtung aber, daß letztlich alle Aufgaben auf die übergeordnete Überwachungsaufgabe des Aufsichtsrats ausgerichtet sind. In den Bereichen, in denen eine reine Überwachung im engeren Sinne nicht mehr eine effektive Kontrolle des Vorstands sicherstellen kann, gibt der Gesetzgeber dem Aufsichtsrat weitergehende Befugnisse, damit der Vorstand nicht völlig eigenmächtig und möglicherweise zum Schaden der Gesellschaft handeln kann. Dort sollen die Befugnisse des Aufsichtsrats vor allem präventiv wirken, weil eine nachträgliche Kontrolle oft nicht ausreicht, um negative Auswirkungen für das Unternehmen zu verhindern. Zu diesem Zweck greift das Gesetz insoweit in die Autonomie des Vorstands ein. Der Überwachungsauftrag des Aufsichtsrats bezieht sich also nicht nur auf die allgemeine fortlaufende Geschäftsführung, sondern in besonderem Maße auch auf die geschäftspolitisch sensiblen Bereiche in der Unternehmensleitung, die eine verstärkte Kontrolle der Geschäftsführung zum Wohle des Unternehmens erfordern.

Gerade mit dieser Ausgestaltung des Überwachungsauftrages verbunden ist aber zugleich ein entsprechend hohes Maß an Verantwortung, die das Gesetz dem Aufsichtsrat auferlegt. Als Kontrollinstanz hinter dem Vorstand wird von den Aufsichtsratsmitgliedern verlangt, daß sie die dem Aufsichtsrat obliegenden Aufgaben ordnungsgemäß erfüllen, um die Gesellschaft vor Schaden zu schützen. Der damit an den Aufsichtsrat, der nur mit nebenamtlich tätigen Mitgliedern besetzt ist, gestellte gesetzliche Anspruch ist also ein sehr hoher, zumal angesichts der mit dem Amt verbundenen Verantwortung auch nur kleine Fehler oder geringfügige Pflichtverletzungen geeignet sind, einen erheblichen Schaden für die Gesellschaft auszulösen, für den die Aufsichtsratsmitglieder im Rahmen ihrer Amtshaftung[98] einstehen müßten.

B) Arbeitsweise und innere Organisation des Aufsichtsrats

Der Aufsichtsrat ist ein Kollegialorgan. Er erfüllt seine Aufgaben durch das Handeln seiner Mitglieder als Gesamtheit.[99] Im folgenden soll untersucht werden,

[98] Ausführlich dazu unten § 5 A) I.

[99] *Lutter/Krieger*, Rdnr. 203.

wie dieses Kollegium zu seinen Entscheidungen kommt und ob die zur Verfügung stehenden Möglichkeiten ausreichen, um die dem Aufsichtsrat zugewiesenen Aufgaben pflichtgemäß zu erfüllen. Dafür ist ein Blick auf seine Arbeitsweise und innere Organisation angebracht. Dabei interessiert weniger der formale Ablauf von Aufsichtsratssitzungen[100] als vielmehr die sachliche Arbeit und ihre Auswirkungen auf die persönliche Verantwortlichkeit des einzelnen Mitglieds. Denn der Weg innerhalb des Aufsichtsrats zu einer Entscheidung ist im Schadensfalle entscheidend für die Frage, inwieweit die einzelnen Aufsichtsratsmitglieder für diese (fehlerhafte) Entscheidung zur Verantwortung gezogen werden können.

I. Aufsichtsratssitzungen

Grundsätzlich geht der Aufsichtsrat seinen Aufgaben im Rahmen von Sitzungen nach. Zur Vorbereitung der Sitzungen werden die Aufsichtsratsmitglieder im Vorfeld über die anstehenden Inhalte informiert, was ihnen die Möglichkeit gibt, sich ausreichend auf die kommende Sitzung vorzubereiten und sich eine Meinung über die anstehenden Fragen und Themen zu bilden. Der Themenkatalog einer Aufsichtsratssitzung ergibt sich regelmäßig aus dem Aufgabenbereich des Aufsichtsrats. Bei den routinemäßigen Sitzungen stehen in erster Linie die Vorstandsberichte nach § 90 AktG im Vordergrund.[101] Darüber hinaus hat der Vorstand dem Aufsichtsrat über außerordentliche Ereignisse und Maßnahmen zu berichten. Dazu kommt die Beratung des Jahresabschlusses. Die Entscheidungen werden durch ausdrücklichen Beschluß getroffen.[102] Stillschweigende Aufsichtsratsbeschlüsse gibt es nicht.[103]

Nach § 110 Abs. 3 AktG sind zumindest für börsennotierte Gesellschaften zwei Sitzungen pro Kalenderhalbjahr vorgesehen. Die niedrige Sitzungsfrequenz, die vor der Aktienrechtsreform nur etwa bei zwei bis drei Sitzungen pro Jahr lag,[104] war in der Vergangenheit schon oft ein Kritikpunkt,[105] da vielfach die Ansicht vertreten wurde, daß es bei so wenigen Sitzungen dem Aufsichtsrat überhaupt nicht möglich sei, seine Aufgaben ordnungsgemäß zu erfüllen. Hier gilt es aber zu bedenken, daß das Aufsichtsratsmandat als Nebenamt ausgestaltet ist und zudem der Aufsichtsrat nicht als ständiger Schatten des Vorstands fungieren, sondern dessen Geschäftsführung nur in den wesentlichen Zügen überwachen

---

[100] Dazu ausführlich: *Hoffmann/Preu*, Rdnr. 407 ff; *Potthoff/Trescher*, S. 308 ff.

[101] Dazu oben A) I. 1.

[102] Ausreichend ist grundsätzlich die einfache Mehrheit der abgegebenen Stimmen, soweit gesetzlich nicht ausnahmsweise etwas anderes verlangt wird (z.B. §§ 27, 32 MitbestG).

[103] BGH DB 1989, 472 f.; *Köstler/Kittner/Zachert*, Rdnr. 347; Kölner Kommentar/*Mertens*, § 108 Rdnr. 12; *Potthoff/Trescher*, S. 311.

[104] *Dörner/Oser*, DB 1995, S. 1087; *Schlüter*, FS Baetge, S. 983.

[105] Z.B. *Götz*, AG 1995, S. 347; *Scheffler*, ZGR 1993, S. 65.

soll. Bei einem normalen Geschäftsverlauf besteht also häufig gar kein Bedarf nach einer höheren Sitzungsfrequenz. Das kann sich allerdings in Krisenzeiten oder bei für das Unternehmen schwerwiegenden Entscheidungen ändern.

Eingebürgert haben sich - gerade auf Arbeitnehmerseite - Vorbesprechungen der einzelnen Bänke, die wiederum schon häufig Anlaß zur Kritik gegeben haben, weil bei diesen Vorbesprechungen meist bereits eine Meinungsbildung erfolgt. Es kommt dann gar nicht mehr zu einer echten Diskussion im Aufsichtsrat. Statt dessen wird nur noch über die einzelnen Punkte abgestimmt, wobei oft die beiden Bänke jeweils geschlossen abstimmen.[106] Ein solches Verhalten ist vor allem deshalb als kritisch zu bewerten, weil damit der Entscheidungsprozeß innerhalb des Organs verschoben wird. Ein geschlossenes Abstimmen der Bänke untergräbt die individuelle Verantwortung des einzelnen Aufsichtsratsmitglieds für seine Amtstätigkeit, indem sich das Aufsichtsratsmitglied nur noch der Meinung seiner Gruppe anschließt. Das Gesetz geht aber gerade davon aus, daß jedes Aufsichtsratsmitglied unabhängig von der Interessengruppe, die es entsandt hat, agiert und seine Entscheidungen eigenverantwortlich trifft.[107]

Darüber hinaus finden gerade bei wichtigen Entscheidungen Vorbesprechungen mit dem Vorstand statt, so daß von einer echten Kontrolle des Vorstands nicht mehr gesprochen werden kann.[108] Auch hier entsteht eine Diskrepanz zwischen der tatsächlichen Situation und dem Auftrag des Aufsichtsrats als Überwachungsorgan und der damit verbundenen Verantwortung für das Unternehmen. So sehr auch in Hinblick auf eine ausreichende Informiertheit der Aufsichtsratsmitglieder eine gute Zusammenarbeit mit dem Vorstand wünschenswert ist, darf diese jedoch nicht so weit gehen, die Grenzen zwischen den Tätigkeitsfeldern beider Organe derartig zu verschieben, daß der Aufsichtsrat seinen Kontrollauftrag nicht mehr sachgerecht ausüben kann.

II. Aufsichtsratsausschüsse

Um den Überwachungsauftrag ordnungsgemäß wahrnehmen zu können, hat sich in der Praxis die Einrichtung von Ausschüssen als wichtiges Arbeitsmittel innerhalb des Aufsichtsrats erwiesen. Nach § 107 Abs. 3 Satz 1 AktG kann der Aufsichtsrat zur Vorbereitung von Verhandlungen und Beschlüssen oder zur Überwachung von deren Ausführung aus seiner Mitte Ausschüsse bestellen, soweit die betroffenen Aufgaben nicht nach Satz 2 ausschließlich der Entscheidung

---

[106] *Hoffmann/Lehmann/Weinmann*, § 28 Rdnr. 7; *Säcker*, Aufsichtsratsausschüsse, S. 29; *Scheffler*, ZGR 1993, S. 72; dagegen *Köstler/Kittner/Zachert*, Rdnr. 315.

[107] Das Gebot der persönlichen und eigenverantwortlichen Amtsführung ergibt sich aus § 111 Abs. 5 AktG. (BGHZ 85, 293, 295; *Lutter/Krieger*, Rdnr. 280.)

[108] *Lieb*, Rdnr. 919; *Schlüter*, FS Baetge, S. 983.

des Plenums vorbehalten sind.[109] Vorgeschrieben sind Ausschüsse vom Gesetz mit Ausnahme des Vermittlungsausschusses nach § 27 Abs. 3 MitbestG nicht. Allerdings wird die Pflicht zu sachgerechter Organisation seiner Tätigkeit den Aufsichtsrat zumindest bei größeren Gesellschaften dazu zwingen, Ausschüsse einzurichten, um eine Arbeitsteilung zu erreichen.[110] In der Praxis besonders verbreitet sind Personalausschüsse, dazu kommen Ausschüsse für Finanzen und Investitionen.[111] Ein besonderes Problem stellt die Besetzung der Ausschüsse dar, die grundsätzlich durch einfachen Mehrheitsbeschluß erfolgt.[112] Umstritten ist dabei vor allem, wie in mitbestimmten Aufsichtsräten Ausschüsse zu besetzen sind, d.h. ob der Ausschuß quasi als Spiegelbild des Gesamtaufsichtsrats gruppenmäßig paritätisch zu besetzen ist oder ob die Besetzung der freien Entscheidung des Aufsichtsrats überlassen bleibt.[113]

Die Einrichtung eines Ausschusses ermöglicht dem Aufsichtsrat auf der einen Seite eine arbeitsmäßige Entlastung, indem Entscheidungen entweder ganz aus dem Plenum herausgenommen oder aber für das Plenum vorbereitet werden. Zudem kann in den einzelnen Ausschüssen bereits vorhandenes Fachwissen gebündelt werden, oder Ausschußmitglieder können sich für den speziellen Arbeitsbereich ihres Ausschusses erweiterte Fachkenntnisse aneignen, die wiederum dem Gesamtaufsichtsrat, dem der Ausschuß dann fachlich fundiert berichten kann, zugute kommen. Besonders vertrauliche Themen wie die Berufung neuer Vorstandsmitglieder, der Abschluß ihrer Anstellungsverträge oder die Kreditgewährung nach den §§ 89, 115 AktG können ebenfalls in Ausschüssen vorbereitet werden.[114]

Auf der anderen Seite birgt gerade diese Arbeitsteilung und Spezialisierung auch Gefahren in sich. Denn die Ausschußarbeit kann das Plenum nicht von seiner Verantwortung entbinden, die ja zuvorderst das Organ Aufsichtsrat als Ganzes trifft.[115] So kann es etwa aufgrund der Ausschußarbeit zu einem Informationsgefälle zwischen Ausschußmitgliedern und anderen Aufsichtsratsmitgliedern kommen. Die Vorbereitung von Entscheidungen des Plenums durch einen Ausschuß kann auf einen Funktionsschwund des Gesamtaufsichtsrats hinauslaufen,[116]

---

[109] Zu den Aufgaben, die ausschließlich der Entscheidung des Plenums vorbehalten sind, gehören u.a. die Wahl des Aufsichtsratsvorsitzenden, die Bestellung und Abberufung von Vorstandsmitgliedern und die Prüfung des Jahresabschlusses.

[110] *Lutter/Krieger*, Rdnr. 256; *Rellermeyer*, S. 14.

[111] *Lutter/Krieger*, Rdnr. 256; *Raiser*, Kapitalgesellschaften, § 15 Rdnr. 69.

[112] *Godin/Wilhelmi*, § 107 Anm. 8; Großkommentar AktG/*Meyer-Landrut*, § 107 Anm. 13.

[113] *Hoffmann/Preu*, Rdnr. 156; *Lutter/Krieger*, Rdnr. 264; *Rellermeyer*, S. 101 ff. Ausführlich zu dieser Problematik unten § 4 D).

[114] *Hoffmann/Preu*, Rdnr. 146.

[115] So auch *Lutter/Krieger*, Rdnr. 261.

[116] *Köstler/Kittner/Zachert*, Rdnr. 287.

der im Extremfall nur noch das Ergebnis der Ausschußarbeit durch einen formellen Beschluß umsetzen muß. Dieser Funktionsschwund ist in Hinblick auf die Haftung der Aufsichtsratsmitglieder problematisch, weil diese, wenn sie an einer Entscheidung beteiligt sind, auch für die haftungsrechtlichen Konsequenzen eintreten müssen. Wird jedoch ein Großteil der inhaltlichen Sachentscheidung in einen Ausschuß verlagert, kann das dort nicht vertretene Mitglied bei der anschließenden Plenarentscheidung möglicherweise die Auswirkungen dieser Entscheidung nicht mehr überblicken.

III. Ergebnis

Zwischen dem gesetzlichen Überwachungsauftrag und der tatsächlichen Ausführung dieses Auftrages in der Praxis bestehen erhebliche Diskrepanzen, die vor allem die Effektivität der Überwachung betreffen. Hier ist vor allem das Verhalten im Zusammenhang mit den Aufsichtsratssitzungen zu kritisieren. Denn das geschlossene Abstimmungsverhalten nach Bänken, das bereits vor der eigentlichen Sitzung entschieden wird, führt dazu, daß in der Sitzung selbst nicht mehr entscheidungserheblich diskutiert wird. Dadurch muß die Effektivität der Überwachung, die ja auch von den unterschiedlichen Kenntnissen und Sichtweisen der einzelnen Mitgliedern lebt, gemindert werden. Das gilt in noch stärkerem Maße für die Vorbesprechungen mit dem Vorstand, der das eigentliche Objekt des Überwachungsauftrages ist. Diese verschiedenen Vorbesprechungen, die das Abstimmungsverhalten der Mitglieder noch vor der tatsächlichen Sitzung festlegen, schwächen die Wirksamkeit der Überwachung in viel stärkerem Maße als etwa die viel kritisierte Sitzungsfrequenz, denn mit diesen Vorbesprechungen wird die tatsächliche Unabhängigkeit der einzelnen Aufsichtsratsmitglieder und damit des gesamten Organs untergraben. Auch wenn die formelle Weisungsfreiheit bestehen bleibt, kann sie auf diesem Wege faktisch doch gravierend eingeschränkt werden.

Diese Gefahr, daß Entscheidungen zumindest faktisch außerhalb des Gesamtorgans vorab getroffen werden, besteht auch bei der Ausschußarbeit. Dabei sind nicht so sehr die Fälle problematisch, in denen Entscheidungen direkt vom Ausschuß getroffen werden. Denn hier hat der Gesetzgeber ja gerade die Möglichkeit vorgesehen, einen Teil der Überwachungsaufgabe dem Ausschuß allein zu übertragen, so daß insoweit auch die Haftung der übrigen Aufsichtsratsmitglieder entsprechend begrenzt ist.[117] Schwieriger ist die Situation in den Fällen, in denen Plenarentscheidungen durch einen Ausschuß nur vorbereitet werden, weil auch hier wieder die Gefahr besteht, daß das Plenum nur noch formell den entsprechenden Beschluß faßt, ohne daß es im Gesamtaufsichtsrat zu einer Sachdiskussion kommt und sich alle Aufsichtsratsmitglieder tatsächlich mit dem Thema

---

[117] Dazu unten § 5 A) I. 1.

inhaltlich auseinandergesetzt haben. Dennoch kann im Ergebnis die Überwachung durch eine intensive Ausschußarbeit sicherlich effizienter gestaltet werden, weil sich hier die Möglichkeit bietet, einzelne Themen in - möglichst kompetent besetzten - Ausschüssen umfassend aufzuarbeiten, ohne daß die Arbeitskraft sämtlicher Aufsichtsratsmitglieder in demselben Themenkomplex gebunden wären. Notwendig ist dafür indes eine umfassende Information der nicht am Ausschuß beteiligten Aufsichtsratsmitglieder, damit diese sich ein eigenständiges Urteil über den entscheidungserheblichen Sachverhalt bilden können, bevor über diesen beschlossen wird.

C) Das einzelne Aufsichtsratsmitglied

Die Aufgaben, die dem Aufsichtsrat obliegen, werden durch das Gesetz nur dem Gesamtaufsichtsrat als Organ, nicht den einzelnen Aufsichtsratsmitgliedern zugewiesen.[118] Die Rechte und Pflichten des einzelnen Aufsichtsratsmitglieds leiten sich daher in erster Linie aus diesen gesetzlichen Regelungen für den gesamten Aufsichtsrat ab.[119] Dennoch interessiert gerade für die Frage der Haftung besonders die Stellung des individuellen Aufsichtsratsmitglieds. Denn schließlich sind es die einzelnen Mitglieder, die die Entscheidungen im Aufsichtsrat treffen und damit das Gesamtorgan handlungsfähig machen. Und sie sind es auch, die sich im Schadensfall persönlich ersatzpflichtig machen, so daß sich für jedes Mitglied die Frage stellt, ob es den an Aufsichtsratsmitglieder gestellten Anforderungen entsprechen und inwieweit es seine Rechte und Pflichten in sachgerechter Form wahrnehmen kann.

I. Das Rechtsverhältnis zum Unternehmen

Die Aufsichtsratsmitglieder werden in den Aufsichtsrat bestellt. Diese Bestellung ist ein körperschaftrechtlicher Akt, durch den die organschaftliche Stellung der Aufsichtsratsmitglieder begründet wird, wobei sich die aus dieser Stellung resultierenden Rechte und Pflichten aus den einschlägigen Vorschriften des Aktiengesetzes ergeben. Der Bestellung kommt keine Vertragsqualität zu.[120]

Umstritten ist allerdings, ob neben der Organrechtsstellung noch einem schuldrechtlichen Rechtsverhältnis eine eigene Bedeutung zukommt. Zum Teil wird dazu angenommen, daß das Aufsichtsratsmitglied mit Annahme der Wahl in ein vertragliches Anstellungsverhältnis zur Gesellschaft trete, das sich regelmäßig

---

118 *Säcker*, NJW 1979, S. 1521.

119 *J. Geßler*, § 111 Rdnr. 8; Kölner Kommentar/*Mertens*, § 111 Rdnr. 10; *Wardenbach*, S. 184; im Ergebnis ebenso *Mutter*, S. 30; *Steinbeck*, S. 24.

120 MünchKomm-BGB/*Reuter*, § 27 Rdnr. 4; *K. Schmidt*, S. 423; *Singhof*, AG 1998, S. 318; Soergel/*Hadding*, § 27 Rdnr. 9.

als Dienstvertrag mit Geschäftsbesorgungscharakter darstelle und selbständig neben dem organschaftlichen Verhältnis bestehe.[121] Nach der wohl herrschenden Meinung entsteht dagegen gleichzeitig mit Annahme der Bestellung ein gesetzliches Schuldverhältnis, dessen Inhalt durch die gesetzlichen Vorschriften sowie die Satzung der Gesellschaft bestimmt wird, so daß es keines besonderen Anstellungsvertrages mehr bedarf.[122] Schließlich wird auch noch die Meinung vertreten, es entstehe lediglich ein korporationsrechtliches Rechtsverhältnis, das ausschließlich auf der Organbestellung beruhe.[123] Letztlich sind die Auswirkungen dieses Streits aber gering. Die Stellung der Aufsichtsratsmitglieder wird ganz beherrschend durch ihre Organstellung geprägt, aus der sich die sie treffenden Rechte und Pflichten durch die entsprechenden gesetzlichen Regelungen ergeben. Einem zusätzlichen Anstellungsvertrag kann daneben keine eigenständige Bedeutung mehr zukommen. Damit ist schlußendlich der herrschenden Meinung zu folgen, die aufgrund der gesetzlichen Regelungen keinen Bedarf mehr für ein Anstellungsverhältnis sieht.

II. Anforderungen an das einzelne Aufsichtsratsmitglied

Gerade in Hinblick auf die Haftungssituation ist entscheidender, welche Qualifikation ein Aufsichtsratsmitglied, unabhängig davon, ob es sich um einen Vertreter der Arbeitnehmer- oder Anteilseignerseite handelt, haben muß und welche Anforderungen an das einzelne Mitglied gestellt werden, denn bereits mangelnde Qualifikation kann im Zweifelsfall für das einzelne Aufsichtsratsmitglied eine Haftung auslösen. Nach der zutreffenden vorherrschenden Meinung trifft nämlich ein Aufsichtsratsmitglied, das sein Amt übernommen hat, ohne die dafür erforderlichen Sachkenntnisse zu besitzen, ein Übernahmeverschulden.[124] Jedes Aufsichtsratsmitglied muß daher vor der Amtsübernahme prüfen, ob es über die notwendigen Fähigkeiten verfügt.[125] Zum Teil wird sogar explizit vertreten, daß das Fehlen der notwendigen Sachkenntnisse für das jeweilige Aufsichtsratsmitglied ein Bestellungshindernis darstelle.[126]

---

[121] Früher h.M.: RGZ 123, 351, 354; 146, 145, 152; *Säcker*, NJW 1979, S. 1525; heute ebenso: *Fitting/Kaiser/Heither/Engels*, § 76 BetrVG 1952 Rdnr. 175; GK-BetrVG/*Kraft*, § 76 BetrVG 1952 Rdnr. 109; *J. Geßler*, § 101 Rdnr. 5; MünchARbR/*Wißmann*, § 380 Rdnr. 18.

[122] *Geßler*/Hefermehl/Eckardt/Kropff, § 101 Rdnr. 54; *Henn*, Rdnr. 631; Kölner Kommentar/*Mertens*, § 101 Rdnr. 5; MünchAG/*Hoffmann-Becking*, § 33 Rdnr. 10; *Raiser*, Kapitalgesellschaften, § 15 Rdnr. 73.

[123] *Hüffer*, § 101 Rdnr. 2; *Singhof*, AG 1998, S. 319.

[124] OLG Frankfurt AG 1982, 194 f.; *Götz*, AG 1995, S. 345; *Potthoff/Trescher*, S. 110.

[125] *Arbeitskreis „Externe und interne Überwachung der Unternehmung" der Schmalenbach-Gesellschaft/Deutsche Gesellschaft für Betriebswirtschaft e.V.*, DB 1995, S. 1.

[126] *Wardenbach*, S. 262.

Dabei muß für die folgende Untersuchung unterschieden werden zwischen den Anforderungen an die Aufsichtsratsmitglieder bzw. ihrer Qualifikation einerseits und dem sie treffenden Sorgfaltsmaßstab andererseits. Denn obwohl beide Punkte für einen Schadensersatzanspruch von Bedeutung sind und man auf den ersten Blick meinen könnte, sie beträfen dieselbe Sache, handelt es sich doch um unterschiedliche Dinge. Die Anforderungen, die an ein Aufsichtsratsmitglied gestellt werden, definieren nämlich erst seinen tatbestandlichen Pflichtenkreis und stellen überhaupt seine Geeignetheit für das Aufsichtsratsamt klar. Demgegenüber stellt sich der anzuwendende Sorgfaltsmaßstab als Resultat der geforderten Qualifikationen, an der die vom Aufsichtsratsmitglied angewandte Sorgfalt zu messen ist, dar und betrifft die Frage des Verschuldens, das sich das betreffende Aufsichtsratsmitglied anrechnen lassen muß.[127]

1. Vorgaben durch das Gesetz

Das Gesetz hilft bei der Frage nach den an ein Aufsichtsratsmitglied zu stellenden Anforderungen nicht viel weiter. § 100 AktG normiert zwar in der amtlichen Überschrift die persönlichen Voraussetzungen für Aufsichtsratsmitglieder. Nach Abs. 1 steht aber lediglich fest, daß nur natürliche, unbeschränkt geschäftsfähige Personen Mitglied eines Aufsichtsrats sein dürfen. Damit soll die persönliche Verantwortlichkeit der Mandatsinhaber sichergestellt werden.[128] Bestimmte Sachkenntnisse verlangt das Gesetz hingegen nicht.[129] Abs. 2 macht weitere Einschränkungen hinsichtlich der Höchstzahl der Mandate und enthält ein Mandatsverbot, wenn die betreffende Person bereits andere bestimmte Positionen innehat, nämlich als gesetzlicher Vertreter eines von der Gesellschaft abhängigen Unternehmens oder einer anderen Kapitalgesellschaft, deren Aufsichtsrat ein Vorstandsmitglied der Gesellschaft angehört (Überkreuzverflechtung[130]). In diesem Zusammenhang ist auch noch § 105 Abs. 1 AktG zu nennen, der die Unvereinbarkeit der gleichzeitigen Zugehörigkeit zu Vorstand und Aufsichtsrat einer Gesellschaft normiert. Mit diesen Voraussetzungen wird aber lediglich an äußere Vorgaben angeknüpft, die nicht die persönliche Qualifikation des Mitglieds betreffen. Das gilt auch für Abs. 3, der auf die verschiedenen Gesetze zur Unternehmensmitbestimmung verweist. Betroffen ist auch hier nur die Wählbarkeit der Arbeitnehmervertreter, die sich eben nach den einschlägigen Gesetzen zur Unternehmensmitbestimmung[131] richtet. Allerdings läßt Abs. 4 es zumindest zu, daß für

---

[127] Ebenso *Schwark*, FS Werner, S. 843. Ausführlich zum Sorgfaltsmaßstab unten § 6 C).

[128] Kropff, S. 135; *Hüffer*, § 100 Rdnr. 2.

[129] *Hüffer*, § 100 Rdnr. 2; Kölner Kommentar/*Mertens*, § 100 Rdnr. 9.

[130] Dazu *Hüffer*, § 100 Rdnr. 6; Kölner Kommentar/*Mertens*, § 100 Rdnr. 21 ff.

[131] Dazu § 7 Abs. 2 - 4 MitbestG; §§ 4 Abs. 2, 6 Abs. 1 MontanMitbestG; §§ 5, 6 MitbestErgG; § 76 Abs. 2 Satz 2 BetrVG 1952.

die Aufsichtsratsmitglieder der Anteilseignerseite, die von der Hauptversammlung ohne Bindung an Wahlvorschläge gewählt oder durch Satzung in den Aufsichtsrat entsendet werden, in einer Satzung persönliche Anforderungen aufgestellt werden können, ohne jedoch den Inhalt dieser Anforderungen näher zu benennen.

Auch § 116 i.V.m. § 93 Abs. 1 Satz 1 AktG, der den Sorgfaltsmaßstab für die Aufsichtsratsmitglieder festlegt, stellt keinen Bezug zur persönlichen Sachkunde der Aufsichtsratsmitglieder her, sondern normiert lediglich die an sie gerichteten Sorgfaltspflichtanforderungen. Damit wird lediglich ein Verhaltensmaßstab festgelegt, der im Rahmen der Haftung bei der Frage des Verschuldens eine Rolle spielt.[132]

Zumindest § 111 Abs. 5 AktG stellt zwar klar, daß Aufsichtsratsmitglieder ihre Aufgaben nicht durch andere wahrnehmen lassen können. Daraus folgt ein Gebot der persönlichen und eigenverantwortlichen Amtsausübung,[133] das für sich allein genommen aber auch wieder nur einen allgemeinen Verhaltensmaßstab begründet, ohne eine bestimmte Qualifikation festzuschreiben.[134]

Festzuhalten bleibt also, daß im Aktiengesetz, welches die Stellung des Aufsichtsrats und seiner Mitglieder bestimmt, keine Aussagen über die notwendigen Mindestqualifikationen getroffen werden, die ein Aufsichtsratsmitglied für seine Amtsausübung vorweisen können muß.[135]

2. Die „Hertie"-Entscheidung des BGH

Allerdings hat der BGH auf den sich aus § 111 Abs. 5 AktG ergebenden Verhaltensmaßstab zurückgegriffen, um bestimmte Voraussetzungen für das Amt des Aufsichtsratsmitglieds zu entwickeln. In seiner vielzitierten „Hertie"- Entscheidung[136], die als Grundlagenentscheidung hinsichtlich der Anforderungen an Aufsichtsratsmitglieder gilt,[137] führt der BGH aus, mit diesem Gebot werde vorausgesetzt, daß ein Aufsichtsratsmitglied diejenigen Mindestkenntnisse und -fähigkeiten besitzen oder sich aneignen müsse, die es brauche, um alle normalerweise anfallenden Geschäftsvorgänge auch ohne fremde Hilfe verstehen und sachgerecht beurteilen zu können. Gleichzeitig schränkt der BGH ein, es sei nicht zu erwarten, daß jedes Aufsichtsratsmitglied auf sämtlichen Gebieten, auf denen der Aufsichtsrat tätig werde, umfassende Spezialkenntnisse besitze.[138] Die vom

---

[132] Dazu unten § 6 C).

[133] BGHZ 85, 293, 295; *Hommelhoff*, ZGR 1983, S. 563; *Lutter/Krieger*, Rdnr. 280; MünchAG/*Hoffmann-Becking*, § 33 Rdnr. 3; *Wardenbach*, S. 181.

[134] So auch *Schwark*, FS Werner, S. 843.

[135] So auch *Dreher*, FS Boujong, S. 73.

[136] BGHZ 85, 293.

[137] *Dreher*, FS Boujong, S. 75.

[138] BGHZ 85, 293, 295 f.

BGH geforderten Mindestkenntnisse müssen bereits bei Amtsantritt vorhanden sein und können nicht erst im Laufe der Aufsichtsratstätigkeit erworben werden.[139] Zudem müssen diese Kenntnisse bei jedem Aufsichtsratsmitglied, unabhängig von seiner Zugehörigkeit zu einer Bank oder seiner Vorbildung, gegeben sein.[140]

Auch mit der „Hertie"-Entscheidung sowie der gesetzlichen Vorgabe durch § 111 Abs. 5 AktG wird lediglich generalklauselartig umrissen, welche Qualifikationen das einzelne Mitglied vorweisen muß. Ein genaues Anforderungsprofil, an dem die Qualifikation eines Aufsichtsratsmitglieds gemessen werden könnte und nach denen sich auch die Mitglieder selbst richten könnten, kann damit nicht erstellt werden.

3. „Professionalität" des Aufsichtsrats - Kritik und Vorschläge

Das hat gerade im Vorfeld des *KonTraG* unter dem Stichwort „Professionalität des Aufsichtsrats"[141] zu Diskussionen darüber geführt, wo Mängel in der Aufsichtsratstätigkeit bestehen und welche konkreten Anforderungen an die Aufsichtsratsmitglieder zu stellen sind. Weitgehende Einigkeit besteht insoweit, als im Einklang mit der „Hertie"-Entscheidung" bestimmte Mindestkenntnisse von jedem Aufsichtsratsmitglied verlangt werden.[142] Hier hat sich die sogenannte „Theorie der Mindestqualifikation"[143] entwickelt, die sich vor allem auf die „Hertie"-Entscheidung stützt. Einigkeit besteht auch dahingehend, daß diese Mindestanforderungen an jedes Aufsichtsratsmitglied gleichermaßen zu stellen sind.[144] Gleichwohl wird auch von der Literatur erkannt, daß die Formulierung des BGH hinsichtlich der Ausgestaltung der Mindestkenntnisse wenig konkret ist, so daß verschiedene Versuche unternommen werden, die Anforderungen an die Aufsichtsratsmitglieder genauer zu fassen. Die Ergebnisse sind dabei sehr unterschiedlich, nicht nur was die Konstruktion betrifft, sondern vor allem hinsichtlich der Reichweite der zu fordernden Kenntnisse. Häufig wird dabei hinsichtlich der nötigen Qualifikation zwischen verschiedenen Pflichtenebenen diffe-

---

139 OLG Frankfurt, AG 1982, 194 f.; *Dreher*, FS Boujong, S. 76; *Horlitz*, S. 37; *Hommelhoff*, ZGR 1983, S. 574; *Potthoff/Trescher*, S. 110; *Schlüter*, FS Baetge, S. 993; *Wardenbach*, S. 267.

140 *Dreher*, FS Boujong, S. 75.

141 *Claussen*, AG 1996, S. 485; *Hommelhoff/Mattheus*, AG 1998, S. 254; *Lutter*, ZHR 159 (1995), S. 307; *ders.*, NJW 1995, S. 1133; *Möllers*, ZIP 1995, S. 1725.

142 Kölner Kommentar/*Mertens*, § 116 Rdnr. 7; dagegen *Wardenbach*, S. 182, der aus § 111 Abs. 5 AktG keine bestimmte Mindestqualifikation ableiten will.

143 *Wardenbach*, S. 178.

144 BGHZ 85, 293, 296; *Dreher*, FS Boujong, S. 75; *Götz*, AG 1995, S. 345; *Hüffer*, § 116 Rdnr. 2; Kölner Kommentar/*Mertens*, § 116 Rdnr. 7; *Schwark*, FS Werner, S. 850.

renziert.[145] Danach wird zwischen den einzelnen Funktionen unterschieden, die ein Aufsichtsratsmitglied wahrnehmen kann, also den Aufgaben des Plenums, an denen jedes Aufsichtsratsmitglied mitzuwirken hat, und der Arbeit in den Ausschüssen.

a) Anforderungen an alle Aufsichtsratsmitglieder

Hinsichtlich der Aufgaben, die in die Plenarzuständigkeit des Aufsichtsrats fallen, wird zum Teil gefordert, daß jedes einzelne Aufsichtsratsmitglied in der Lage sein müsse, alle diese Aufgaben ohne fremde Hilfe wahrzunehmen, weil sich auch aus der oben genannten BGH-Entscheidung ein „Autarkiegebot" für den Aufsichtsrat ergebe, das für die Plenaraufgaben in besonderem Maße gelte.[146]

Dem wird zurecht entgegengehalten, eine solche Forderung ginge zu weit, weil in die Plenarzuständigkeit auch schwierige Aufgaben wie die Feststellung des Jahresabschlusses fielen, bei denen man nicht von jedem Aufsichtsratsmitglied verlangen könne, daß es die dafür erforderlichen Spezialkenntnisse besitze. Zudem müsse bedacht werden, daß der Pflichtenadressat zunächst einmal allein der Gesamtaufsichtsrat sei und deshalb das einzelne Mitglied nicht die Erfüllung der Aufgabe an sich, sondern nur die Mitwirkung an dieser Erfüllung schulde.[147] Daher wird es zum Teil auch für ausreichend gehalten, wenn der Gesamtaufsichtsrat die zur Ausführung seiner Aufgaben notwendige Kompetenz quasi als Summe der Einzelkompetenzen seiner Mitglieder besitze,[148] wobei jedes Aufsichtsratsmitglied in der Lage sein müsse, seinen eigenen Beratungsbedarf richtig einzuschätzen, die Beratung zu verstehen und dann eine eigene Entscheidung zu treffen.[149]

Dieser Beratungsbedarf darf allerdings nicht so weit gehen, daß er mit dem Gebot der eigenverantwortlichen Amtsführung kollidiert. Das heißt im Ergebnis, daß jedes Aufsichtsratsmitglied in der Lage sein muß, die normalen Geschäftsvorgänge zu verstehen und sachgerecht beurteilen zu können, sich aber bei schwierigen Fragen, die tiefergehende Spezialkenntnisse erfordern, auch wenn es sich um allgemeine Aufgaben handelt, beraten lassen darf. Dabei sollte die Beratung zunächst, soweit möglich, durch andere Aufsichtsratsmitglieder, die auf diesem Gebiet besser bewandert sind, erfolgen, ehe ein außenstehender Sachverständiger dazugezogen wird. Das entspricht auch der gesetzlichen Wertung des

---

145 *Schwark*, FS Werner, S. 846; *Wardenbach*, S. 187.

146 *Hommelhoff*, ZGR 1983, S. 572; *Prühs*, AG 1979, S. 348.

147 *Wardenbach*, S. 192; i.E. ebenso *Steinbeck*, S. 23.

148 *Dreher*, FS Boujong, S. 75; *Steinbeck*, S.25; *Wardenbach*, S. 186.

149 *Arbeitskreis „Externe und interne Überwachung der Unternehmung" der Schmalenbach-Gesellschaft/Deutsche Gesellschaft für Betriebswirtschaft e.V.*; DB 1995, S. 1 ff.; *Schwark*, FS Werner, S. 845; *Wardenbach*, S. 194.

Gesetzes, wonach für einzelne Gegenstände (§ 109 Abs. 1 Satz 2 AktG) bzw. für bestimmte Prüfungsaufgaben (§ 111 Abs. 2 Satz 2 AktG) vom Aufsichtsrat Sachverständige hinzugezogen werden können. Die Hinzuziehung Außenstehender ist vom Gesetz also nur als Ausnahme angesehen worden.[150] Diesen Konflikt zwischen dem Gebot zur eigenverantwortlichen Amtsführung einerseits und dem in vielen Fällen bestehenden Beratungsbedarf andererseits hat der Gesetzgeber zumindest für den am häufigsten diskutierten Fall des Jahresabschlusses dadurch entschärft, daß er die Anwesenheit des Abschlußprüfers bei der entsprechenden Aufsichtsratssitzung in § 171 Abs. 1 Satz 2 AktG für obligatorisch erklärt hat, damit dieser den Aufsichtsrat bei der Prüfung des Jahresabschlusses beraten und unterstützen kann.

b) Anforderungen an Ausschußmitglieder

Eine zweite Pflichtenebene stellen die Ausschüsse dar. Dabei wollen viele Autoren der besonderen Situation in den Ausschüssen Rechnung tragen, indem sie für die Ausschußmitglieder besondere, den Ausschußgegenstand betreffende Sachkenntnisse verlangen.[151] Denn Auswahlkriterium müsse vor allem die Qualifikation des Kandidaten sein.[152] Ein Ausschußmitglied, das dieses Amt übernehme, obwohl es die benötigten Spezialkenntnisse nicht besitze, treffe insoweit ein Übernahmeverschulden.[153] Damit wird für den Ausschuß als Teil des Aufsichtsrats in diesem Punkt auf die gleiche Überlegung zurückgegriffen, die auch für den Gesamtaufsichtsrat gilt und nach der eine Person, die ein Amt übernimmt, ohne die dafür notwendigen Kenntnisse zu besitzen, ein Übernahmeverschulden trifft. Gleichzeitig soll hier aber wie beim Plenum gelten, daß nicht jedes Ausschußmitglied allein sämtliche nötigen Sachkenntnisse besitzen muß, sondern daß es ausreicht, wenn der Ausschuß in seiner Gesamtheit diese aufbringt.[154] Hinsichtlich der Überwachung der Ausschußarbeit durch das Plenum könne hingegen nicht gefordert werden, daß dafür der gleiche Sachverstand nötig sei wie für die Ausschußarbeit selbst.[155] Das kann auch nicht dem Sinn eines Ausschusses entsprechen. Denn mit der Bildung eines Ausschusses soll nicht nur eine Arbeitsteilung bzw. -reduzierung für das Plenum erreicht werden, sondern auch eine Bündelung vorhandenen Spezialwissens, um somit effektiveres Arbeiten zu gewähr-

---

[150] BGHZ 85, 293, 296.

[151] *Feddersen*, AG 2000, S. 389; *Schwark*, FS Werner, S. 848.

[152] BGHZ 83, 106, 115; *Dreher*, FS Boujong, S. 87; *Lutter/Krieger*, Rdnr. 264; MünchAG/*Hoffmann-Becking*, § 32 Rdnr. 19; *Wardenbach*, S. 196.

[153] OLG Frankfurt AG 1982, 194 f.; *Potthoff/Trescher*, S. 110; *Schlüter*, FS Baetge, S. 993.

[154] Kölner Kommentar/*Mertens*, § 116 Rdnr. 8.

[155] *Möllers*, ZIP 1995, S. 1733; *Schwark*, FS Werner, S. 846 f.

leisten.[156] Ausreichend sei deshalb eine Überwachung im Sinne einer Plausibilitätskontrolle, durch die der Gesamtaufsichtsrat sich überzeugen muß, daß der Ausschuß seine Arbeit ordnungsgemäß erledigt.[157]

c) Weitere Kriterien

Weitgehende Einigkeit besteht insoweit, als auch die Art und Größe des Unternehmens in Betracht gezogen werden müssen, wenn man festlegen will, welche Kenntnisse bei den Aufsichtsratsmitgliedern unabdingbar sind.[158] Damit ließe sich kein generell verbindliches Anforderungsprofil für alle Aufsichtsräte aufstellen,[159] sondern es könnten nur für alle Mitglieder eines bestimmten Aufsichtsrats dieselben Mindestanforderungen gelten.[160] Bei allen Forderungen, die in der Literatur aufgestellt werden, wird allerdings immer wieder bemängelt, daß die Besetzung des pluralistischen Gremiums Aufsichtsrat eher nach Gruppenzugehörigkeit und Prominenz erfolge als nach Sachkenntnis und Kompetenz.[161]

Bei der Diskussion um die Professionalität des Aufsichtsrats wurden zur Verbesserung der Aufsichtsratsarbeit verschiedene Punkte immer wieder vorgeschlagen. Ein wesentlicher Streitpunkt war dabei die Höchstzahl der Mandate.[162] Jedoch liegen dem eher praktische Erwägungen zugrunde. Denn je höher die Zahl der Aufsichtsratsmandate einer Person ist, um so geringer muß zwangsläufig der mögliche Einsatz für das einzelne Unternehmen sein. Die Höchstzahl der Mandate knüpft also nicht an konkreten Qualifikationen, sondern lediglich an zusätzlichen Indikatoren hinsichtlich der Qualität der Aufsichtsratstätigkeit an. Der Gesetzgeber ist der Forderung nach einer Herabsetzung der Höchstzahl der Mandate nur insoweit nachgekommen, als nach § 100 Abs. 2 Satz 3 AktG nunmehr konzernfremde Mandate für den Aufsichtsratsvorsitz doppelt zählen.[163] Ein weiterer Punkt war die Forderung, in verstärktem Maße - zum Teil obligatorische - Ausschüsse einzusetzen, um damit die Arbeit in den Aufsichtsräten effizienter zu gestalten und mehr vorhandenes Spezialwissen zu bündeln.[164] Aber auch mit dieser

---

[156] *Dreher*, FS Boujong, S. 87.

[157] *Lutter/Krieger*, Rdnr. 311; MünchAG/*Hoffmann-Becking*, § 32 Rdnr. 21; *Wardenbach*, S. 195.

[158] *Hommelhoff*, ZGR 1983, S. 572; *Schwark*, FS Werner, S. 849.

[159] *Claussen*, AG 1996, S. 485; *Lutter*, ZHR 159 (1995) S. 307.

[160] *Dreher*, FS Boujong, S. 77.

[161] *Claussen*, AG 1996, S. 485; *Dörner/Oser*, DB 1995, S. 1087; *Scheffler*, ZGR 1993, S. 73; *ders.*, DB 2000, S. 433.

[162] Siehe etwa *Claussen*, AG 1996, S. 484; *Götz*, AG 1995, S. 345; *Lutter* NJW 1995, S. 1134.

[163] Dazu: Amtl. Begr., BT-Drs. 13/9712, S. 15 f.

[164] *Arbeitskreis „Externe und interne Überwachung der Unternehmung" der Schmalenbach-Gesellschaft/Deutsche Gesellschaft für Betriebswirtschaft e.V.*, DB 1995, S. 1 ff.; *Claussen*,

Forderung wird vor allem eine Verbesserung der Arbeitsbedingungen verfolgt. Die Qualifikation der Aufsichtsratsmitglieder ist von einer verstärkten Ausschußbildung nur insoweit betroffen, als möglicherweise bereits vorhandene Qualifikationen in einem Ausschuß besser eingebracht werden können. Von einer Einführung obligatorischer Ausschüsse hat der Gesetzgeber bei der Verabschiedung des *KonTraG* abgesehen. Indes wurde mit § 171 Abs. 2 AktG die Berichtspflicht gegenüber der Hauptversammlung hinsichtlich der Ausschußarbeit erweitert und so für den Aufsichtsrat zumindest ein Anreiz geschaffen, mehr Ausschüsse zu bilden.[165]

4. Stellungnahme

Von einem abstrakt-theoretischen Standpunkt aus müßte es grundsätzlich ausreichen, wenn der Gesamtaufsichtsrat als Ganzes die notwendigen Kenntnisse und Fähigkeiten besitzt, die er braucht, um seine Aufgaben ordnungsgemäß zu erfüllen, d.h. wenn das Zusammenbringen der unterschiedlichen Fähigkeiten der Einzelmitglieder im Plenum den gesamten Anforderungsrahmen abdecken würde. Denn letztendlich ist einzig der Gesamtaufsichtsrat Pflichtenadressat des Gesetzes.[166] Damit müßte für die Feststellung, ob der Aufsichtsrat die notwendigen Mindestkenntnisse hat, die Summe der Fähigkeiten und Kenntnisse der Einzelmitglieder betrachtet werden.[167] Es fragt sich jedoch, ob eine solche Betrachtungsweise sich in der Praxis nicht verbietet, weil damit die ordnungsgemäße Arbeitsfähigkeit eines Aufsichtsrats bereits durch das Ausscheiden eines einzelnen, in einem bestimmten Spezialbereich bewanderten Mitglieds wegfallen könnte. Das widerspräche dem unstreitig gegenüber jedem einzelnen Mitglied bestehenden Gebot der eigenverantwortlichen Amtsausübung aus § 111 Abs. 5 AktG.[168] Schließlich ist auch jedes einzelne Aufsichtsratsmitglied im Haftungsfall persönlich für einen Schaden verantwortlich, wenn es einen kausalen Verursachungsbeitrag geleistet hat. Also kann Maßstab für die ausreichende Qualifikation eines Aufsichtsrats nicht ausschließlich die Summe der Einzelqualifikationen sein. Denn das hieße, daß unter Umständen ein Gesamtaufsichtsrat als ausreichend qualifiziert anzusehen wäre, bei dem einige Mitglieder praktisch über gar keine Sachkenntnisse verfügen, während andere, die etwa als Vertreter der Anteilseignerseite zugleich Vorstandsvorsitzende eines anderen Unternehmens waren oder sind, über ein „Übermaß" an Sachkenntnissen verfügen. Dann wären die weniger

---

AG 1996, S. 484; *Feddersen*, AG 2000, S. 395; *Götz*, AG 1995, S. 347; *Lutter*, ZHR 159 (1995), S. 298; *Möllers*, ZIP 1995, S. 1730; *Scheffler*, ZGR 1993, S. 75.

[165] *Hommelhoff/Mattheus*, AG 1998, S. 255; *Zimmer*, NJW 1998, S. 3524.

[166] Kölner Kommentar/*Mertens*, § 111 Rdnr. 10.

[167] So zumindest im Ergebnis *Hommelhoff*, ZGR 1983, S. 571 ff.

[168] Dazu auch oben B) I. sowie 1.

bzw. gar nicht qualifizierten Aufsichtsratsmitglieder hinsichtlich ihrer haftungsrechtlichen Verantwortlichkeit vollständig den Mitgliedern mit einer hohen Vorbildung ausgeliefert. Das ist nicht mit dem Prinzip der Eigenverantwortlichkeit vereinbar. Ein gewisses Mindestmaß an Kenntnissen und ein Grundverständnis für die Geschäftspolitik des konkreten Unternehmens muß also mit Rechtsprechung und Literatur von jedem Aufsichtsratsmitglied gefordert werden. Jedes Aufsichtsratsmitglied muß darüber hinaus zumindest in der Lage sein, seine eigenen Grenzen zu erkennen, damit es in solchen Fällen Hilfe von anderen Aufsichtsratsmitgliedern mit größeren Spezialkenntnissen oder unter Umständen sogar von Sachverständigen anfordern kann, um auf der Grundlage dieser Hilfestellungen den entscheidungserheblichen Sachverhalt eigenständig beurteilen zu können.

Weiter ist zu bedenken, daß es sich bei dem Aufsichtsrat um ein pluralistisch besetztes Gremium handelt, das zwar auch unter der Unterschiedlichkeit seiner Mitglieder und ihrer Vorkenntnisse leiden mag, dessen große Stärke aber gleichzeitig diese Verschiedenheit ist. Denn die einzelnen Mitglieder mit ihrem verschiedenen Hintergrund bringen nicht nur eine breit gefächerte Wissenspalette mit, sondern darüber hinaus auch eine unterschiedliche Sichtweise der Dinge, nicht zuletzt geprägt von der Gruppe, von der sie entsandt wurden. Diese Vielfältigkeit des Gremiums Aufsichtsrat könnte man nicht erhalten, wenn man von allen Mitgliedern dieselben großen Kenntnisse für sämtliche dem Aufsichtsrat zufallenden Aufgaben verlangen würde.

Daß von den Aufsichtsratsmitgliedern nicht dieselben Spezialkenntnisse verlangt werden können wie von den hauptamtlichen Vorständen, weil sie ihr Amt nur nebenamtlich ausüben, ist in diesem Zusammenhang ein eher zweifelhaftes Argument. Denn das Aufsichtsratsmandat ist zwar ein Nebenamt, nicht aber ein repräsentatives Ehrenamt. Das bedeutet, daß von den Aufsichtsratsmitgliedern erwartet werden muß, daß sie den ihnen zugewiesenen Aufgaben gewachsen sind. Trotz der Ausgestaltung des Mandats als Nebenamt überträgt das Gesetz schließlich mit der Kontrolle der Geschäftsführung dem Aufsichtsrat in großem Maße die Verantwortung für die Geschicke des Unternehmens.[169]

Allerdings darf man von einem Ausschußmitglied verlangen, daß es in besonderem Maße auf dem Gebiet, mit dem der entsprechende Ausschuß sich befaßt, vertraut ist. Denn die Einrichtung von Ausschüssen dient gerade dazu, für den Aufsichtsrat eine Arbeitserleichterung zu bieten, indem besonders befähigte Aufsichtsratsmitglieder im Ausschuß Entscheidungen für das Plenum vorbereiten und damit den mit der Materie weniger vertrauten Mitgliedern die Beurteilung des Themas erleichtern. Daher kann man von Aufsichtsratsmitgliedern, die sich zur Arbeit in einem bestimmten Ausschuß bereit erklären, auch erwarten, daß sie mit der dort behandelten Materie ausreichend vertraut sind. Hier muß aber im Prinzip

---

[169] Dazu oben A) VI.

dasselbe gelten wie für den Gesamtaufsichtsrat, d.h. nicht jedes Ausschußmitglied muß so große Spezialkenntnisse besitzen, daß es theoretisch allein die Ausschußarbeit erledigen könnte. Ausreichend ist vielmehr, daß der gesamte Ausschuß die für die betreffende Materie notwendigen Spezialkenntnisse besitzt, wobei jedes Ausschußmitglied in der Lage sein muß, die Beratungen des Ausschusses zu verstehen und richtig einzuschätzen, so daß es sich ein eigenständiges Urteil bilden kann.

Insgesamt bleibt also festzuhalten, daß sich die Qualifikation eines Aufsichtsratsmitglieds aus unterschiedlichen Faktoren zusammensetzt, die es schwierig machen, ein konkretes Anforderungsprofil, an dem sich alle Aufsichtsratsmitglieder orientieren könnten, zu erstellen. Zum einen ist an Aufsichtsratsmitglieder, die einem Ausschuß angehören, ein höherer Anspruch hinsichtlich der dort behandelten Materie zu stellen als an Aufsichtsratsmitglieder, die diesem Ausschuß nicht angehören. Zum anderen müssen für die ganz konkreten Anforderungen immer die Art und Umstände des betroffenen Unternehmens beachtet werden, die möglicherweise von jedem Aufsichtsratsmitglied ein bestimmtes branchenspezifisches Spezialwissen verlangen. Hinsichtlich der Plenaraufgaben des Aufsichtsrats muß bedacht werden, daß Pflichtenadressat immer der Gesamtaufsichtsrat ist, nicht aber das einzelne Mitglied. Daher kann von dem einzelnen Mitglied auch nicht verlangt werden, daß seine Sachkenntnisse ausreichen, um sämtliche Plenaraufgaben des Aufsichtsrats zu erledigen. Das Aufsichtsratsmitglied trifft nämlich keine eigene Erfüllungspflicht hinsichtlich der den Aufsichtsrat treffenden Aufgaben, sondern lediglich eine Pflicht, an der Erfüllung dieser Aufgaben mitzuwirken.[170]

5. Ergebnis

Letztlich bleibt es dabei, daß sich kein konkretes Anforderungsprofil für alle Aufsichtsratsmitglieder aufstellen läßt, weil zu viele das individuelle Unternehmen betreffende Faktoren dabei eine Rolle spielen. Daher kann man nur, wie es auch in der „Hertie“-Entscheidung des BGH getan wurde, generalklauselartig einen allgemein gehaltenen Grundsatz aufstellen, an dem die Aufsichtsratsmitglieder sich selbst messen können. Nach der hier vertretenen Meinung muß es daher ausreichen, wenn der Aufsichtsrat als gesetzlicher Pflichtenadressat in der Gesamtheit seiner Mitglieder die ausreichenden Kenntnisse vorweisen kann, um seine Aufgaben ordnungsgemäß zu erledigen, soweit jedes einzelne Aufsichtsratsmitglied in der Lage ist, die zu entscheidenden Sachverhalte in dem präsentierten Rahmen, also etwa nach Vorbereitung durch einen Ausschuß oder Erläuterung des Abschlußprüfers bzw. eines außenstehenden Sachverständigen, eigenständig zu beurteilen und aufgrund dieser Beurteilung eine selbständige Entschei-

---

[170] *Säcker*, NJW 1979, S. 1521; *Steinbeck*, S. 23.

dung zu treffen. Damit bleibt der Gesamtaufsichtsrat auch faktisch Pflichtenadressat, und gleichzeitig ist der Grundsatz der eigenverantwortlichen Amtsführung, dem jedes Aufsichtsratsmitglied unterliegt, gewahrt.

III. Rechte und Pflichten des einzelnen Aufsichtsratsmitglieds

Jedes Aufsichtsratsmitglied muß nicht nur den an dieses Amt zu stellenden Anforderungen genügen, sondern hat zudem bestimmte Rechte und Pflichten, die seine Rechtsstellung innerhalb des Organs Aufsichtsrat und zugleich innerhalb des Unternehmens ausgestalten und prägen. Dabei ist das Prinzip zugrundezulegen, daß alle Aufsichtsratsmitglieder die gleichen Rechte und Pflichten haben, unabhängig davon, ob sie von Seiten der Anteilseigner oder der Arbeitnehmer entsandt worden sind.[171] Zudem sind die Aufsichtsratsmitglieder nach § 111 Abs. 5 AktG in ihrer Tätigkeit weisungsfrei und verpflichtet, eigenständig und eigenverantwortlich zu handeln.[172]

1. Rechte des einzelnen Aufsichtsratsmitglieds

Die Rechte des Aufsichtsratsmitglieds lassen sich unterteilen in solche Rechte, die das einzelne Mitglied gegenüber dem Aufsichtsrat hat (sog. „Intraorganrechte"), Rechte des Mitglieds gegenüber anderen Organen im Unternehmen („Interorganrechte") sowie persönliche Rechte und Ansprüche gegen die Gesellschaft.[173]

a) Intraorganrechte

Zu den Intraorganrechten, also den aufsichtsratsinternen Rechten, gehören vor allem organisatorische Rechte, die es dem Aufsichtsratsmitglied ermöglichen, seine Aufgaben im Aufsichtsrat ordnungsgemäß wahrzunehmen. Davon erfaßt werden etwa das Recht, an allen Sitzungen des Aufsichtsrats aktiv teilzunehmen, also sich zu äußern und Anträge zu stellen, und vor diesen Sitzungen ordnungsgemäß informiert zu werden, um sich auf die Sitzung angemessen vorbereiten zu können. Außerdem hat das einzelne Aufsichtsratsmitglied grundsätzlich das Recht, in alle Unterlagen, die die Aufsichtsratsarbeit betreffen, Einsicht zu nehmen, also etwa in die Sitzungsprotokolle, die Vorstandsberichte und den Jahres-

---

171 Allg. Meinung; BGHZ 83, 106, 113; 83, 151, 154; *Dreher*, FS Boujong, S. 78; Großkommentar AktG/*Oetker*, § 25 MitbestG Rdnr. 20; *Potthoff/Trescher*, S. 106. Inwieweit für die Arbeitnehmervertreter dennoch Abweichungen von diesem Gleichbehandlungsprinzip gerechtfertigt sind, soll im weiteren Verlauf der Arbeit untersucht werden.

172 *Lutter/Krieger*, Rdnr. 280.

173 Zur Unterscheidung: *Lutter/Krieger*, Rdnr. 281; *Säcker*, NJW 1979, S. 1522 ff.

abschluß. Zudem darf jedes Aufsichtsratsmitglied nach § 109 Abs. 2 AktG an allen Ausschußsitzungen teilnehmen, auch wenn es nicht selbst Mitglied dieses Ausschusses ist, wenn nicht der Aufsichtsratsvorsitzende im Einzelfall etwas anderes bestimmt.[174]

b) Interorganrechte

Die Interorganrechte betreffen die Rechte, die dem einzelnen Aufsichtsratsmitglied gegenüber Vorstand und Hauptversammlung zustehen. Gegenüber dem Vorstand hat jedes Aufsichtsratsmitglied nach § 90 Abs. 3 Satz 2 AktG das Recht, einen Bericht zu fordern, der allerdings nur gegenüber dem Gesamtaufsichtsrat abgegeben werden muß. Hält der Vorstand das Verlangen für unbegründet, muß er den Bericht trotzdem erstellen, wenn ein zweites Aufsichtsratsmitglied sich dieser Forderung anschließt. Ein Recht des einzelnen Mitglieds, eigene Nachforschungen anzustellen oder von einem Vorstandsmitglied Auskunft nur an sich selbst zu verlangen, besteht aber nicht.[175] Jedes Aufsichtsratsmitglied darf an den Sitzungen der Hauptversammlung teilnehmen. Außerdem hat es das Recht, sowohl die Nachrichten an die Hauptversammlung als auch die Beschlüsse derselben zugesandt zu bekommen.

c) Persönliche Ansprüche

Die persönlichen Ansprüche des Aufsichtsratsmitglieds betreffen nicht seine Funktion als Teil des Organs Aufsichtsrat, sondern seine persönliche Rechtsstellung gegenüber der Gesellschaft.[176] Zwischen der Gesellschaft und dem Aufsichtsratsmitglied ist mit der Bestellung auch ein persönliches Rechtsverhältnis entstanden. Dessen rechtliche Einordnung ist zwar streitig,[177] es besteht aber trotzdem weitgehende Einigkeit über den Inhalt der persönlichen Rechte der Aufsichtsratsmitglieder gegenüber der Gesellschaft. Nach § 113 AktG kann jedem Aufsichtsratsmitglied eine Vergütung für seine Tätigkeit gewährt werden, wobei die Vergütung für alle Mitglieder eines Aufsichtsrats (mit Ausnahme des Vorsitzenden) gleich hoch sein muß.[178] Darüber hinaus hat das Mitglied Aufwendungsersatzansprüche gemäß §§ 675, 670 BGB aus der Ausübung seiner Aufsichtsratstätigkeit. Hierbei werden nicht nur Porto-, Telefon-, Fahrt- und

---

[174] *Lutter/Krieger*, Rdnr. 282; ausführlicher zu den einzelnen Rechten: *Potthoff/Trescher*, S. 120 ff.; *Säcker*, NJW 1979, S. 1522 f.

[175] *Säcker*, NJW 1979, S. 1524 f.

[176] *Lutter/Krieger*, Rdnr. 293; *Säcker*, NJW 1979, S. 1525.

[177] Dazu oben I.

[178] *Henn*, Rdnr. 672.

Übernachtungskosten ersetzt, sondern auch die Kosten für einen externen Sachverständigen, soweit seine Hinzuziehung ausnahmsweise notwendig war.[179]

d) Durchsetzung der Rechte

Die oben dargelegten Rechte kann das Aufsichtsratsmitglied notfalls auf dem Klageweg geltend machen. Darüber hinaus räumt das Gesetz dem einzelnen Aufsichtsratsmitglied für bestimmte weitere Fälle ein besonderes Klagerecht ein, etwa das Recht auf Anfechtung bzw. Feststellung der Nichtigkeit von Hauptversammlungsbeschlüssen aus § 245 Nr. 5 AktG und Feststellung der Nichtigkeit von Aufsichtsratsbeschlüssen. Außerdem kann jedes Aufsichtsratsmitglied nach § 98 Abs. 2 Nr. 2 AktG auf gerichtliche Entscheidung über die richtige Zusammensetzung des Aufsichtsrats und nach § 104 Abs. 1 Satz AktG auf Notbestellung eines Aufsichtsratsmitglied bzw. nach § 85 Abs. 1 Satz 1 AktG eines Vorstandsmitglieds klagen.[180]

2. Pflichten des einzelnen Aufsichtsratsmitglieds

Aus den Aufgaben des Aufsichtsrats resultieren zudem bestimmte Pflichten für das einzelne Mitglied, die die Amtsausübung betreffen. So lassen sich die Pflichten der Aufsichtsratsmitglieder einteilen in die Pflicht zur sorgfältigen Wahrnehmung der Organfunktion allgemein, die Verschwiegenheitspflicht und die Treuepflicht.[181]

a) Pflicht zur sorgfältigen Wahrnehmung der Organfunktionen

Jedes Aufsichtsratsmitglied hat die grundsätzliche Pflicht, seine Aufgaben im Organ Aufsichtsrat ordnungsgemäß und sorgfältig wahrzunehmen. § 116 i.V.m. § 93 Abs. 1 Satz 1 AktG legt dafür als allgemeinen Verhaltensmaßstab die Sorgfaltspflicht eines ordentlichen und gewissenhaften Aufsichtsratsmitglieds fest. Diese Sorgfaltspflicht stellt vor allem einen Verschuldensmaßstab dar und gewinnt daher bei Haftungsfragen besondere Bedeutung.[182] Grundsätzlich muß die Pflicht zur sorgfältigen Arbeit in engem Zusammenhang mit den allgemeinen Anforderungen, die an Aufsichtsratsmitglieder zu stellen sind,[183] gesehen werden.

---

[179] *Köstler/Kittner/Zachert*, Rdnr. 606; *Lutter/Krieger*, Rdnr. 294; *Potthoff/Trescher*, S. 135; *Säcker*, NJW 1979, S. 1525.

[180] Ausführlich zu den einzelnen Klagerechten: *Lutter/Krieger*, Rdnr. 285 ff.; *Potthoff/Trescher*, S. 129 ff.

[181] Kölner Kommentar/*Mertens*, § 116 Rdnr. 4.

[182] Dazu unten § 6 C).

[183] Dazu oben II.

Denn nur ein Aufsichtsratsmitglied, das von vornherein diesen Anforderungen entspricht, kann überhaupt in der Lage sein, diese Pflicht zu erfüllen.[184] Gleichzeitig kann aber auch angenommen werden, daß ein Aufsichtsratsmitglied, das diesen Anforderungen gerecht wird, auch seine Pflicht zur sorgfältigen Amtsführung gewissenhaft wahrnehmen werde. Konkret stellt sich die Pflicht zur sorgfältigen Wahrnehmung des Amtes in weiten Teilen als Gegenstück zu den Rechten des einzelnen Mitglieds dar. Denn gerade die organisatorischen Rechte der Aufsichtsratsmitglieder, die ihre konkrete Tätigkeit betreffen, beinhalten zugleich auch eine Verpflichtung, von eben diesen Rechten bei Bedarf Gebrauch zu machen, um eine ordnungsgemäße Amtsausübung zu gewährleisten. So trifft das Aufsichtsratsmitglied etwa eine Pflicht zur Mitarbeit im Aufsichtsrat und in den Ausschüssen, denen es angehört. Es hat dafür Sorge zu tragen, daß es über die Geschäftsvorgänge in ausreichendem Maße informiert ist, und den Jahresabschluß zu prüfen. Darüber hinaus ist jedes Aufsichtsratsmitglied aufgrund des Gebots der eigenverantwortlichen Amtsführung[185] verpflichtet, sich ein persönliches Urteil über die anstehenden Fragen zu bilden.[186]

b) Verschwiegenheitspflicht

Die nach § 93 Abs. 1 Satz 2 AktG geltende Verschwiegenheitspflicht für den Vorstand trifft nach § 116 AktG ebenso die einzelnen Aufsichtsratsmitglieder.[187] Die gesetzliche Regelung ist abschließend, so daß die Verschwiegenheitspflicht durch Satzung oder Geschäftsordnung weder abgeschwächt noch verschärft werden kann.[188] Sie wird neben anderen Faktoren als besonders wichtig für ein gedeihliches Zusammenwirken der Unternehmensorgane, vor allem von Aufsichtsrat und Vorstand, angesehen[189] und ist ein Ausdruck der allgemeinen Treue- und Sorgfaltspflicht der Aufsichtsratsmitglieder.[190] Zudem ist zu bedenken, daß dem Unternehmen unter Umständen durch das Bekanntwerden geheimer Informationen erheblicher Schaden entstehen kann, so daß die Verschwiegen-

---

[184] In der Sache ebenso Kölner Kommentar/*Mertens*, § 116 Rdnr. 5.

[185] Dazu oben II. 1.

[186] Kölner Kommentar/*Mertens*, § 116 Rdnr. 10 ff.

[187] *Hüffer*, § 116 Rdnr. 6; *Geßler*/Hefermehl/Eckardt/Kropff, § 116 Rdnr. 27; Kölner Kommentar/*Mertens*, § 116 Rdnr. 35; ausführlich zur Verschwiegenheitspflicht: *Lutter*, Information und Vertraulichkeit, S. 121 ff., der die Verschwiegenheitspflicht zudem schon aus der Treuepflicht der Aufsichtsratsmitglieder ableitet (S. 129). Zu der Sonderproblematik der Verschwiegenheitspflicht für Arbeitnehmervertreter unten § 4 C) II. 1.

[188] BGHZ 64, 325; *Hüffer*, § 116 Rdnr. 7; *Lutter*, Information und Vertraulichkeit, S. 190 f.

[189] *Hüffer*, § 116 Rdnr. 6; Kölner Kommentar/*Mertens*, § 116 Rdnr. 36; *Potthoff/Trescher*, S. 110; *Scheffler*, DB 2000, S. 434.

[190] *Säcker*, NJW 1986, S. 806.

heitspflicht neben dem allgemeinen Überwachungsauftrag eine wichtige Stellung im Pflichtenkreis, nach dem sich die Aufsichtsratsmitglieder zu richten haben, einnimmt. Eben wegen des hohen Schadensrisikos für die Gesellschaft bei Verstößen gegen die Verschwiegenheitspflicht hat diese eine große Bedeutung für eine mögliche Amtshaftung der Aufsichtsratsmitglieder.

Aufgrund dieser Verschwiegenheitspflicht sind die Beratungen des Aufsichtsrats und der Ausschüsse vertraulich zu behandeln.[191] Allerdings ist nicht alles, was in einem Aufsichtsrat diskutiert wird, auch wirklich vertraulich, denn vieles kann auch zur allgemein in der Öffentlichkeit bekannten Geschäftspolitik des Unternehmens gehören. Von der Verschwiegenheitspflicht erfaßt werden jedoch nur Geheimnisse, also Tatsachen, die nur einem beschränkten Personenkreis bekannt sind und auch nur diesem bekannt bleiben sollen.[192] Außerdem ist nicht grundsätzlich jede Weitergabe von Informationen ausgeschlossen, sondern nur eine Weitergabe an Personen, die nicht selbst Geheimnisträger sind und kein Recht bzw. erhebliches schützenswertes Interesse besitzen, bestimmte Informationen zu erhalten.[193] Die Verschwiegenheitspflicht ist insoweit relativ und daher immer an den Umständen des Einzelfalls sowie an dem Unternehmensinteresse auszurichten,[194] wobei hinsichtlich der Beurteilung dieses Interesses ein objektiver Maßstab anzulegen ist.[195] Weniger aus Gründen des Unternehmensinteresses als aus Gründen einer vertrauensvollen Zusammenarbeit ist gleichwohl davon auszugehen, daß Beratung und Abstimmung des Aufsichtsrats, der Ausschüsse und auch des Vorstands stets als vertraulich anzusehen sind.[196]

c) Treuepflicht, Interessenkollision

Grundsätzlich ist jedes Aufsichtsratsmitglied dem Unternehmensinteresse verpflichtet und unterliegt aufgrund seiner Bestellung einer organschaftlichen Treuepflicht gegenüber dem Unternehmen.[197] Dabei muß aber bedacht werden,

---

[191] BGHZ 64, 325, 330; *Hüffer*, § 116 Rdnr. 6; Kölner Kommentar/*Mertens*, § 116 Rdnr. 41; MünchAG/*Hoffmann-Becking*, § 33 Rdnr. 38.

[192] *Lutter*, Information und Vertraulichkeit, S. 130 f.

[193] Kölner Kommentar/*Mertens*, § 116 Rdnr. 42; enger: *Hoffmann/Preu*, Rdnr. 270, die die Verschwiegenheitspflicht gegenüber jedermann als gegeben ansehen.

[194] *Hoffmann/Preu*, Rdnr. 266; *Hommelhoff*, ZHR 151 (1987), S. 503; Kölner Kommentar/*Mertens*, § 116 Rdnr. 41; *Lutter*, Information und Vertraulichkeit, S. 132.

[195] BGHZ 64, 325, 329; *K. Schmidt*, S. 831.

[196] BGHZ 64, 325, 330; Kölner Kommentar/*Mertens*, § 116 Rdnr. 49; *Lutter/Krieger*, Rdnr. 105; MünchAG/*Hoffmann-Becking*, § 33 Rdnr. 38; *Säcker*, NJW 1986, S. 807.

[197] BVerfGE 50, 290, 374; BGHZ 36, 296, 310; *Fleck*, FS Heinsius, S. 90; *Hopt*, FS Mestmäcker, S. 921; *Hüffer*, § 116 Rdnr. 4. Zu den Sonderproblemen der Treuepflicht für Arbeitnehmervertreter unten § 4 C) II. 2.

daß es sich bei dem Aufsichtsratsamt um ein Nebenamt handelt, so daß nicht verlangt werden kann, daß das Aufsichtsratsmitglied den Interessen des Unternehmens unbedingten Vorrang vor allem anderen einräumt.[198] Unterschieden werden muß insoweit auch danach, in welcher Funktion das Aufsichtsratsmitglied bei dem fraglichen Sachverhalt tätig wird. Handelt es in seiner Funktion als Amtsträger, so sind strenge Anforderungen an seine Treue gegenüber dem Unternehmen zu richten. In diesem Fall muß sich das Aufsichtsratsmitglied ausschließlich am Unternehmensinteresse orientieren.[199] Das gilt für Vertreter beider Bänke. Allerdings kann es dem Unternehmensinteresse durchaus förderlich sein, wenn von den einzelnen Aufsichtsratsmitgliedern auch die jeweiligen Interessen der von ihnen vertretenen Seiten in die Beratung eingebracht werden, weil dadurch ein differenzierterer Blick auf eine Situation ermöglicht wird.[200] Zudem bleibt zu bedenken, daß der Aufsichtsrat sich von seinem Grundkonzept her als Interessenvertretung zweier verschiedener Gruppen, nämlich der Anteilseigner und der Arbeitnehmer, darstellt. Mit diesem Grundkonzept wäre es nicht vereinbar, wenn das Aufsichtsratsmitglied gezwungen wäre, die Interessen der von ihm vertretenen Seite in den Beratungen vollkommen außer acht zu lassen. Entscheidend ist, daß das Aufsichtsratsmitglied diese Partikularinteressen bei seinen Entscheidungen nicht über das allgemeine Unternehmensinteresse stellen darf.

Außerhalb der Ausübung des Aufsichtsratsamtes kann von dem Aufsichtsratsmitglied lediglich eine allgemeine Rücksichtnahme auf die Belange der Gesellschaft verlangt werden. Das Aufsichtsratsmitglied ist nicht grundsätzlich gehindert, eigene Interessen oder die Interessen Dritter zu verfolgen, nur weil das nicht im Interesse der Gesellschaft liegt.[201] Es darf allerdings nicht seine aufgrund der Aufsichtsratstätigkeit gewonnenen Informationen ausnutzen, um dem Unternehmen Schaden zuzufügen.[202]

IV. Grundsätze ordnungsgemäßer Überwachung

Aufgrund der Schwierigkeiten, die Aufgaben und Pflichten der Aufsichtsratsmitglieder konkret zu erfassen, hat es immer wieder Forderungen gegeben, es müßten sogenannte „Grundsätze ordnungsgemäßer Überwachung“ aufgestellt werden, die für das einzelne Aufsichtsratsmitglied, aber auch für die Gerichte ei-

---

[198] *Fleck*, FS Heinsius, S. 91; *Hüffer*, § 116 Rdnr. 4; *Ulmer*, NJW 1980, S. 1606.

[199] Kölner Kommentar/*Mertens*, § 116 Rdnr. 23, 27; *Lutter/Krieger*, Rdnr. 304.

[200] Kölner Kommentar/*Mertens*, § 116 Rdnr. 27 f.

[201] *Dreher*, JZ 1990, S. 900; *Fleck*, FS Heinsius, S. 90; Kölner Kommentar/*Mertens*, § 116 Rdnr. 29; *Ulmer*, NJW 1980, S. 1605.

[202] BGH NJW 1980, 1629, 1630; *Fleck*, FS Heinsius, S. 92; *Hüffer*, § 116 Rdnr. 4; Kölner Kommentar/*Mertens*, § 116 Rdnr. 30.

ne Orientierung darstellen könnten.[203] Diese Grundsätze sollten sich nicht nur an Gesetz und Rechtsprechung orientieren, sondern auch die rechtswissenschaftliche Literatur, die Betriebswirtschaftslehre sowie Erkenntnisse aus der Praxis berücksichtigen.[204] Erfaßt werden soll mit diesen Grundsätzen das gesamte Spektrum der Aufsichtsratstätigkeit, also nicht nur die Mindestqualifikation der Aufsichtsratsmitglieder, sondern auch die verschiedenen Aufgaben, Rechte und Pflichten sowie die Organisation der Aufsichtsratsarbeit allgemein.[205]

Tatsächlich bleiben aber auch die Ansätze, das Wesen der Aufsichtsratstätigkeit in solchen Grundsätzen konkreter zu fassen, überwiegend in Leerformeln hängen und erschöpfen sich regelmäßig darin, bereits vorhandene Erkenntnisse in kurzen Thesen zusammenzufassen. Damit bieten auch diese Grundsätze keine verbesserte Hilfestellung für die Praxis, sondern bleiben meist bei dem stecken, was Rechtsprechung und Literatur bis heute bereits entwickelt haben. Auch stellt sich wie bei der Frage nach einem allgemeinen Anforderungsprofil das Problem, daß es die Vielfalt der Gesellschaften mit ihren unterschiedlichen Arbeitsbereichen und -voraussetzungen praktisch unmöglich macht, ein allgemeines Profil zu erstellen, das auf alle Aufsichtsratsmitglieder, unabhängig von dem Unternehmen, in dem sie tätig sind, gelten kann.

D) Zusammenfassung und Ergebnis

Der hier dargestellte Überblick über die Rechtsstellung des Organs Aufsichtsrat und seiner Mitglieder mit all ihren Rechten und Pflichten macht deutlich, daß das Aufsichtsratsamt eine verantwortungs- und anspruchsvolle Aufgabe darstellt. Mit der Überwachung des Vorstands wird der Aufsichtsrat innerhalb des Unternehmens praktisch zur letzten Instanz und übernimmt damit in hohem Maße Verantwortung für die Geschicke des Unternehmens. Der drohende Schaden, wenn der Aufsichtsrat den Vorstand nicht sorgfältig kontrolliert, ist immens und muß sich nicht erst in einem bezifferbaren direkten Vermögensschaden äußern, sondern kann sich bereits durch einen massiven Image- und Kursverlust allein durch das Bekanntwerden von Interna manifestieren. Trotz der Ausgestaltung als Nebenamt erfordert das Maß der mit dem Aufsichtsratsmandat verbundenen Aufgaben und Verantwortung einen hohen Einsatz, der sich nicht in einer ehrenamtlichen Repräsentationstätigkeit erschöpfen kann. Die von den einzelnen Aufsichts-

---

[203] *Jaschke*, S. 28; *Potthoff/Trescher*, S. 6; *Theisen*, AG 1995, S. 195; zu „Corporate Governance"-Grundsätzen für die gesamte Unternehmensspitze: *Peltzer/v. Werder*, AG 2001, S. 1 ff; *Schneider/Strenger*, AG 2000, S. 106 ff., speziell für den Aufsichtsrat: S. 111 ff.

[204] *Scheffler*, AG 1995, S. 208 f.; *Theisen*, AG 1995, S. 195.

[205] Auflistungen bei: *Arbeitskreis „Externe und interne Überwachung der Unternehmung" der Schmalenbach-Gesellschaft/Deutsche Gesellschaft für Betriebswirtschaft e. V.*, DB 1995, S. 1 ff; *Peltzer/v. Werder*, AG 2001, S. 6 ff; *Scheffler*, DB 1995, S. 209.

ratsmitgliedern zu fordernden Kenntnisse und Qualifikationen müssen daher der Verantwortung für das Unternehmen Rechnung tragen. Zumindest der Gesamtaufsichtsrat muß in der Summe seiner Mitglieder das für die Überwachung notwendige Wissen aufweisen, damit diese Aufgabe grundsätzlich vom Aufsichtsrat autonom ohne das Hinzuziehen sachverständiger Dritter erfolgen kann. Auch wenn nicht jedes Aufsichtsratsmitglied sämtliche für die Überwachung notwendigen Spezialkenntnisse besitzen muß, ist dennoch von jedem Mitglied zu verlangen, daß es sich über alle zur Entscheidung anstehenden Sachverhalte mit den dafür vorgesehenen Hilfsmitteln ein eigenständiges Urteil bilden kann, aufgrund dessen es eine eigenverantwortliche Entscheidung treffen kann. Denn jedes Aufsichtsratsmitglied muß im Rahmen einer möglichen Amtshaftung für Pflichtverletzungen einstehen und kann sich nicht mit fehlenden Kenntnissen exkulpieren. Die Rechte jedes einzelnen Aufsichtsratsmitglieds korrespondieren mit dem Überwachungsauftrag des Organs und sollen die äußeren Möglichkeiten schaffen, damit die Mitglieder diesen Auftrag auch ordnungsgemäß ausführen können. Genauso korrespondieren sie mit den einzelnen Pflichten der Aufsichtsratsmitglieder, die ebenfalls den Rahmen des Überwachungsauftrages feststecken sollen.

§ 4 Die Arbeitnehmervertreter im Aufsichtsrat

Da das spezielle Augenmerk dieser Untersuchung den Arbeitnehmervertretern im Aufsichtsrat gilt, wird im folgenden ein genauerer Blick auf ihre Rechtsstellung geworfen. Dabei sollen vor allem die Besonderheiten, die sich für die Arbeitnehmervertreter im Verhältnis zu den Anteilseignervertretern ergeben, und Sonderproblematiken, die mit der vertretenen Interessengruppe der Arbeitnehmer zusammenhängen, betrachtet werden. Das grundsätzliche hinter der Unternehmensmitbestimmung stehende Konzept sowie die Intention der Mitbestimmung darf daneben nicht aus den Augen gelassen werden. Auch durch die Gesetze zur Mitbestimmung selbst, die sich naturgemäß gerade mit den Unterschieden zwischen den Gruppen befassen, ergeben sich Besonderheiten. Unter dem Gesichtspunkt der allgemeinen Arbeitnehmermitbestimmung soll an dieser Stelle auch ein Vergleich zum Betriebsrat als Organ der betrieblichen Mitbestimmung gezogen werden.

A) Das Konzept der Unternehmensmitbestimmung und ihre Effektivität

Die Unternehmensmitbestimmung ist entsprechend der geltenden Wirtschaftsverfassung auf privatrechtlicher Ebene geregelt. Dabei wurde eine „institutionelle" Lösung gewählt, indem die Zusammensetzung der Aufsichtsräte zum Zwecke der Arbeitnehmermitbestimmung modifiziert wird, ohne daß sich etwas an den grundsätzlichen Kompetenzen des Organs ändert.[206] Die Arbeitnehmervertreter werden also in das gesellschaftsrechtliche Unternehmensgefüge integriert. Dabei setzt sich die Gruppe der Arbeitnehmervertreter – in Abhängigkeit von dem anzuwendenden Gesetz zur Unternehmensmitbestimmung - zusammen aus Vertretern der Belegschaft des mitbestimmten Unternehmens sowie Vertretern von Gewerkschaften. Die Unternehmensmitbestimmung in ihrer heutigen Form ist das Produkt einer langen und stets umstrittenen politischen und rechtlichen Entwicklung. Um das Konzept der Arbeitnehmermitbestimmung innerhalb des Unternehmens zu verstehen, ist es daher hilfreich, die hinter der Unternehmensmitbestimmung stehende Intention genauer zu betrachten. Denn erst wenn man sich die Zielsetzung der Mitbestimmung vor Augen geführt hat, ist es möglich, ihre heutige Wirksamkeit sowie ihre Stärken, Schwächen und Fehler zu erkennen und darzustellen.

---

[206] *Ensch*, S. 77.

I. Entwicklung und Intention der Unternehmensmitbestimmung

Die Geschichte der Arbeitnehmermitbestimmung[207] ist eng verknüpft mit der Geschichte der Industrialisierung. So geht auch die Grundidee der Beteiligung von Arbeitnehmern an der Unternehmensführung auf die unterschiedlichsten politischen Positionen wie die katholische Soziallehre sowie radikaldemokratische oder sozialistische Ansätze zurück.[208] Die heutige Unternehmensmitbestimmung stellt sich im geschichtlichen Kontext als Höhepunkt einer längeren Entwicklung dar, in deren Verlauf der Einfluß der Arbeitnehmer auf den wirtschaftlichen Produktionsprozeß und ihre Mitsprache bei sie selbst betreffenden Angelegenheiten immer stärker ausgeweitet wurden. Standen zu Beginn dieses Prozesses die Arbeitnehmer noch überwiegend rechtlos als bloßer Wirtschaftsfaktor „Arbeit“ da, stehen ihnen heute mit der Entsendung von Vertretern in die Aufsichtsräte Einflußmöglichkeiten auf die Führung des mitbestimmten Unternehmens und dessen Wirtschaftspolitik zu. Im Laufe der Zeit steigerten sich dabei die Möglichkeiten der Arbeitnehmer, ihren Vorstellungen Gehör zu verschaffen, von den ersten Arbeitsniederlegungen über die Akzeptanz von Tarifverträgen hin zur betrieblichen und zuletzt zur Unternehmensmitbestimmung.[209] All diese Institute stehen heute weitgehend selbständig nebeneinander und garantieren die Arbeitnehmerbeteiligung auf verschiedenen Handlungs- und Entscheidungsebenen.

Das Grundgesetz verhält sich zwar zur Mitbestimmungsfrage neutral und enthält keine über die in Art. 9 Abs. 3 GG geregelte grundsätzliche Koalitionsfreiheit hinausgehende Stellungnahme.[210] Der Grundsatz der Unternehmensmitbestimmung der Arbeitnehmer wird aber heute nicht mehr ernsthaft in Frage gestellt. Tatsächlich hat sich der Mitbestimmungsgedanke als politisches Leitprinzip einer demokratischen Gesellschaft, die den einzelnen Menschen und seine Würde in den Mittelpunkt stellt, durchgesetzt.[211] Es ist ein anerkannter Grundgedanke unserer Gesellschaft, daß demokratische Strukturen nicht auf rein politische Organisationen beschränkt sein dürfen, sondern sich in allen Lebensbereichen wiederfinden müssen. Die Mitbestimmung der Arbeitnehmer bildet dabei keine Ausnahme, zumal nicht vergessen werden darf, daß der Arbeitsbereich meist einen

---

207 Für eine umfassende geschichtliche Darstellung: *Teuteberg*, Geschichte der Mitbestimmung.

208 *Bericht der Kommission Mitbestimmung*, S. 289; *Däubler*, Rdnr. 1275; *Loritz*, ZfA 1991, S. 4; zu den einzelnen Theorien: *Kleine*, S. 38 ff.; *Teuteberg*, S. 1 ff.

209 *Däubler*, Rdnr. 1275.

210 Zur Verfassungsmäßigkeit des Mitbestimmungsgesetzes: BVerfGE 50, 290; Stellungnahmen der Prozeßparteien: *Badura/Rittner/Rüthers* (für die Arbeitgeberverbände) sowie *Kübler/Schmidt/Simitis* (für die Bundesregierung).

211 *Loritz*, ZfA 1991, S. 7; *Mitbestimmungskommission*, BT 6/334, S. 56; *Zöllner/Loritz*, S. 484.

der wesentlichen Lebensschwerpunkte der Menschen in unserer Gesellschaft bildet.[212]

Im Vorfeld des *Mitbestimmungsgesetzes* von 1976 erreichte die Diskussion um die Unternehmensmitbestimmung mit einer Fülle an Modellvorschlägen ihren Höhepunkt.[213] Eine zentrale Rolle spielte in dieser Diskussion der grundlegende Bericht der Mitbestimmungskommission,[214] nach ihrem Vorsitzenden zuweilen auch „Biedenkopf-Kommission" genannt. Auf die Ergebnisse und Grundsatzthesen dieses Berichts wird heute noch in der Literatur für die Rechtfertigung der Arbeitnehmermitbestimmung zurückgegriffen. Dabei werden im allgemeinen in Anlehnung an den Bericht vier Hauptargumente genannt[215]:

- Aus sozialethischer Sicht beruht die Forderung nach Mitbestimmung auf der allgemeinen Menschenwürde.[216] Gerade in heutigen Großunternehmen sei der einzelne Arbeitnehmer nur ein „Rädchen im Getriebe" und habe die Stellung eines fremdbestimmten Objekts. Seine Menschenwürde sei aber nur gewahrt, wenn diese Objekt- in eine Subjektstellung geändert würde, indem er an seinem Arbeitsplatz als verantwortliche selbstbestimmte Persönlichkeit anerkannt werde. Dieses sei nur durch die Unternehmensmitbestimmung ausreichend möglich.[217]

- Außerdem sei eine durch die Mitbestimmung gegebene Gleichberechtigung der Wirtschaftsfaktoren Kapital und Arbeit geboten, weil beide für das Erreichen des Produktionserfolges unentbehrlich seien und der Arbeitnehmer durch einen möglichen Arbeitsplatzverlust auch das Risiko unternehmerischer Entscheidungen mittrage. Auch wenn sowohl die Arbeitnehmer- als auch die Kapitalseite grundsätzlich am Wohl des Unternehmens interessiert seien, gäbe es doch in bestimmten Bereichen immer Interessendivergenzen, die nicht in jedem Fall einseitig zugunsten des Kapitals entschieden werden dürften.[218]

---

[212] *Mitbestimmungskommission*, BT 6/334, S. 59.

[213] *Däubler*, Rdnr. 1311; Überblick bei *Fitting/Wlotzke/Wißmann*, Vorb. Rdnr. 44 ff.; *Köstler/Kittner/Zachert*, Rdnr. 51 ff.

[214] BT-Drs. 6/334; ausführlich zu diesem Bericht auch *Biedenkopf*, Mitbestimmung.

[215] Hanau/*Ulmer*, Einl. Rdnr. 1; *Kleine*, S. 42. Einzelne Autoren führen noch weitere Gründe an; *Fitting/Wlotzke/Wißmann*, Vorb. Rdnr. 27, etwa sehen die Unternehmensmitbestimmung zusätzlich durch die Förderung sozialer Unternehmenspolitik gerechtfertigt, müssen aber selbst einräumen, daß auch die Arbeitnehmervertreter vorrangig dem Unternehmensinteresse verpflichtet sind und den Leitungs- und Organisationsprozeß im Unternehmen in seiner Funktion nicht beeinträchtigen dürfen (Vorb. Rdnr. 3).

[216] *Mitbestimmungskommission*, BT-Drs. 6/334 S. 18.

[217] *Badura*, Paritätische Mitbestimmung, S. 71; *Fitting/Wlotzke/Wißmann* Vorb. Rdnr. 23; *Hoffmann/Lehmann/Weinmann*, Einl. Rdnr. 3; *Mitbestimmungskommission*, BT-Drs. 6/334, S. 18, 66.

[218] *Fitting/Wlotzke/Wißmann* Vorb. Rdnr. 24; *Hoffmann/Lehmann/Weinmann*, Einl. Rdnr. 4; *Mitbestimmungskommission*; BT-Drs. 6/334, S. 18.

- Als Hauptargument wird die Notwendigkeit, das bereits oben dargestellte demokratische Prinzip im wirtschaftlichen Bereich einzuführen, vorgetragen. Die Mitbestimmung gehöre zum Wesen des demokratischen und sozialen Rechtsstaats.[219]

- Zuletzt wird darauf verwiesen, daß die Mitbestimmung auch als Instrument zur Kontrolle der Unternehmensmacht gefordert werde[220], um eine übermäßige Machtkonzentration bei den Großunternehmen sowohl im wirtschaftlichen als auch im gesellschaftlichen Bereich zu verhindern.

Insgesamt zielt die Unternehmensmitbestimmung also darauf ab, die Arbeitnehmer in die unternehmerische Gestaltung mit einzubeziehen. Ihre spezifischen Belange sollen bei der Geschäftsführung Berücksichtigung finden. Dabei stellt sich die Unternehmensmitbestimmung aber nicht nur als reines Mitspracherecht dar, sondern bindet die Arbeitnehmer aufgrund ihrer korrektiven Wirkung auf die gesellschaftspolitischen Machtverhältnisse genauso auch in die Pflichten ein. Also auch vom mitbestimmungsrechtlichen Grundkonzept her dient die Entsendung der Arbeitnehmervertreter in den Aufsichtsrat nicht nur dazu, weitergehende Rechte für die Arbeitnehmerschaft zu schaffen, sondern soll ihnen damit zugleich die mit diesen Rechten verbundene Verantwortlichkeit für den mitbestimmten Bereich und damit schließlich auch für die gesamte gesellschafts- und wirtschaftspolitische Entwicklung übertragen.

II. Rechtssystematische Einordnung der Unternehmensmitbestimmung

Die Unternehmensmitbestimmung läßt sich rechtssystematisch nicht eindeutig einem der klassischen Rechtsgebiete zuordnen, sondern steht vielmehr zwischen den Bereichen von Arbeits- und Gesellschaftsrecht.[221] Denn die Zusammensetzung des Aufsichtsrats und die Entsendungsmodalitäten sind in den Gesetzen zur Unternehmensmitbestimmung geregelt, die aufgrund ihrer sachlichen Interdependenzen mit dem kollektiven Arbeitsrecht eher dem Bereich des Arbeitsrechts zuzuordnen sind oder diesem zumindest nahestehen.[222] Dagegen erfolgt die tatsächliche Umsetzung der Mitbestimmung, indem die Arbeitnehmervertreter ihr Aufsichtsratsmandat wahrnehmen. Dies geschieht im Rahmen des einschlägigen Gesellschaftsrechts, wobei dort bei den Aufgaben, Rechten und Pflichten der Aufsichtsratsmitglieder nicht nach der entsendenden Gruppe unter-

---

219 *Biedenkopf*, S. 133; *Fitting/Wlotzke/Wißmann*, Vorb. Rdnr. 25; *Hoffmann/Lehmann/Weinmann*, Einl. Rdnr. 5; *Mitbestimmungskommission*; BT-Drs. 6/334, S. 19 f.

220 *Mitbestimmungskommission*; BT-Drs. 6/334, S. 20.

221 Hanau/*Ulmer*, Einl. Rdnr. 47; MünchArbR/*v. Hoyningen-Huene*, § 297 Rdnr. 30; *Raiser*, MitbestG, Einl. Rdnr. 39.

222 Hanau/*Ulmer*, Einl. Rdnr. 49; MünchArbR/*v. Hoyningen-Huene*, § 297 Rdnr. 31.

schieden wird.[223] Damit weist das Recht der Unternehmensmitbestimmung zu beiden klassischen Rechtsbereichen deutliche Bezüge auf und überschneidet sich mit diesen. Dennoch steht es letztendlich selbständig zwischen diesen Bereichen.[224]

III. Die einzelnen Gesetze zur Unternehmensmitbestimmung

Ein entscheidender Faktor für die Effektivität des mitbestimmungsrechtlichen Konzepts und die damit verbundenen Durchsetzungsmöglichkeiten der Arbeitnehmervertreter ist die gruppenmäßige Zusammensetzung des einzelnen Aufsichtsrats, also das Verhältnis von Anteilseignervertretern und Arbeitnehmervertretern. Je nachdem, welches Gesetz für das betroffene Unternehmen anzuwenden ist, ergeben sich dabei deutliche Unterschiede, weil *Montan-Mitbestimmungsgesetz*, *Betriebsverfassungsgesetz 1952* und *Mitbestimmungsgesetz* unterschiedliche Vorgaben für die Besetzung der Aufsichtsräte enthalten.[225]

So sieht § 4 des *Montan-Mitbestimmungsgesetzes* vor, daß der Aufsichtsrat zu gleichen Teilen mit Vertretern der Anteilseigner und der Arbeitnehmerseite besetzt wird. Darüber hinaus gibt es ein neutrales Mitglied, auf das sich beide Seiten nach § 8 MontanMG einigen müssen. Damit herrscht hier tatsächlich eine vollständige Parität zwischen beiden Gruppen, so daß die Gruppe der Arbeitnehmervertreter dieselben Durchsetzungsmöglichkeiten wie die Gruppe der Anteilseignervertreter hat. Folglich ist die Montan-Mitbestimmung besonders stark.[226] Zusätzlich sieht § 13 MontanMG einen Arbeitsdirektor im Vorstand des mitbestimmten Unternehmens vor. Da dieser nicht gegen die Stimmenmehrheit der Arbeitnehmervertreter im Aufsichtsrat berufen werden kann, genießt dieser regelmäßig das besondere Vertrauen der Arbeitnehmerbank und verstärkt damit auch faktisch die Einflußmöglichkeiten der Arbeitnehmervertreter auf den Vorstand.

Die für den Bereich der Unternehmensmitbestimmung noch fortgeltenden Vorschriften des *Betriebsverfassungsgesetzes von 1952* sehen demgegenüber für die betroffenen Unternehmen lediglich eine Drittelbeteiligung der Arbeitnehmer

---

[223] Hanau/*Ulmer*, Einl. Rdnr. 48; MünchArbR/*v. Hoyningen-Huene*, § 297 Rdnr. 30.

[224] Wegen der Anknüpfung der Mitbestimmung an den Begriff des Unternehmens wollen einige Autoren die Unternehmensmitbestimmung dem in seiner Begrifflichkeit nicht unumstrittenen Bereich des „Unternehmensrechts" zuordnen (Hanau/*Ulmer*, Einl. Rdnr. 6; MünchArbR/*v. Hoyningen-Huene*, § 297 Rdnr. 32; *Raiser*, MitbestG, Einl. Rdnr. 39).

[225] Auf eine ausführliche Darstellung der einzelnen Gesetze wird hier verzichtet. Einzeldarstellungen etwa bei MünchArbR/*Wißmann*, §§ 367 ff.; *Schaub*, §§ 258 ff.

[226] Nach den Vorschriften des Montan-Mitbestimmungsergänzungsgesetzes gilt die Montan-Mitbestimmung auch für Obergesellschaften von Montan-Konzernen, die selbst keine Montanunternehmen sind. Zur Fortgeltung der Montan-Mitbestimmung siehe BVerfG NJW 1999, 1535.

vor und damit eine gegenüber den anderen Gesetzen deutlich abgeschwächte Form der Beteiligung. Ein Arbeitsdirektor ist überhaupt nicht vorgesehen.

Nach dem *Mitbestimmungsgesetz* wird der Aufsichtsrat wie beim *Montan-Mitbestimmungsgesetz* mit der gleichen Anzahl von Arbeitnehmer- und Anteilseignervertretern besetzt, so daß zumindest eine numerische Parität besteht. Allerdings hat der Aufsichtsratsvorsitzende, der wegen § 27 Abs. 2 MitbestG regelmäßig von den Anteilseignervertretern gestellt wird,[227] in Abstimmungen, bei denen Stimmengleichheit vorliegt, in einem zweiten Abstimmungsgang nach § 29 Abs. 2 Satz 1 MitbestG eine zweite Stimme hat, was in der Praxis zu einem tatsächlichen Übergewicht der Anteilseignervertreter führt, so daß faktisch eine sog. Minderparität für die Arbeitnehmervertreter besteht. Gemäß § 33 MitbestG wird zwar auch ein Arbeitsdirektor bestellt. Eine Bestimmung, wonach dieser nicht gegen die Stimmen der Arbeitnehmervertreter gewählt werden kann, wie es § 13 Abs. 1 Satz 2 MontanMG vorsieht, gibt es aber nicht. Damit kommt dem Arbeitsdirektor regelmäßig keine Bedeutung als Interessenvertreter der Arbeitnehmerseite zu.

IV. Effektivität der Mitbestimmung bei internationalen Unternehmen

Gerade in der Zeit zunehmender Globalisierung der Wirtschaft und der immer stärker werdenden Verflechtung von Großunternehmen auf internationaler Ebene darf bei der Frage nach der Effizienz der Mitbestimmung nicht der Blick auf die internationale Wirtschaft vergessen werden. Bei multinationalen Konzernen ergibt sich dabei vor allem ein Problem daraus, daß das Konzept der Arbeitnehmermitbestimmung im Unternehmen, wie es in Deutschland praktiziert wird, international nicht weit verbreitet ist und teilweise sogar auf Ablehnung und Unverständnis stößt.[228] Wenn nun der Sitz des herrschenden Unternehmens im Ausland liegt und damit den deutschen Regelungen zum mitbestimmten Konzernaufsichtsrat entzogen ist, während das Tochterunternehmen im Inland der Mitbestimmung unterliegt, ist der gesamte Bereich der Konzernleitung dem Arbeitnehmereinfluß entzogen.[229] Wie bei einem nationalen Konzern,[230] gehen auch bei einem multinationalen Konzern die entscheidenden Impulse hinsichtlich der Unternehmenspolitik für die einzelnen Tochtergesellschaften von der Muttergesell-

---

[227] Der Aufsichtsrat wählt den Vorsitzenden und dessen Stellvertreter aus seiner Mitte. Für den ersten Wahlgang ist eine Zweidrittelmehrheit vorgeschrieben, über die keine der beiden Bänke verfügt. Daher wählen nach § 27 Abs. 2 MitbestG im zweiten Wahlgang die Anteilseignervertreter den Vorsitzenden und die Arbeitnehmervertreter dessen Stellvertreter, was in der Praxis dazu führt, daß der Vorsitzende immer von den Anteilseignern gestellt wird.

[228] *Fees*, S. 6.

[229] *Fees*, S. 5; *Raiser*, MitbestG, § 5 Rdnr. 35.

[230] Dazu oben § 3 A) V.

schaft aus, die dem Einfluß der Arbeitnehmer durch eine gesetzlich geregelte Mitbestimmung entzogen ist.[231] Damit ergibt sich aus Sicht der Arbeitnehmer ein Mitbestimmungsdefizit im Vergleich zu rein nationalen mitbestimmten Unternehmen.[232] Auch die für diesen Fall geltende[233] Auffangregelung des § 5 Abs. 3 MitbestG kann an diesem Problem nur wenig ändern, weil hier die Mitbestimmung der Arbeitnehmer nur unterhalb der originären Leitungsebene ansetzen kann, nämlich da, wo das deutsche Recht wieder Zugriff auf die Unternehmensverfassung nehmen kann.[234] In diesem Fall wird aber die Regelung des § 5 Abs. 3 MitbestG regelmäßig leerlaufen.

V. Ergebnis

Das Konzept der Unternehmensmitbestimmung zielt auf eine gleichberechtigte Beteiligung der Arbeitnehmer an der Unternehmensleitung ab, was sich vor allem aus dem anerkannten Grundgedanken einer demokratischen Gesellschaftsstruktur rechtfertigt. Umgesetzt wird dieses Konzept durch die Entsendung der Arbeitnehmervertreter in das gesellschaftsrechtliche Organ des Aufsichtsrats, also auf institutionellem Wege. Dabei hängt die grundsätzliche Effektivität dieser Umsetzung vor allem von dem anzuwendenden Gesetz zur Unternehmensmitbestimmung ab, weil diese Gesetze unterschiedliche Intensitäten der Mitbestimmung vorsehen. Der Arbeitnehmereinfluß kann zudem dadurch begrenzt werden, daß die eigentliche Geschäftsleitung dem Wirksamkeitsbereich des deutschen Rechts und damit dem deutschen Mitbestimmungsmodell entzogen ist, wenn etwa in multinationalen Konzernen die Muttergesellschaft und mit ihr der wesentliche Teil der Geschäftsführung im Ausland liegt.

Der Einfluß, den die Arbeitnehmer durch die Unternehmensmitbestimmung erhalten können, wird zunehmend dadurch beschränkt, daß einerseits die Zahl der Unternehmen sinkt, die unter das *Montan-Mitbestimmungsgesetz* als stärkste Form der Mitbestimmung fallen, und andererseits die Zahl der multinationalen Konzerne steigt. Der gesellschafts- und wirtschaftspolitische Einfluß der Arbeitnehmer als Interessengruppe ist allerdings für die hier durchgeführte Untersuchung zunächst nur zweitrangig, weil dafür vor allem die Stellung des individuellen Arbeitnehmervertreters im Aufsichtsrat von Interesse ist, die im folgenden genauer untersucht werden soll. Dennoch werden diese Ergebnisse zum

---

[231] *Fees*, S. 3; *Raiser*, MitbestG, § 5 Rdnr. 35.

[232] *Fees*, S. 3.

[233] Amtl. Begr., BT-Drs. 7/2172, S. 21; Hanau/*Ulmer*, § 5 Rdnr. 66; *Raiser*, MitbestG, § 5 Rdnr. 38.

[234] *Fitting/Wlotzke/Wißmann*, § 5 Rdnr. 54.

Mitbestimmungskonzept wertvoll sein, um später die Schutzbedürftigkeit der Arbeitnehmervertreter im Rahmen der Amtshaftung zu beurteilen.[235]

B) Die Position der Arbeitnehmervertreter im Unternehmensgefüge

Wie bereits erläutert, stellt die Gestaltung der Aufsichtsräte zum Zwecke der Arbeitnehmermitbestimmung einen Kompromiß dar, weil die Arbeitnehmervertreter auf der einen Seite die gleichberechtigte Teilnahme der Arbeitnehmergruppe an der Unternehmensführung absichern sollen und auf der anderen Seite gleichzeitig die gesellschaftsrechtliche Unternehmensordnung beibehalten werden soll. Das macht es schwierig, die Position der Arbeitnehmervertreter innerhalb des Unternehmensgefüges genau zu bestimmen.

I. Zwischen Arbeits- und Gesellschaftsrecht - die Zwitterstellung der Arbeitnehmervertreter

Die Unternehmensmitbestimmung wird durch die Entsendung der Arbeitnehmervertreter in den Aufsichtsrat verwirklicht. Für das *Mitbestimmungsgesetz* weisen die Gesetzesmaterialien dafür ausdrücklich das Ziel aus, die gleichberechtigte und gleichgewichtige Teilnahme von Anteilseignern und Arbeitnehmern an den Entscheidungsprozessen in Unternehmen auf der Grundlage des geltenden Gesellschaftsrechts zu regeln.[236] Diese Art der Umsetzung führt dazu, daß sich das Recht der Unternehmensmitbestimmung nicht einem der klassischen Rechtsbereiche zuordnen läßt, sondern zwischen dem Arbeits- und dem Gesellschaftsrecht anzusiedeln ist.[237] Diese rechtssystematische Position des Mitbestimmungsrechts spiegelt sich auch in der Stellung der Arbeitnehmervertreter wieder. Auf der einen Seite werden sie, wie auch der Name sagt, als Vertreter bzw. Repräsentanten der Arbeitnehmer zum Zwecke der Unternehmensmitbestimmung in den Aufsichtsrat entsandt und sind damit zunächst Vertreter einer bestimmten Gruppe innerhalb des Unternehmens, deren Interessen in erster Linie allein an den eigenen Belangen und nicht am Unternehmensinteresse ausgerichtet sind. Auf der anderen Seite sind sie aufgrund ihrer vom Gesetz vorgeschriebenen gleichberechtigten Mitgliedschaft im Gremium Aufsichtsrat direkt in die Leitung des Unternehmens bzw. die Kontrolle der Unternehmensführung eingebunden. Damit nehmen sie eine Zwitterstellung ein, bei der die Gefahr von Interessenkollisionen bereits vorprogrammiert scheint.[238] Wie genau die Position der Arbeitnehmervertreter

---

[235] Dazu unten § 6 F).

[236] BT-Drs. 7/2172, S. 17.

[237] Dazu oben A) II.

[238] *Matthießen*, S. 3; ausführlich zu mitbestimmungsbedingten Interessenkollisionen: *Ensch*, S. 153 ff.

aufgrund dieser Zwitterstellung einzuordnen ist, d.h. inwieweit sie Interessenvertreter der Arbeitnehmerseite und inwieweit unabhängige Mitglieder des Überwachungsorgans innerhalb der Unternehmensverfassung sind, soll im folgenden untersucht werden.

1. Arbeitnehmervertreter als Interessenvertreter

Die Arbeitnehmervertreter werden von Seiten der Arbeitnehmerschaft entsandt, wobei es sich bei ihnen, abhängig von dem anzuwendenden Gesetz, zum Teil um Vertreter von in dem Unternehmen vertretenen Gewerkschaften handelt, zum Teil um Belegschaftsvertreter aus dem Unternehmen selbst. Bei diesen wird unterschieden zwischen Vertretern der Arbeiter und Angestellten, bei denen wiederum die leitenden Angestellten teilweise gesondert aufgeführt sind. Diese gesetzlichen Aufteilungen weisen darauf hin, daß die Entsendung von Arbeitnehmervertretern in den Aufsichtsrat zunächst als Interessenvertretung gemeint ist. Denn durch diese Aufteilung wird bewirkt, daß das gesamte Spektrum der Arbeitnehmerschaft im Aufsichtsrat repräsentiert wird. Der Gesetzgeber zeigt hier ein bestimmtes Rollen- bzw. Gruppenverständnis, indem er bestimmte festgelegte Gruppen aus der Arbeitnehmerschaft berechtigt, Arbeitnehmervertreter in den Aufsichtsrat zu entsenden. Diese Funktion als Interessenvertretung entspricht auch der grundsätzlichen Intention der Mitbestimmung.[239] Mit Einführung der Unternehmensmitbestimmung sollte ja neben der bereits etablierten betrieblichen Mitbestimmung ein weiteres Instrument zur Beteiligung der Arbeitnehmer geschaffen werden. Wie bereits der Name sagt, sollte den Arbeitnehmern die Möglichkeit gegeben werden, die Geschicke des Unternehmens mitzubestimmen, und zwar in ihrer Eigenschaft als Arbeitnehmer. Die Unternehmensmitbestimmung soll also die soziale Komponente in der Unternehmenspolitik institutionell absichern.[240]

Das Einbringen spezifischer Arbeitnehmerbelange entspricht demnach dem grundsätzlichen Leitbild, das die Gesetze zur Unternehmensmitbestimmung von den Arbeitnehmervertretern im Aufsichtsrat haben. Diese sollen ihr Augenmerk auf die Belange der Arbeitnehmer richten und diese Belange in ihre Entscheidungen als Organmitglied des Aufsichtsrats einfließen lassen.[241] Vor diesem Hintergrund müßten die Arbeitnehmervertreter also in erster Linie den Interessen der Arbeitnehmerschaft, speziell der Gruppe, der sie selbst entstammen, verpflichtet sein.

---

[239] Dazu oben A) I.

[240] *Fitting/Wlotzke/Wißmann*, Vorb. Rdnr. 3.

[241] *Ensch*, S. 145.

2. Arbeitnehmervertreter als unabhängige Aufsichtsratsmitglieder

Gegen diese Betonung der Interessenvertretung spricht zunächst und am offensichtlichsten, daß die einzelnen Aufsichtsratsmitglieder ihr Amt am Unternehmensinteresse orientiert und unabhängig von Weisungen der von ihnen vertretenden Gruppe auszuüben haben. Wenn die Aufsichtsratsmitglieder einmal im Amt sind, wird grundsätzlich nicht mehr unterschieden, welcher Interessensgruppe sie zuzuordnen sind, sondern es treffen alle die gleichen Rechte und Pflichten. Hier kommt zum Tragen, daß die Unternehmensmitbestimmung gerade ohne einen massiven Eingriff in die organschaftliche Ordnung der Gesellschaften verwirklicht werden soll. An den aktienrechtlichen Aufgaben und der Verantwortlichkeit des Aufsichtsrats im Unternehmensgefüge ändert sich durch die Entsendung von Arbeitnehmervertretern nichts. Die Einbindung der Unternehmensmitbestimmung in das gesellschaftsrechtliche Gefüge spricht dafür, daß der Gesetzgeber auch an der Verantwortlichkeit der einzelnen Aufsichtsratsmitglieder nichts ändern wollte, sondern davon ausgegangen ist, daß sie alle ihre Aufgaben nach den gesellschaftsrechtlichen Regeln wahrnehmen und sich damit vor allem am Unternehmensinteresse ausrichten.

Das würde allerdings in letzter Konsequenz bedeuten, daß alle Aufsichtsratsmitglieder mit der Bestellung ihre Position als Interessenvertreter bzw. ihre Anbindung an die von ihnen vertretene Gruppe verlieren und ausschließlich ihrem neuen Amt und damit dem Unternehmen allein verpflichtet wären. Damit wäre die Idee der Mitbestimmung nicht mehr zu verwirklichen. Die Entsendung der Arbeitnehmervertreter liefe nur noch darauf hinaus, daß die Mitglieder des Aufsichtsrats sozusagen als Zugangsvoraussetzung aus einer bestimmten Gruppe entstammen müßten, ohne nach der Amtsübernahme mit dieser Gruppe weiter verbunden zu bleiben. Eine Mitbestimmung der Arbeitnehmer, die insoweit auf ihre Vertreter im Aufsichtsrat angewiesen sind, wäre damit faktisch nicht mehr gegeben.

Für den Aspekt der Unabhängigkeit der Arbeitnehmervertreter von der sie entsendenden Gruppe spricht noch ein anderer Faktor. Die Arbeitnehmervertreter sind Mitglieder in dem Kollegialorgan Aufsichtsrat, das grundsätzlich alleiniger Adressat hinsichtlich der Aufgaben, Rechte und Pflichten ist, die das Gesetz dem Aufsichtsrat zuweist. Aus dieser Konstellation ergeben sich für die einzelnen Mitglieder nicht nur Mitwirkungsrechte, sondern auch Mitwirkungspflichten.[242] Das heißt aber nicht nur, daß das einzelne Mitglied überhaupt verpflichtet ist, in irgendeiner Form sein Amt im Aufsichtsrat wahrzunehmen. Darüber hinaus bedeutet es auch, daß jedes einzelne Mitglied die Pflicht trifft, an einer produktiven Zusammenarbeit mitzuwirken und sicherzustellen, daß das Gesamtorgan Aufsichtsrat die Aufgaben, die ihm das Gesellschaftsrecht zuweist, ordnungsgemäß

---

[242] Dazu oben § 3 C) III 2. a).

erfüllen kann.[243] Zudem setzt sich das Aufsichtsratsmitglied und damit auch jeder Arbeitnehmervertreter dem Risiko einer aktienrechtlichen Amtshaftung aus, wenn es bzw. er diesen Amtspflichten, die aus dem Aufsichtsratsmandat resultieren, nicht ordnungsgemäß nachkommt. Damit wird eine persönliche Haftung für das pflichtwidrig handelnde Mitglied begründet, das sich nach dem Gesetz nicht damit entschuldigen kann, nur in seiner Funktion als Interessenvertreter, nicht aber als Organmitglied gehandelt zu haben.[244]

3. Schlußfolgerung

Man kommt also nicht umhin, einen inneren Widerspruch in dem Amt des Arbeitnehmervertreters im Aufsichtsrat zu sehen. Es besteht ein Konflikt zwischen der Forderung und ursprünglichen Intention des Amtes, nämlich der (gemessen am einzelnen Aufsichtsratsmitglied) gleichberechtigten - wenn auch nicht unbedingt paritätischen (gemessen an den beiden Vertretergruppen) - Interessenvertretung einerseits und der gesellschaftsrechtlichen Einbindung in die Unternehmensordnung andererseits.[245] Zwischen diesen beiden Richtungen muß ein Ausgleich gefunden werden. Die Arbeitnehmervertreter sind in gewissem Umfang beiden Seiten, nämlich der Arbeitnehmerschaft einerseits und dem Unternehmen andererseits, verpflichtet. Es stellt sich nur die Frage, wie weit diese Verpflichtung jeweils geht und wie der insoweit notwendige Kompromiß auszusehen hat.

Wie bereits oben festgestellt, wird der mitbestimmte Aufsichtsrat geregelt durch eine Verknüpfung der Mitbestimmungsgesetze mit dem Gesellschaftsrecht. Daran wird deutlich, daß der Gesetzgeber den mitbestimmten Aufsichtsrat nicht grundsätzlich anders als den nicht mitbestimmten Aufsichtsrat regeln wollte. Angesichts dieser Tatsache muß man davon ausgehen, daß er die damit verbundenen Wertungen, die eben auch einen Vorrang des Unternehmensinteresses vor Partikularinteressen beinhalten, übernehmen wollte.

Aber selbst wenn man die Unternehmensmitbestimmung vor allem als Interessensvertretung der Arbeitnehmer sehen will, muß bedacht werden, daß die Unternehmensmitbestimmung nicht das einzige den Arbeitnehmern zur Verfügung stehende Mittel ist, sondern daß es neben ihr noch weitere Instrumente gibt, um Arbeitnehmerinteressen zu wahren und zu sichern, wie den Tarifvertrag, die Betriebsverfassung sowie die arbeits- und arbeitsschutzrechtliche Gesetzgebung und Rechtsprechung.[246] Zu bedenken ist dabei, daß sich viele Konflikte zwischen Arbeitnehmer- und Kapitalseite innerhalb eines Unternehmens vor allem auf betrieblicher Ebene abspielen und deshalb auch vorrangig auf dieser Ebene, also im

---

[243] So auch *Ensch*, S. 156.

[244] Ausführlich zur Amtshaftung unten § 5 A) I. 1.

[245] *Ensch*, S. 79; *Fitting/Wlotzke/Wißmann*, Vorb. Rdnr. 97; *Hanau/Ulmer*, Einl. Rdnr. 5.

[246] *Fitting/Wlotzke/Wißmann*, Vorb. Rdnr. 3.

Rahmen der Betriebsverfassung, gelöst werden sollten. Die Unternehmensmitbestimmung, die den Arbeitnehmern einen direkten Einfluß auf die Geschicke des Unternehmens zubilligt, darf demnach nicht ausschließlich an den Interessen der Arbeitnehmer, die schon auf anderen Wegen durchgesetzt werden können, ausgerichtet sein. Vielmehr muß sie der mit dieser Mitbestimmung verbundenen Verantwortung für das Unternehmen gerecht werden, indem sie sich in erster Linie an den Gesamtbelangen des Unternehmens orientiert. Primäre Aufgabe der Unternehmensmitbestimmung ist es nicht, die soziale Schutzbedürftigkeit der Arbeitnehmer gegenüber dem Arbeitgeber bzw. dem Unternehmen auszugleichen, sondern sie an der wirtschaftlichen Leitung des Unternehmens und der Unternehmenspolitik teilhaben zu lassen.[247] Durch die gleichzeitige Arbeitnehmermitbestimmung auf Betriebs- und Unternehmensebene soll der Arbeitnehmereinfluß hingegen nicht verdoppelt werden. Das Mitbestimmungskonzept sieht statt dessen vor, daß auf den verschiedenen Ebenen, auf denen die Belange der Arbeitnehmer im Wege der Mitbestimmung eingebracht werden können, verschiedene Punkte behandelt und entschieden werden.

In diesem Zusammenhang muß zudem bedacht werden, daß beide Interessenrichtungen nicht in vollkommenem Gegensatz zueinander stehen. Denn Arbeitnehmer- und Unternehmensinteresse schließen sich nicht komplett aus. Nach dem heutigen Unternehmensverständnis gehören die Interessen der Arbeitnehmer, die den unersetzlichen Produktionsfaktor „Arbeit" liefern, als Teilaspekt mit zum Interesse des Unternehmens.[248] Das heißt, daß der ursprünglich rein wirtschaftliche Begriff der Unternehmensinteressen, der sich ausschließlich an den Interessen der Eigner oder Gesellschafter ausrichtete, durch eine soziale Komponente ergänzt wird, die gerade durch den mitbestimmten Aufsichtsrat verwirklicht werden soll.[249] Daher ist es den Arbeitnehmervertretern auch zuzugestehen, daß sie die Interessen der von ihnen repräsentierten Gruppe bei ihrer Mandatsausübung im Auge behalten und in den Entscheidungsprozeß mit einfließen lassen, solange sie ihnen nicht unbedingten Vorrang vor den Interessen des Unternehmens als Gesamtheit einräumen.

Letztendlich ist es Aufgabe der Arbeitnehmervertreter, ihre Verpflichtungen gegenüber der Arbeitnehmergruppe und dem Unternehmen im Gleichgewicht zu halten, auch wenn sich das in manchen Fällen als Balanceakt darstellen dürfte. Zwar ist es ihnen nicht verwehrt, die Interessen der Arbeitnehmer in ihrer Aufsichtsratsarbeit mit zu bedenken und im Plenum zur Sprache zu bringen. Für ihre Entscheidungen ausschlaggebend muß aber am Ende das Interesse des gesamten Unternehmens sein, auch wenn diese bestimmte Entscheidung im Einzelfall nicht in vollem Umfang den Interessen der Arbeitnehmer entsprechen mag. Insoweit

---

[247] Dazu auch oben A) I.

[248] Hanau/*Ulmer*, § 25 Rdnr. 94; *Steinbeck*, S 47.

[249] *Ensch*, S. 102.

muß die gesetzgeberische Entscheidung, die Unternehmensmitbestimmung in das Gesellschaftsrecht, und nicht etwa in das kollektive Arbeitsrecht, einzubetten, als richtungsweisend gesehen werden, so daß die Verantwortung des einzelnen Arbeitnehmervertreters in erster Linie dem Unternehmen gilt. Bei Interessenkonflikten muß daher das spezifische Arbeitnehmerinteresse hinter dem Unternehmensinteresse zurücktreten.

II. Der Betriebsrat im Vergleich

In der Praxis sind die Arbeitnehmervertreter im Aufsichtsrat häufig gleichzeitig auch Mitglieder eines Betriebsrats oder (bei den leitenden Angestellten) Sprecherausschusses im Unternehmen. Dennoch muß zwischen diesen beiden Funktionen strikt getrennt werden. Obwohl sowohl die Entsendung der Arbeitnehmervertreter in den Aufsichtsrat als auch die Wahl eines Betriebsrats Mittel der Arbeitnehmermitbestimmung sind, bestehen doch zwischen beiden Institutionen neben einigen Gemeinsamkeiten erhebliche Unterschiede. Ein funktionaler Vergleich zwischen den Arbeitnehmervertretern im Aufsichtsrat und dem Betriebsrat kann helfen, die Besonderheiten in der Rechtsstellung der ersteren besser zu erkennen und einzuordnen.

1. Gemeinsamkeiten

Zunächst sollen die Gemeinsamkeiten, die beide Formen der Arbeitnehmermitbestimmung verbinden, betrachtet werden.

a) Intention

Die Einrichtung eines Betriebsrats und die Entsendung der Arbeitnehmervertreter in den Aufsichtsrat verfolgen beide die gleiche Grundintention, nämlich die Mitbestimmung der Arbeitnehmer zu ermöglichen. Damit dienen sie der Verwirklichung des verfassungsrechtlichen Bekenntnisses zum sozialen Rechtsstaat nach Art. 20 Abs. 1, 28 Abs. 1 Satz 1 GG.[250] Die Entwicklung der Arbeitnehmermitbestimmung, in deren Verlauf zunächst die Betriebsverfassung und später die Unternehmensmitbestimmung entstanden, ist zudem Ausdruck der heute als gesellschaftliches Grundprinzip anerkannten Demokratisierung des Staates und der Gesellschaft,[251] in der die Rechte des Einzelnen, über sein Schicksal mitzubestimmen, in allen Bereichen umgesetzt werden sollen.[252] Der

[250] *Brox/Rüthers*, Rdnr. 343; MünchArbR/*v. Hoyningen-Huene*, § 297 Rdnr. 11.

[251] *Fitting/Kaiser/Heither/Engels*, § 1 Rdnr. 139; GK-BetrVG/*Wiese*, Einl. Rdnr. 50; MünchArbR/*v. Hoyningen-Huene*, § 297 Rdnr. 1; *Schaub*, § 212 Rdnr. 2.

[252] Dazu oben A) I.

Arbeitnehmer soll den Maßnahmen des Arbeitgebers nicht schutzlos ausgesetzt sein.

b) Maßstab für die Amtsführung

Eine weitere Gemeinsamkeit beider Ämter liegt in dem Maßstab, an dem die jeweilige Tätigkeit sich auszurichten hat. So wie von den Arbeitnehmervertretern im Aufsichtsrat verlangt wird, daß sie konstruktiv mit den Anteilseignervertretern zusammenarbeiten und dabei ihre Entscheidungen am Unternehmensinteresse auszurichten haben,[253] so verlangt § 2 Abs. 1 BetrVG vom Betriebsrat, mit dem Arbeitgeber vertrauensvoll und zum Wohle des Betriebs zusammenzuarbeiten. Das setzt im einzelnen gegenseitige Ehrlichkeit und Offenheit voraus.[254] Auch die Betriebsratsmitglieder können sich bei ihrer Tätigkeit also nicht nur an den Interessen der von ihnen vertretenen Arbeitnehmer ausrichten, sondern müssen immer das Interesse des Betriebes im Auge behalten. Die Stellung am Beginn des Gesetzes unterstreicht die Wichtigkeit dieses Gebotes der vertrauensvollen Zusammenarbeit zum Betriebswohl für den Gesetzgeber.[255] Der Gesetzgeber ist folglich für beide Formen der Arbeitnehmermitbestimmung davon ausgegangen, daß mit der Mitbestimmung auch eine Mitverantwortung für die mitbestimmte Einheit verbunden sein muß.[256] Die Mitbestimmung ist demnach kein Kampfmittel der Arbeitnehmer, das sie als Kontrahenten der Arbeitgeberseite erscheinen ließe. Die Betonung liegt vielmehr auf der Zusammenarbeit beider Teile zum Wohle aller Beteiligten.

c) Gemeinsamkeiten bei der Ausgestaltung des Amtes und der persönlichen Rechtsstellung der Mandatsträger

Der Betriebsrat stellt wie die Arbeitnehmervertreter im Aufsichtsrat eine gesetzliche Repräsentation für die Arbeitnehmer dar.[257] Dabei haben sowohl Betriebsratsmitglieder als auch Aufsichtsratsmitglieder ihr Amt eigenverantwortlich und in eigenem Namen zu führen. Für keine der beiden Gruppen besteht also ein imperatives Mandat.[258] Wie auch beim Aufsichtsrat soll durch den in § 80 Abs. 2

---

[253] Dazu oben § 3 A) I. 2.

[254] *Fitting/Kaiser/Heither/Engels*, § 2 Rdnr. 9; *Richardi*, BetrVG, § 2 Rdnr. 15; *Schaub*, § 215 Rdnr. 12.

[255] Amtl. Begr., BT-Drs. 6/1786, S. 35.

[256] Für den Betriebsrat so auch *Schaub*, § 215 Rdnr. 12.

[257] Für den Betriebsrat: *Brox/Rüthers*, Rdnr. 349; MünchArbR/*v. Hoyningen-Huene*, § 299 Rdnr. 16; für den Aufsichtsrat: *Biedenkopf*, S. 159; *Köstler/Kittner/Zachert*, Rdnr. 2.

[258] Für den Betriebsrat: *Brox/Rüthers*, Rdnr. 349; MünchArbR/*v. Hoyningen-Huene*, § 299 Rdnr. 16; für den Aufsichtsrat: *Fitting/Wlotzke/Wißmann*, § 25 Rdnr. 78; *Raiser*, Kapitalge-

BetrVG normierten Informationsanspruch des Betriebsrats sichergestellt werden, daß dieser die für seine Arbeit notwendigen Daten bekommt.

Die persönliche Rechtsstellung der Mandatsträger ist für Betriebsrats- und Aufsichtsratsmitglieder weitgehend identisch, wobei zu beachten ist, daß sich Unterschiede hier sowieso nur selten auswirken werden, weil regelmäßig die Mandatsträger identisch sind.

d) Überschneidungen

Zwischen der betrieblichen und der Unternehmensmitbestimmung gibt es darüber hinaus Überschneidungen in einigen Bereichen, in denen das Gesetz sowohl dem Aufsichtsrat als auch dem Betriebsrat Mitwirkungs- oder Informationsrechte einräumt. Am deutlichsten wird das bei den Beteiligungsrechten des Betriebsrats in wirtschaftlichen Angelegenheiten nach § 106 BetrVG, dessen Themenkatalog sich zum Teil mit den vom Aufsichtsrat zu überwachenden Bereichen der Geschäftsführung deckt.[259] Tatsächlich beruhen diese Überschneidungen in erster Linie darauf, daß eine totale Trennung von Unternehmens- und Arbeitnehmerinteressen nicht möglich ist. Eine Verstärkung oder gar Verdoppelung der Arbeitnehmermitbestimmung ist in diesen Fällen aber nicht gegeben.[260] Denn die Ansatzpunkte und jeweiligen Gewichtungen beider Mitbestimmungsinstitute sind verschiedene.[261] Zudem sind die Einflußmöglichkeiten des Betriebsrats insoweit begrenzt, als ggf. notwendige Zustimmungen von der Einigungsstelle ersetzt werden können. Regelmäßig bleibt der Arbeitgeber im Rahmen der Betriebsverfassung also in seinen unternehmerischen Entscheidungen unabhängig.[262]

2. Unterschiede

Trotz der Gemeinsamkeiten und vor allem der gemeinsamen Grundintention beider Einrichtungen bestehen zwischen ihnen indes deutliche Unterschiede in der Konzeption und Ausgestaltung.

a) Ansatz- und Bezugspunkte

Beide Institutionen haben unterschiedliche Ansatzpunkte. Während die Entsendung von Arbeitnehmervertretern in den Aufsichtsrat Mittel der Arbeit-

---

sellschaften, § 15 Rdnr. 82.

[259] Dazu oben § 3 A).

[260] *Auffarth*, RdA 1976, S. 2; *Fitting/Wlotzke/Wißmann*, Vorb. Rdnr. 20; Hanau/*Ulmer*, Einl. Rdnr. 51; a.A. *Erdmann*, RdA 1976, S. 89; *Hanau*, ZGR 1979, S. 541.

[261] *Auffarth*, RdA 1976, S. 4.

[262] MünchArbR/*v. Hoyningen-Huene*, § 297 Rdnr. 6; *Richardi*, BetrVG, vor § 106 Rdnr. 9.

nehmermitbestimmung auf der Unternehmensebene ist, soll durch den Betriebsrat die Mitbestimmung auf betrieblicher Ebene verwirklicht werden. Dabei liegt der Schwerpunkt im Betriebsverfassungsrecht nicht, wie bei der Unternehmensmitbestimmung, auf den wirtschaftlichen Belangen und der Teilnahme an der Unternehmenspolitik, sondern auf den sozialen Belangen der Belegschaft und der Teilnahme am betrieblichen Geschehen. Während die Unternehmensmitbestimmung es den Arbeitnehmern erlaubt, direkten Einfluß auf die Unternehmenspolitik zu nehmen, wird mit der Betriebsverfassung nicht das Ziel verfolgt, den Betriebsrat zum Mitleiter des Betriebs zu machen.

Auch der Bezugspunkt beider Einrichtungen ist ein anderer. Zum einen setzt das *Betriebsverfassungsgesetz* bei dem Betrieb[263] als mitbestimmter Einheit an, während die Gesetze zur Unternehmensmitbestimmung, wie der Name schon sagt, beim Unternehmen[264] ansetzen. Beide Bereiche können zwar deckungsgleich sein, sind es aber überwiegend nicht. Damit ist der Bezugspunkt, von dem die Betriebsverfassung ausgeht, ein deutlich kleinerer als in der Unternehmensmitbestimmung, auch wenn dieses durch die Bildung von Gesamt- und Konzernbetriebsräten nach §§ 47 Abs. 1, 54 Abs. 1 BetrVG ausgeglichen wird. Zum anderen geht die Betriebsverfassung in § 5 BetrVG von einem Arbeitnehmerbegriff aus, der gegenüber demjenigen der Unternehmensmitbestimmung insoweit eingeschränkt ist, als das *Betriebsverfassungsgesetz* für leitende Angestellte keine Anwendung findet, während in den Gesetzen zur Unternehmensmitbestimmung diese voll zur Gruppe der Arbeitnehmer gerechnet werden.[265] In der Praxis wirken sich die verschiedenen Bezugspunkte zwar kaum aus, machen aber klar, daß die Betriebsverfassung von ihrem Konzept her stärker als die Unternehmensmitbestimmung am hergebrachten arbeitsrechtlichen Rollenbild orientiert ist.

Ebenfalls von der jeweiligen Rollenverteilung beeinflußt sind in logischer Konsequenz die verschiedenen Formen der Beteiligungsrechte. Während die Arbeitnehmervertreter im Aufsichtsrat grundsätzlich dieselben Beteiligungsrechte haben, die das Gesetz den Anteilseignervertretern zubilligt, sieht die Betriebsverfassung verschiedene unterschiedlich stark ausgeprägte Beteiligungsrechte für den Betriebsrat in Form von Informations-, Mitsprache- und Mitbestimmungsrechten

---

[263] Betrieb i.S.d. BetrVG ist die organisatorische Einheit, innerhalb derer ein Arbeitgeber allein oder mit Hilfe seiner Arbeitnehmer mit Hilfe von technischen und immateriellen Mitteln bestimmte arbeitstechnische Zwecke fortgesetzt verfolgt, die sich nicht in der Befriedigung von Eigenbedarf erschöpfen (BAG, st. Rspr., z.B. AP Nr. 5 zu § 1 BetrVG; NZA 1987, 707 f.; *Fitting/Kaiser/Heither/Engels*, § 1 Rdnr. 55; *Schaub*, § 214 Rdnr. 2).

[264] Das Unternehmen verfolgt im Gegensatz zum Betrieb keine arbeitstechnischen, sondern entferntere wirtschaftliche oder ideelle Zwecke (BAG, AP Nr. 5 zu § 1 BetrVG 1972; *Däubler*, Rdnr. 750; *Fitting/Kaiser/Heither/Engels*, § 1 Rdnr. 143).

[265] Allerdings wird das in der Betriebsverfassung durch die Möglichkeit abgefangen, für die leitenden Angestellten Sprecherausschüsse einzurichten (§ 1 Abs. 1 SprAuG).

in sozialen, personellen und wirtschaftlichen Angelegenheiten vor.[266] Gerade an den betriebsverfassungsrechtlichen Instrumentarien der Betriebsvereinbarung und der Regelungsabrede wird wieder das der Betriebsverfassung zugrunde liegende zweiseitige Mitbestimmungskonzept mit Arbeitgeber und Betriebsrat als Gegenspieler (wenngleich nicht als Kontrahenten) deutlich.

b) Unterschiede bei der Ausgestaltung des Amtes

Obwohl es bei der Ausgestaltung des Amtes und der Rechtsstellung der Mitglieder zwischen beiden Einrichtungen einige Gemeinsamkeiten gibt,[267] sind doch entscheidende Unterschiede hervorzuheben.

Zum einen ist das Betriebsratsamt unentgeltlich und damit ehrenamtlich, wohingegen den nebenamtlich tätigen Aufsichtsratsmitgliedern eine Entschädigung für ihre Tätigkeit gezahlt wird, die genauso hoch ist wie die der Anteilseignervertreter.[268] Hier wird besonders sichtbar der unterschiedlichen Konzeption beider Mitbestimmungsinstrumente Rechnung getragen. Denn dadurch, daß die Betriebsratstätigkeit praktisch bereits mit dem normalen Arbeitsentgelt abgeglichen wird, bleibt die Unabhängigkeit der Betriebsratsmitglieder gegenüber dem Arbeitgeber geschützt, dem damit keine Möglichkeit eingeräumt werden soll, über eine Bezahlung zusätzlichen Einfluß auf den Betriebsrat ausüben zu können.[269] Das schließt nicht aus, daß den Betriebsratsmitgliedern die entstandenen Auslagen zu ersetzen sind, denn sie sollen von ihrem Amt zwar keinen Gewinn, aber auch keinen finanziellen Schaden haben.[270] Demgegenüber betont die Tatsache, daß Aufsichtsratsmitglieder eine Aufwandsentschädigung erhalten, nicht nur ihre grundsätzliche Gleichstellung mit den Anteilseignervertretern, sondern vor allem auch das Maß ihrer persönlichen Verantwortung im Rahmen der Aufsichtsratstätigkeit als Teil der Unternehmensführung.

Zum anderen sieht die Betriebsverfassung für Betriebsratsmitglieder in § 37 Abs. 6, 7 BetrVG in erheblichem Maße Schulungsveranstaltungen vor, die sie befähigen sollen, ihr Amt ordnungsgemäß auszuführen, während für die Arbeitnehmervertreter im Aufsichtsrat solche Schulungen vom Gesetz nicht vorgesehen sind und nach herrschender Meinung auch nicht aus den betriebsverfas-

---

[266] Auf eine ausführliche Darstellung der Rechte des Betriebsrats kann hier verzichtet werden. Verwiesen sei insoweit auf die einschlägige betriebsverfassungsrechtliche Literatur.

[267] Dazu oben 1. c).

[268] *Henn*, Rdnr. 672.

[269] BAG AP Nr. 90 zu § 37 BetrVG 1972; *Richardi*, BetrVG, § 37 Rdnr. 2; *Fitting/Kaiser/Heither/Engels*, § 37 Rdnr. 6; Hess/Schlochauer/*Glaubitz*, § 37 Rdnr. 6; *Schaub*, § 221 Rdnr. 2.

[270] *Brox/Rüthers*, Rdnr. 355; *Fitting/Kaiser/Heither/Engels*, § 37 Rdnr. 6; *Richardi*, BetrVG, § 37 Rdnr. 6; *Schaub*, § 221 Rdnr. 2.

sungsrechtlichen Vorschriften abzuleiten sind.[271] Diese Schulungsmöglichkeiten[272] machen deutlich, daß der Gesetzgeber nicht davon ausgegangen ist, die Betriebsratsmitglieder brächten sämtliche Fähigkeiten mit, die ihr Amt von ihnen fordert,[273] wie es umgekehrt von den Aufsichtsratsmitgliedern verlangt wird.[274] Die damit verbundene Privilegierung der Betriebsratsmitglieder gegenüber den Arbeitnehmervertretern hinsichtlich der an die Amtsausübung gestellten Anforderungen zeigt, daß der Gesetzgeber mit der Tätigkeit im Aufsichtsrat eine wesentlich größere Verantwortung und damit auch erheblich höhere Anforderungen verbindet. Denn damit wird zugleich zum Ausdruck gebracht, daß von den Arbeitnehmervertretern sämtliche notwendigen Sachkenntnisse von vornherein erwartet werden und in keiner Form Zugeständnisse an möglicherweise mangelnde Fähigkeiten gemacht werden sollen.

c) Gesamtkonzept

Insgesamt läßt sich vor allem ein deutlicher Unterschied im Gesamtkonzept feststellen. Die Betriebsverfassung ist mit ihrer gesamten Ausgestaltung komplett in das Arbeitsrecht eingebettet.[275] Es besteht auch die für das Arbeitsrecht so typische deutliche Gegenüberstellung zwischen Arbeitgeber und Arbeitnehmern, wobei die Arbeitnehmer hier vom Betriebsrat repräsentiert werden, der als eigenständiges Organ innerhalb des Betriebes fungiert. Dementsprechend wird in der Betriebsverfassung auch Wert auf Gegnerfreiheit für beide Seiten gelegt. Auch wenn grundsätzlich eine Zusammenarbeit erwartet wird, bleibt die dem Arbeitsrecht eigene Trennung der beiden Seiten in vollem Umfang erhalten. Der Betriebsrat soll keine Funktionen übernehmen, die in den Wirkungskreis des Arbeitgebers gehören, und in keiner Form als Mitleiter des Betriebs tätig werden. Die Leitungskompetenz für den Betrieb verbleibt beim Arbeitgeber, der die unternehmerischen Grundentscheidungen zu treffen hat.[276]

Demgegenüber läßt sich die Unternehmensmitbestimmung nicht so eindeutig einem bestimmten Rechtsgebiet zuordnen, sondern steht rechtssystematisch vielmehr zwischen dem Arbeits- und Gesellschaftsrecht und weist mit beiden Bereichen Überschneidungen auf.[277] So besteht gerade hinsichtlich der Entsen-

---

[271] Dazu unten C) I. 1.

[272] *Däubler*, Rdnr. 859, spricht vom „Gebot zur Herstellung intellektueller Waffengleichheit"; dagegen: *Richardi*, BetrVG, § 37 Rdnr. 81.

[273] *Fitting/Kaiser/Heither/Engels*, § 37 Rdnr. 109; *Richardi*, BetrVG, § 37 Rdnr. 80.

[274] Dazu oben § 3 C) II.

[275] *Fitting/Wlotzke/Wißmann*, Vorb. Rdnr. 14.

[276] MünchArbR/*v. Hoyningen-Huene*, § 297 Rdnr. 5.

[277] MünchArbR/*v. Hoyningen-Huene*, § 297 Rdnr. 30; *Raiser*, MitbestG, Einl. Rdnr. 39. Dazu oben A) II.

dungsmodalitäten ein starker sachlicher Zusammenhang zum kollektiven Arbeitsrecht.[278] Sobald die Arbeitnehmervertreter aber einmal ihr Amt angetreten haben, richten sich ihre Aufgaben, Rechte und Pflichten in vollem Umfang nach den gesellschaftsrechtlichen Regeln, die auch für die Vertreter der Anteilseignerseite gelten.[279] Damit haben die Arbeitnehmervertreter kein selbständiges gegnerfreies Organ, in dem sie die Unternehmensmitbestimmung unabhängig von der Anteilseignerseite durchsetzen könnten. Vielmehr werden hier beide Seiten im Gesamtorgan Aufsichtsrat zu einem einheitlichen Organ des Gesellschaftsrechts verbunden.

3. Schlußfolgerung

Obwohl also betriebliche und Unternehmensmitbestimmung grundsätzlich denselben Zweck verfolgen, nämlich die demokratische Teilnahme der Arbeitnehmer an den Entscheidungsprozessen in Betrieb und Unternehmen, bestehen doch weitreichende Unterschiede, die nicht nur auf die faktische Ausgestaltung der beiden Mitbestimmungsformen beschränkt sind. Vielmehr hat der Gesetzgeber Betriebsverfassung und Unternehmensmitbestimmung nach verschiedenen Prinzipien konstruiert und darüber hinaus mit einer unterschiedlichen Wertigkeit versehen. Die Anforderungen, die von vornherein an die Arbeitnehmervertreter im Aufsichtsrat gestellt werden, sind deutlich höher als die von Betriebsratsmitgliedern geforderten Sachkenntnisse und Fähigkeiten. Daran wird deutlich, daß der Gesetzgeber davon ausgegangen ist, daß die Tätigkeit im Aufsichtsrat, die die Arbeitnehmervertreter in die Unternehmenskontrolle und -politik einbindet, mit einer größeren Verantwortung verbunden ist als die Betriebsratstätigkeit. Denn während im Betriebsverfassungsgesetz die grundsätzliche Trennung zwischen Arbeitgeber und Arbeitnehmern beibehalten und nur durch eine verstärkte Zusammenarbeit beider ergänzt wird, werden mit der Entsendung der Arbeitnehmervertreter in den Aufsichtsrat die Grenzen zwischen Arbeitnehmerschaft und Arbeitgeber bzw. Unternehmenseignern durchbrochen. Obwohl häufig eine Personenidentität zwischen den Belegschaftsvertretern im Aufsichtsrat und den Betriebsratsmitgliedern besteht, können beide Funktionen nicht einheitlich behandelt werden, sondern müssen rechtlich sorgfältig voneinander getrennt werden. Das bedeutet, daß für die Rechtsstellung der Arbeitnehmervertretergruppe im Aufsichtsrat ein Vergleich mit der Position des Betriebsrats nur unter größter Vorsicht erfolgen darf. Parallelen zwischen beiden Aufgaben, an die man denken könnte, weil es sich in beiden Fällen um Umsetzung der Arbeitnehmermitbestimmung handelt, dürfen nicht ohne weiteres gezogen werden, sondern es muß

[278] Hanau/*Ulmer*, Einl. Rdnr. 49.

[279] Dazu oben § 3 A).

vielmehr überprüft werden, ob für dieses spezielle Problem die Gemeinsamkeiten beider Institute tatsächlich gegenüber den Unterschieden überwiegen.

III. Ergebnis

Betrachtet man ihre Position im Unternehmensgefüge genauer, wird deutlich, daß sich die Arbeitnehmervertreter dort tatsächlich in einer Zwitterstellung befinden. Denn obwohl sie das Aufsichtsratsmandat in ihrer Funktion als Arbeitnehmerrepräsentanten wahrnehmen und damit auch dieser Gruppe gegenüber verpflichtet sind, sieht der Gesetzgeber sie doch darüber hinaus durch die gleichberechtigte Stellung im Überwachungsorgan des Aufsichtsrats in großem Maße in die gesellschaftsrechtliche Unternehmensverfassung und unternehmerische Verantwortung für die mitbestimmte Gesellschaft eingebunden und schränkt dadurch zugleich ihre Verpflichtung gegenüber der Arbeitnehmerseite zugunsten der Interessen des mitbestimmten Unternehmens ein. Damit sind sie gerade im Vergleich zu den Betriebsratsmitgliedern deutlich weniger dazu aufgerufen, Arbeitnehmerbelange zu vertreten, und können dieses auch viel weniger tun, wenn sie die ihnen vom Gesetz zugewiesenen Amtsaufgaben ordnungsgemäß wahrnehmen wollen. Diese gesetzliche Situation macht es für die Arbeitnehmervertreter bei ihrer Amtsführung schwer, angesichts der oft widerstreitenden Interessen, zwischen denen sie sich bewegen, stets den richtigen Weg zu gehen, ohne bei einem Konflikt dieser Interessen pflichtwidrig und damit haftungsauslösend zu handeln.

C) Besonderheiten bei den Rechten und Pflichten der Arbeitnehmervertreter

Obwohl auf die Rechte und Pflichten der einzelnen Aufsichtsratsmitglieder bereits eingegangen worden ist,[280] soll im folgenden dieser Problemkreis nochmals gesondert für die Arbeitnehmervertreter untersucht werden. Denn zum einen ergeben sich für sie bestimmte Rechte gerade aus ihrer Stellung als Arbeitnehmer in dem mitbestimmten Unternehmen, zum anderen haben einige Pflichten für die Arbeitnehmervertreter mit ihrer Anbindung an die Belegschaft bzw. Gewerkschaft eine besondere Dimension, so daß hier Interessenkonflikte viel wahrscheinlicher sind als auf Seiten der Anteilseigner.

I. Besondere Rechte der Arbeitnehmervertreter

Gerade für die Arbeitnehmervertreter, die als Belegschaftsvertreter im Aufsichtsrat sind, ergeben sich Besonderheiten in ihrer persönlichen Rechtsstellung aufgrund der Tatsache, daß sie gleichzeitig Beschäftigte in dem Unterneh-

---

[280] Dazu oben § 3 C) III.

men sind und damit nicht nur die Stellung als Aufsichtsratsmitglied innehaben, sondern darüber hinaus in einem Arbeitsverhältnis zum Unternehmen stehen, aus dem sich für beide Seiten bestimmte arbeitsrechtliche Konsequenzen ergeben.[281] Für die Belegschaftsvertreter bedeutet das vor allem, daß der Arbeitgeber es ihnen ermöglichen muß, ihre Aufsichtsratstätigkeit ordnungsgemäß und gewissenhaft auszuführen, und die arbeitsrechtlichen Pflichten dementsprechend zu relativieren sind.[282] Entscheidend ist in diesem Zusammenhang vor allem das Benachteiligungs- und Behinderungsverbot nach § 26 MitbestG bzw. § 76 Abs. 2 BetrVG 1952 i.V.m. § 78 BetrVG 1972, aus dem sich die meisten Einzelrechte ergeben.[283]

Für die Vertreter der Gewerkschaften unter den Arbeitnehmervertretern stellen sich diese Fragen hingegen nicht, weil es bei ihnen an einem arbeitsvertraglichen Verhältnis zum Unternehmen fehlt.

1. Freistellung

Obwohl weder in den Gesetzen zur Unternehmensmitbestimmung noch im Aktiengesetz ausdrücklich ein Anspruch auf Arbeitsfreistellung für die Belegschaftsvertreter vorgesehen ist, geht die überwiegende Meinung in der Literatur davon aus, daß ein solcher besteht.[284] Allerdings seien die Arbeitnehmervertreter angehalten, ihrer Aufsichtsratstätigkeit vornehmlich außerhalb der Arbeitszeit nachzugehen. Nur soweit dieses nicht möglich sei, könne ein Freistellungsanspruch bestehen.[285] Hergeleitet wird dieser Anspruch aus dem Behinderungs- und Benachteiligungsverbot nach § 26 MitbestG bzw. § 76 Abs. 2 BetrVG 1952, der seinerseits auf § 78 BetrVG 1972 verweist. Danach dürfen die Aufsichtsratsmitglieder der Arbeitnehmer bei der Ausübung ihrer Tätigkeit nicht gestört oder behindert werden, und sie dürfen auch nicht benachteiligt werden. Eine ungehinder-

---

[281] An dieser Stelle darf nicht vergessen werden, daß es sich bei der Gruppe der Belegschaftsvertreter regelmäßig um Betriebsratsmitglieder bzw. Mitglieder des Sprecherausschusses handelt, so daß den Belegschaftsvertretern in der Praxis diese speziellen das Arbeitsverhältnis modifizierenden Rechte häufig schon bereits aufgrund ihres Betriebsratsmandates zustehen.

[282] *Hanau*/Ulmer, § 26 Rdnr. 4; Kölner Kommentar/*Mertens*, Anh. § 117 B § 26 MitbestG Rdnr. 6; *Raiser*, MitbestG, § 26 Rdnr. 6.

[283] Im MontanMG fehlt es an einem ausdrücklichen Behinderungs- und Benachteiligungsverbot. Das Behinderungsverbot ergibt sich in diesem Fall bereits als Korrelat aus der gesetzlichen Aufgabenzuweisung an den Aufsichtsrat, das Benachteiligungsverbot aus dem für alle Aufsichtsratsmitglieder geltenden Gleichbehandlungsgrundsatz, so da sich insoweit keine Unterschiede für die Rechtsstellung ergeben (MünchArbR/*Wißmann*, § 381 Rdnr. 28).

[284] *Chen*, S. 29; *Fitting/Wlotzke/Wißmann*, § 26 Rdnr. 7; *Hanau*/Ulmer, § 26 Rdnr. 5; *Köstler/Kittner/Zachert*, Rdnr. 610; Kölner Kommentar/*Mertens*, Anh. § 117 B § 26 MitbestG Rdnr. 6.

[285] *Hanau*/Ulmer, § 26 Rdnr. 5.

te Amtsausübung ist aber nur möglich, wenn den Arbeitnehmervertretern die Zeit eingeräumt wird, die sie zur sachgemäßen Ausübung ihres Amtes benötigen.[286] Das heißt konkret, daß sie in erster Linie für die Teilnahme an den sich aus dieser Tätigkeit ergebenden Sitzungen von Aufsichtsrat, Hauptversammlung oder Ausschüssen freizustellen sind. Auch der Zeitaufwand, den sie unter objektiven Gesichtspunkten vernünftigerweise zur sachgerechten Vorbereitung solcher Veranstaltungen brauchen, muß den Arbeitnehmervertretern für eine ungehinderte Amtsausübung angerechnet werden, so daß für diese Zeit ebenfalls eine Freistellung zu erfolgen hat.[287]

Abzulehnen ist dagegen eine Herleitung der persönlichen Arbeitnehmervertreterrechte aus § 37 BetrVG,[288] wie sie zum Teil angenommen wird, um etwa eine Freistellung zu Schulungszwecken herzuleiten.[289] Denn wie bereits oben[290] festgestellt, können die sich aus dem Betriebsverfassungsgesetz für Betriebsratsmitglieder ergebenden Rechte nicht ohne weiteres auf die Aufsichtsratsmitglieder der Arbeitnehmer übertragen werden. Der Gesetzgeber ist offenkundig davon ausgegangen, daß eine Schulungsnotwendigkeit für die Aufsichtsratsmitglieder im Gegensatz zu den Betriebsratsmitgliedern nicht besteht. Vielmehr wird für die Aufsichtsratsmitglieder von vornherein ein größerer Kenntnisstand vorausgesetzt, aufgrund dessen sie überhaupt in den Aufsichtsrat gewählt worden sind.[291] Ein Freistellungsanspruch zum Zwecke der Teilnahme an Schulungsveranstaltungen ist daher im Grundsatz abzulehnen. Etwas anderes kann nur dann gelten, wenn dem betroffenen Aufsichtsratsmitglied Spezialkenntnisse für die Aufsichtsratstätigkeit vermittelt werden sollen, die aus objektiver Sicht nicht von ihm erwartet werden können.[292]

2. Lohnfortzahlung

Soweit die Arbeitnehmervertreter berechtigterweise im Rahmen ihrer Aufsichtsratstätigkeit ihrem Arbeitsplatz fernbleiben, also ein Freistellungsanspruch besteht, haben sie gleichzeitig einen Anspruch auf Lohnfortzahlung.[293] Das folgt

---

[286] *Faude*, DB 1983, S. 2249; *Fitting/Wlotzke/Wißmann*, § 26 Rdnr. 8.

[287] *Köstler/Kittner/Zachert*, Rdnr. 610.

[288] *Faude*, DB 1983, S. 2249; *Fitting/Wlotzke/Wißmann*, § 26 Rdnr. 11; *Hanau*/Ulmer, § 26 Rdnr. 7; Kölner Kommentar/*Mertens*, Anh. § 117 B § 26 MitbestG Rdnr. 6.

[289] *Chen*, S. 39; GK-MitbestG/*Naendrup*, § 26 Rdnr. 18; *Köstler/Kittner/Zachert*, Rdnr. 611.

[290] B) II. 3.

[291] *Hoffmann/Preu*, Rdnr. 449; *Hommelhoff*, ZGR 1983, S. 574 f.

[292] So auch *Hanau*/Ulmer, § 26 Rdnr. 7; zu den grundsätzlichen Anforderungen an Aufsichtsratsmitglieder oben § 3 C) II.

[293] *Chen*, S. 29; *Dietz/Richardi*, § 76 BetrVG 1952 Rdnr. 175; *Fitting/Wlotzke/Wißmann*, § 26 Rdnr. 10; *Hoffmann/Lehmann/Weinmann*, § 26 Rdnr. 15; *Köstler/Kittner/Zachert*, Rdnr. 613;

in logischer Konsequenz aus dem Benachteiligungsverbot nach § 26 MitbestG bzw. § 76 Abs. 2 BetrVG 1952. In der Lohnfortzahlung liegt auch keine einseitige Benachteiligung der Anteilseignervertreter, denn auch diese werden regelmäßig keine Einkommenseinbußen durch ihre Aufsichtsratstätigkeit erleiden.[294]

3. Kündigungsschutz

Ein originärer Kündigungsschutz für Arbeitnehmervertreter läßt sich mangels ausdrücklicher gesetzlicher Regelungen wiederum nur aus dem allgemeinen Benachteiligungsverbot herleiten.[295] Davon betroffen sind aber nur solche Kündigungen, die allein im Zusammenhang mit der Aufsichtsratstätigkeit ausgesprochen werden, also um etwa dem Arbeitnehmervertreter die weitere Amtsausübung unmöglich zu machen oder seine Aufsichtsratstätigkeit zu sanktionieren. Diese Kündigungen sind wegen des Benachteiligungsverbotes unwirksam.[296]

Liegt jedoch zugleich ein Verstoß gegen arbeitsvertragliche Pflichten vor, der so schwerwiegend ist, daß er einen wichtigen Grund im Sinne von § 626 BGB darstellt, kann eine außerordentliche Kündigung wirksam erklärt werden.[297] In diesem Fall sind an den wichtigen Grund allerdings hohe Anforderungen zu stellen, denn häufig wird der betroffene Arbeitnehmervertreter nur aufgrund seiner Aufsichtsratstätigkeit in die eine Pflichtverletzung begründende Situation gekommen sein.[298]

Von diesen beiden Fällen zu unterscheiden ist schließlich die Fallgruppe, in der die Kündigung aus Gründen erfolgt, die tatsächlich in keinerlei Verhältnis zur Aufsichtsratstätigkeit stehen. Hier kann das Benachteiligungsverbot grundsätzlich nicht eingreifen.[299] Auch eine analoge Anwendung der §§ 103 BetrVG 1972, 15

Kölner Kommentar/*Mertens*, Anh. § 117 B § 26 MitbestG Rdnr. 6; a.A. *Hanau*/Ulmer, § 26 Rdnr. 6; *Raiser*, MitbestG, § 26 Rdnr. 6.

294 *Köstler/Kittner/Zachert*, Rdnr. 613.

295 In der Praxis werden die Belegschaftsvertreter, die regelmäßig auch Betriebsratsmitglieder sind, bereits aus dieser Betriebsratstätigkeit den Kündigungsschutz aus den §§ 103 BetrVG 1972, 15 Abs. 1 KSchG genießen.

296 *Dietz/Richardi*, § 76 BetrVG 1952 Rdnr. 176; *Fitting/Kaiser/Heither/Engels*, § 76 BetrVG 1952 Rdnr. 178; *Fitting/Wlotzke/Wißmann*, § 26 Rdnr. 16; *Hanau*/Ulmer, § 26 Rdnr. 13; *Köstler/Kittner/Zachert*, Rdnr. 617.

297 *Fitting/Wlotzke/Wißmann*, § 26 Rdnr. 21; *Raiser*, MitbestG, § 26 Rdnr. 9. Für den Betriebsrat wird diese Fallgruppe nach der herrschenden Simultantheorie ebenso gelöst (GK-BetrVG/*Wiese/Oetker*, § 23 Rdnr. 22; *Richardi*, § 23 Rdnr. 21).

298 Ähnlich auch *Köstler/Kittner/Zachert*, Rdnr. 619.

299 Im Ergebnis ebenso *Fitting/Wlotzke/Wißmann*, § 26 Rdnr. 22; *Hanau*/Ulmer, § 26 Rdnr. 15.

Abs. 1 KSchG ist unzulässig.[300] Denn von einer Regelungslücke kann nicht ausgegangen werden. Gerade in dem Verweis auf § 78 BetrVG 1972 in § 76 Abs. 2 BetrVG 1952 wird deutlich, daß der Gesetzgeber von der Möglichkeit, auf die Regelungen für Betriebsratsmitglieder zurückzugreifen, bereits Gebrauch gemacht hat. Wenn er das in der Frage des Kündigungsschutzes aber nicht getan hat, kann daher keine Gesetzeslücke unterstellt werden. Damit sind in diesen Fällen die allgemeinen Regelungen zum Kündigungsschutz anwendbar.

II. Besondere Probleme im Pflichtenkreis der Arbeitnehmervertreter

Die Arbeitnehmervertreter haben aber nicht nur Rechte aus ihrer Position als Aufsichtsratsmitglieder. Damit verbunden sind auch bestimmte Pflichten.[301] Besonderheiten für die Arbeitnehmervertreter im Vergleich zu den Anteilseignervertretern ergeben sich hier aber - im Gegensatz zu den besonderen Rechten - nicht in erster Linie aus dem individuellen Arbeitsverhältnis, in dem die Belegschaftsvertreter zum Unternehmen stehen, sondern aus ihrer mitbestimmungsrechtlichen Position als Vertreter der Arbeitnehmerschaft. Damit gelten diese Besonderheiten gleichermaßen für die Gewerkschaftsvertreter wie für die Belegschaftsvertreter. Hier ist ein erhöhtes Gefahrenpotential gegeben, so daß diese Bereiche im folgenden nochmals besonders in Hinblick auf die Stellung der Arbeitnehmervertreter betrachtet werden soll.

1. Verschwiegenheitspflicht

Ein wesentliches Problem ist die Verschwiegenheitspflicht, der die Aufsichtsratsmitglieder nach den §§ 116, 93 Abs. 1 Satz 2 AktG unterliegen.[302] Gerade hier kommt es für die Arbeitnehmervertreter häufig zu Konflikten aufgrund ihrer Anbindung an die von ihnen vertretene Gruppe, sei es die Belegschaft des mitbestimmten Unternehmens oder die von ihnen im Aufsichtsrat vertretene Gewerkschaft. Denn als Mitglieder des Aufsichtsrats erhalten sie oft Informationen, die vertraulich zu behandeln sind, deren Inhalt aber gerade für die Belegschaft oder unter Umständen auch die Gewerkschaft von entscheidender Bedeutung ist. Für die Arbeitnehmervertreter stellt sich dabei die Frage, inwieweit sie aus ihrer Position gegenüber der von ihnen vertretenen Gruppe heraus berechtigt oder sogar verpflichtet sind, diese Informationen, die sie aufgrund ihrer Organarbeit erhalten haben, an die Belegschaft weiterzuleiten, um deren Interessen zu wahren.

---

[300] BAG NJW 1974, 1399 f.; *Dietz/Richardi*, § 76 BetrVG 1952 Rdnr. 176; *Fitting/Wlotzke/Wißmann*, § 26 Rdnr. 16; *Hanau*/Ulmer, § 26 Rdnr. 13; MünchArbR/*Wißmann*, § 380 Rdnr. 25; a.A. *Köstler/Kittner/Zachert*, Rdnr. 621; *Reich/Lewerenz,* AuR 1976, S. 363.

[301] Zu den grundsätzlichen Pflichten für alle Aufsichtsratsmitglieder oben § 3 C) III. 2.

[302] Zur Verschwiegenheitspflicht aller Aufsichtsratsmitglieder oben § 3 C) III. 2. b).

Denn die Arbeitnehmervertreter werden von der Belegschaft gewählt und haben daher ihrer Wählerschaft gegenüber eine bestimmte Rechtfertigungspflicht bzw. können im Wahlkampf ihre eigene Position durch die Weitergabe geheimer Informationen stärken.[303] Das kann vor allem bei Unternehmensentwicklungen, die auch die Belange der Belegschaft betreffen, weil etwa Arbeitsplatzkürzungen anstehen, der Fall sein. Inwieweit die Arbeitnehmervertreter zur Weitergabe von vertraulichen Informationen an Außenstehende, vor allem an Betriebsratsmitglieder berechtigt sind, ist umstritten.[304]

a) Zulässigkeit der Informationsweitergabe

Zum Teil wird vertreten, daß die Weitergabe von an sich vertraulichen Informationen zulässig sei.[305] Ebenso wie die Umsetzung einer unternehmerischen Maßnahme einer einheitlichen Strategie unterliege, sei es für eine ernsthafte Mitbestimmung notwendig, die verschiedenen Mitbestimmungsebenen von Unternehmen und Betrieb wirksam zu verknüpfen, um die negativen Folgen unternehmerischer Entscheidungen mildern oder abwehren zu können und damit die Arbeitnehmerinteressen zu wahren.[306] Nach dieser Meinung zielt die Mitbestimmung in erster Linie darauf ab, die Interessen der Beschäftigten in das Kontrollorgan Aufsichtsrat einzubringen.[307] Unterschieden wird allerdings danach, wer Adressat der Informationsweitergabe ist. So wird wegen der in § 79 Abs. 1 BetrVG 1972 normierten eigenen Verschwiegenheitspflicht des Betriebsrats kein Problem hinsichtlich der Informationsweitergabe durch die Arbeitnehmervertreter gesehen, wohingegen bei Informationen an die Belegschaft zumindest für einen sehr engen (aber nicht näher bezeichneten) Kreis von Tatsachen eine Verschwiegenheitspflicht angenommen werden könne.[308]

---

303 *Klinkhammer/Rancke*, S. 12; *Lutter/Krieger*, Rdnr. 94. Für den Betriebsrat als Organ der betrieblichen Mitbestimmung, der nach § 79 BetrVG ebenfalls zur Verschwiegenheit verpflichtet ist, wird in der Tat ausdrücklich erwogen, ob das Informationsinteresse der Arbeitnehmer geeignet sei, die Geheimhaltungspflicht des Betriebsrats einzuschränken, weil eigentliche Träger der Mitbestimmung die Arbeitnehmer selbst seien; zu den einzelnen Argumentationen: *A. Weber*, S. 40 ff.

304 Hierbei muß bedacht werden, daß sich die Verschwiegenheitspflicht letztlich nur auf geheime Informationen bezieht. Hinsichtlich aller anderen Tatsachen sind Arbeitnehmervertreter unstreitig in vollem Umfang berechtigt, entsprechende Informationen an die Belegschaft weiterzugeben und sich damit das Vertrauen ihrer Wählerschaft zu sichern (So auch *Klinkhammer/Rancke*, S. 13).

305 GK-MitbestG/*Naendrup*, § 25 Rdnr. 194; *Nagel*, BB 1979, S. 1803 f.

306 *Köstler/Kittner/Zachert*, Rdnr. 433.

307 *Köstler/Schmidt*, BB 1981, S. 88.

308 *Däubler*, Rdnr. 1348 f.; GK-MitbestG/*Naendrup*, § 25 Rdnr. 205, 207; *Köstler/Kittner/Zachert*, Rdnr. 452 f., die aber bei der Aufführung von Einzelfällen in keinem Fall

Zudem müsse auch die grundrechtliche Dimension der Verschwiegenheitspflicht beachtet werden. Vor allem dem Informationsbeschaffungsrecht und dem Recht zur freien Meinungsäußerung aus Art. 5 GG wird hier eine besondere Bedeutung beigemessen.[309] Zum Teil wird eine Einschränkung der Verschwiegenheitspflicht auch mit Art. 9 Abs. 3 GG oder dem Demokratie- und Sozialstaatsgebot aus Art. 20 GG begründet.

b) Unzulässigkeit der Informationsweitergabe

Dem wird entgegengehalten, die Unternehmensmitbestimmung diene nicht dazu, die Position des Betriebsrats als potentiellem Informationsempfänger zu stärken, sondern solle die unternehmerischen Entscheidungen für alle Betroffenen optimieren.[310] Hier wird darauf abgestellt, daß die Vertraulichkeit der Aufsichtsratsarbeit ein wichtiges Fundament für ein gutes Funktionieren des Organs Aufsichtsrat bilde und deshalb von allen Mitgliedern in gleicher Weise zu beachten sei, ohne daß auf Partikularinteressen einzelner Gruppen Rücksicht genommen werden dürfe.[311] Daran ändere auch das Interesse der Arbeitnehmervertreter an einer Wiederwahl nichts, aufgrund dessen die Arbeitnehmervertreter unter dem Druck ständen, sich ihrer Wählerschaft gegenüber zu rechtfertigen.[312]

Argumentiert wird darüber hinaus mit der gesetzlichen Systematik. Während nämlich nach § 79 Abs. 1 Satz 4 BetrVG 1972 die Geheimhaltungspflicht des Betriebsrats nicht gegenüber den Arbeitnehmervertretern im Aufsichtsrat gilt, hat der Gesetzgeber für den umgekehrten Fall keine Ausnahmeregelung geschaffen, nach der die Verschwiegenheitspflicht der Arbeitnehmervertreter eingeschränkt wäre.[313]

Die Arbeitnehmervertreter dürften den Betriebsrat ebenso wie die Belegschaft nur über nicht geheime Tatsachen informieren.[314] Die Verschwiegenheitspflicht gelte für sie im gleichen Umfang wie für die Anteilseignervertreter.[315]

---

eine Verschwiegenheitspflicht der Arbeitnehmervertreter annehmen (Rdnr. 457 ff.).

309 *Köstler/Kittner/Zachert*, Rdnr. 434; *Köstler/Schmidt*, BB 1981, S. 89; dagegen *Lutter/Krieger*, Rdnr. 88.

310 *Edenfeld/Neufang*, AG 1999, S. 52; *Hoffmann/Preu*, Rdnr. 260; *Lutter*, Information und Vertraulichkeit, S. 203 f.

311 *Edenfeld/Neufang*, AG 1999, S. 52; *Lutter/Krieger*, Rdnr. 94; *Säcker*, NJW 1986, S. 806.

312 *Ensch*, S. 210 f.; *Fitting/Wlotzke/Wißmann*, § 25 Rdnr. 100; Hanau/*Ulmer*, § 25 Rdnr. 109; MünchArbR/*Wißmann*, § 380 Rdnr. 20.

313 *Edenfeld/Neufang*, AG 1999, S. 52; *Ensch*, S. 223; MünchArbR/*Wißmann*, § 380 Rdnr. 22.

314 BGHZ 64, 325, 331; Großkommentar AktG/*Oetker*, § 25 MitbestG Rdnr. 25; *Hoffmann/Lehmann/Weinmann*, § 25 Rdnr. 129; *Lutter*, Information und Vertraulichkeit, S. 203; *Stege*, DB 1977, Beil. 8 S. 7.

315 *Geßler*/Hefermehl/Eckardt/Kropff, § 116 Rdnr. 29; *Hüffer*, § 116 Rdnr. 7; *Fit-*

c) Stellungnahme

Der entscheidende Aspekt bei der Beurteilung dieser Frage ist das Vertrauen aller Aufsichtsratsmitglieder untereinander, das die Grundlage für eine funktionierende Zusammenarbeit im Aufsichtsrat bildet. Wenn die Arbeitnehmervertreter als vollwertige Mitglieder des Organs angesehen werden wollen, dürfen sie nicht nur auf die damit zusammenhängenden Rechte pochen, sondern müssen sich auch an die mit dem Amt verbundenen Pflichten halten, zu denen eben auch die Verschwiegenheitspflicht gehört. Eine vertrauensvolle Zusammenarbeit, bei der alle für das Unternehmen entscheidenden Probleme erörtert werden, ist nur möglich, wenn Vorstand und Anteilseignervertreter davon ausgehen können, daß Geheimnisse, die im Aufsichtsrat besprochen werden, auch geheim bleiben. Die Arbeitnehmervertreter können nicht verlangen, in allen wichtigen unternehmerischen Entscheidungen, die im Vorfeld häufig zum Wohle des Unternehmens geheim bleiben müssen, ins Vertrauen gezogen zu werden, wenn sie nicht bereit sind, diese Informationen für sich zu behalten. Dazu gehört auch, daß die Arbeitnehmervertreter, die gleichzeitig Betriebsratsmitglieder sind, die im Aufsichtsrat gewonnenen vertraulichen Informationen nicht mißbräuchlich für ihre Betriebsratstätigkeit nutzen. Hier muß von den betroffenen Personen verlangt werden, daß sie sorgfältig zwischen beiden Ämtern unterscheiden und trennen. Auch bei diesem Problem ist wieder entscheidend, daß Mitbestimmung untrennbar mit Verantwortung verbunden ist. Nur wer bereit ist, die mit der Mitbestimmung verbundene Verantwortung für das Unternehmen zu tragen, ist auch berechtigt, an der Unternehmenskontrolle beteiligt zu werden.

Ein weiteres Argument für eine uneingeschränkte Verschwiegenheitspflicht der Arbeitnehmervertreter ergibt sich in diesem Fall sogar aus dem - sonst nur vorsichtig anzustellenden[316] - direkten Vergleich mit dem Betriebsrat. Denn während die Geheimhaltungspflicht des Betriebsrats nach § 79 Abs. 1 Satz 4 BetrVG ausdrücklich gegenüber den Arbeitnehmervertretern im Aufsichtsrat nicht gilt, fehlt es umgekehrt für die Schweigepflicht der Arbeitnehmervertreter an einer solchen gesetzlichen Ausnahmeregelung, nach der sie zumindest gegenüber den Betriebsratsmitgliedern nicht zur Geheimhaltung verpflichtet wären. Daraus muß geschlossen werden, daß der Gesetzgeber eine solche Ausnahme auch nicht wollte und damit die Verschwiegenheitspflicht für die Arbeitnehmervertreter im Aufsichtsrat in vollem Umfang besteht.

Eine Einschränkung der Verschwiegenheitspflicht zugunsten des Interesses der Arbeitnehmer an Informationen entspricht zudem nicht der gesetzlichen Interessenwertung. Denn die Unternehmensmitbestimmung ist - anders als die be-

---

ting/Wlotzke/Wißmann, § 25 Rdnr. 100; *Hoffmann/Lehmann/Weinmann*, § 25 Rdnr. 129; Kölner Kommentar/*Mertens*, § 116 Rdnr. 36.

[316] Dazu oben B) II. 3.

triebliche Mitbestimmung -[317] so konstruiert, daß die Arbeitnehmervertreter dem gesamten Unternehmensinteresse regelmäßig einen Vorrang vor dem Partikularinteresse der Arbeitnehmer einräumen müssen.[318] Wollte man zwischen Unternehmensinteresse und Arbeitnehmerinteresse immer eine Einzelfallabwägung vornehmen, würde man hingegen beide Interessen vom Grundsatz her gleich gewichten, was der gesetzlichen Wertung zuwider liefe.

Von den Arbeitnehmervertretern muß also verlangt werden, daß sie die mit dem Aufsichtsratsmandat verbundene Verschwiegenheitspflicht genauso einhalten, wie das auch die Anteilseignervertreter müssen. Dies gilt für Belegschafts- und Gewerkschaftsvertreter gleichermaßen. Denn wenn sich schon für die Belegschaftsvertreter keine Gründe finden lassen, innerhalb des Unternehmens Informationen weiterzugeben, so muß das um so mehr für die Gewerkschaftsvertreter gelten, deren vorrangiges Interesse einer Weitergabe von Informationen an außerhalb des Unternehmens stehende Personen gelten dürfte. Eine Privilegierung der Arbeitnehmervertreter aufgrund ihrer Anbindung an die Arbeitnehmerschaft, von der sie entsandt worden sind, läßt sich nicht mit dem Aufsichtsratsamt vereinbaren.

2. Treuepflicht

Ein weiterer Aspekt im Problemkreis der Pflichten der Arbeitnehmervertreter ist die organschaftliche Treuepflicht, der alle Aufsichtsratsmitglieder unterliegen. Damit verbunden ist ihre Verpflichtung auf das Unternehmensinteresse, an dem die Aufsichtsratsmitglieder ihre Entscheidungen auszurichten haben. Ebenso wie bei der Frage der Verschwiegenheitspflicht kann es hier zu Interessenkonflikten kommen.

Besonders kontrovers diskutiert wird die organschaftliche Treuepflicht für Arbeitnehmervertreter vor allem im Zusammenhang mit Arbeitskämpfen. Hier stellt sich die Frage, ob die Treuepflicht es den Arbeitnehmervertretern verbietet, an Arbeitskämpfen teilzunehmen. Übereinstimmung herrscht dabei insoweit, als sich Arbeitnehmervertreter - ebenso wie alle anderen Arbeitnehmer[319] - nicht an einem rechtswidrigen Streik beteiligen dürfen.[320] Umstritten ist dagegen die aktive Teilnahme an einem rechtmäßigen Streik.

---

[317] Zum Vergleich oben B) II.

[318] Dazu oben § 3 A) I. 2.

[319] Den Arbeitnehmern kann wegen der Teilnahme an einem rechtswidrigen Streik schließlich gekündigt werden (*Brox/Rüthers*, Rdnr. 330 ff.; MünchArbR/*Otto*, § 289 Rdnr. 47).

[320] *Dietz/Richardi*, § 76 BetrVG 1952 Rdnr. 178; GK-BetrVG/*Kraft*, § 76 BetrVG 1952 Rdnr. 132; *Köstler/Kittner/Zachert*, Rdnr. 631; Kölner Kommentar/*Mertens*, Anh. § 117 B § 25 Rdnr. 14; *Raiser*, MitbestG, § 25 Rdnr. 141.

a) Zulässigkeit der aktiven Streikteilnahme

Teilweise wird die aktive Streikteilnahme der Arbeitnehmervertreter zugelassen,[321] wobei sich die Begründung vor allem auf die in Art. 9 Abs. 3 GG geschützte Koalitionsfreiheit stützt.[322] Gerade den Gewerkschaftsvertretern könne man die Streikteilnahme nicht verbieten. Denn diese befänden sich nicht nur aufgrund einer gesetzgeberischen Entscheidung im Aufsichtsrat, sondern seien darüber hinaus als Gewerkschaftsfunktionäre zum Teil gleichzeitig an der Organisation des Streiks beteiligt, was für den Gesetzgeber bei seiner Entscheidung auch vorherzusehen gewesen sei. Ein Verbot, an dem Streik teilzunehmen, würde in unzulässiger Weise ihre Tarifautonomie einschränken.[323] Zudem unterlägen die Anteilseignervertreter im Aufsichtsrat ebenso wie der Vorstand keinen Einschränkungen bei der Durchführung von Arbeitskampfmaßnahmen.[324]

b) Unzulässigkeit der aktiven Streikteilnahme

Die Gegenansicht[325] versagt zwar den Arbeitnehmervertretern ebenfalls nicht die grundsätzliche Teilnahme an einem rechtmäßigen Streik. Aus ihrer Verpflichtung auf das Unternehmensinteresse ergebe sich jedoch eine Neutralitätspflicht im Arbeitskampf, die eine aktive Streikteilnahme, etwa durch Planung und Organisation von Arbeitskampfmaßnahmen, verbiete. Den Arbeitnehmervertretern sei lediglich eine bloße Arbeitsniederlegung ohne aktives Eingreifen in den Streikablauf gestattet.

c) Stellungnahme

Bei diesem Thema zeigt sich wieder einmal das Spannungsfeld, in dem sich die Arbeitnehmervertreter bewegen. Auf der einen Seite sind sie als Aufsichtsratsmitglieder in die gesellschaftsrechtliche Unternehmensführung eingebunden und tragen Verantwortung für die Geschicke des Unternehmens. Auf der anderen Seite handelt es sich bei ihnen aber genauso um Arbeitnehmer, die grundsätzlich

---

[321] GK-MitbestG/*Naendrup*, § 25 Rdnr. 216; *Hanau*, ZGR 1977, 406; MünchArbR/*Wißmann*, § 380 Rdnr. 23; *Raiser*, MitbestG, § 25 Rdnr. 142.

[322] GK-MitbestG/*Naendrup*, § 25 Rdnr. 216; *Köstler/Kittner/Zachert*, Rdnr. 634.

[323] GK-MitbestG/*Naendrup*, § 25 Rdnr. 216; *Hanau*, ZGR 1977, S. 406; MünchArbR/*Wißmann*, § 380 Rdnr. 23.

[324] *Köstler/Kittner/Zachert*, Rdnr. 634.

[325] *Chen*, S. 17; *Dietz/Richardi*, § 76 BetrVG 1952 Rdnr. 180; GK-BetrVG/*Kraft*, § 76 BetrVG 1952 Rdnr. 135; *Hoffmann/Preu*, Rdnr. 503; *Hoffmann/Lehmann/Weinmann*, § 25 Rdnr. 134; Kölner Kommentar/*Mertens*, Anh. § 117 B § 25 Rdnr. 13; *Lutter/Krieger*, Rdnr. 305; *Westerbarkey*, S. 133.

die gleichen Rechte und Pflichten haben wie alle anderen Arbeitnehmer. Eines dieser Rechte ist das Streikrecht, wobei es unerheblich ist, ob man dabei auf die Belegschafts- oder die Gewerkschaftsvertreter abstellt.

Die Tatsache, daß die Arbeitnehmervertreter Arbeitnehmer sind, kann sie jedoch nicht einmal im Streikfall von ihrer grundsätzlichen Verpflichtung auf das Unternehmensinteresse entbinden. Mit der Übernahme des Aufsichtsratsamtes haben sie Verantwortung für das Unternehmen mit übernommen, der sie sich auch in Krisenfällen stellen müssen. Zudem würde eine aktive Streikteilnahme auch gegen den Grundsatz der vertrauensvollen Zusammenarbeit im Organ Aufsichtsrat verstoßen. Denn wenn die Arbeitnehmervertreter aktiv am Arbeitskampf gegen das von ihnen mitkontrollierte Unternehmen beteiligt wären, würde damit zugleich die Vertrauensbasis für die weitere Aufsichtsratstätigkeit, die gerade in diesem mit Vertretern von sehr unterschiedlichen Interessengruppen besetzten Organ so entscheidend ist, zerstört. Außerdem muß der Aufsichtsrat, und damit auch die Arbeitnehmervertreter, seinen Aufgaben, vor allem der Überwachung der Geschäftsleitung, auch im Streikfalle nachkommen. Wenn die Arbeitnehmervertreter jedoch aktiv am Streik beteiligt wären und infolgedessen ihr Mandat nicht mehr ordnungsgemäß ausüben könnten, verstießen sie damit zugleich gegen ihre Pflicht zur ordnungsgemäßen Mitarbeit im Aufsichtsrat.

Auf der anderen Seite ist jedoch zu bedenken, daß die Arbeitnehmervertreter Repräsentanten der Beschäftigten sind und auch diesen gegenüber eine gewisse Vertrauensposition einnehmen, die nicht zu halten wäre, wenn die Arbeitnehmervertreter in keiner Form bei einem Arbeitskampf auf Seiten der Arbeitnehmer präsent wären. Daher muß zumindest eine passive Streikteilnahme in Form der bloßen Arbeitsniederlegung zulässig sein, bei der gesichert ist, daß durch sie der Arbeitgeber bzw. das Unternehmen nicht zusätzlich geschädigt wird. Darin liegt dann keine Verletzung der organschaftlichen Treuepflicht. Diese Treuepflicht stellt für die Arbeitnehmervertreter damit eine Einschränkung hinsichtlich ihrer Teilnahmemöglichkeiten an einem Streik dar, wobei Maßstab für diese Einschränkung das Unternehmensinteresse sein muß.

Eine verfassungswidrige Einschränkung der Koalitionsfreiheit aus Art. 9 Abs. 3 GG liegt in diesem Fall nicht vor, denn dieses Grundrecht ist nicht schrankenlos gewährleistet. Die gesellschaftsrechtlichen Regeln, denen die Arbeitnehmervertreter sich mit ihrer Amtsübernahme unterworfen haben, können indes eine solche Schranke darstellen.[326]

Die Treuepflicht, der die Arbeitnehmervertreter unterliegen, verbietet es ihnen also, sich an einem rechtmäßigen Streik stärker als durch bloße passive Arbeitsniederlegung zu beteiligen.

---

[326] So auch *Edenfeld/Neufang*, AG 1999, S. 52.

III. Ergebnis

Letztlich können für die Arbeitnehmervertreter keine Ausnahmen von den gesetzlichen Pflichten angenommen werden, die jedem Aufsichtsratsmitglied aufgrund des übernommenen Amtes obliegen. Sie sind in gleichem Maße wie die Anteilseignervertreter an diese Pflichten gebunden, die sich in erster Linie aus der mit dem Mandat verbundenen Verantwortung für das Unternehmen ergeben. Daher dürfen die Arbeitnehmervertreter weder geheime Informationen an außerhalb des Aufsichtsrats stehende Personen weitergeben, noch sich aktiv an einem Arbeitskampf zu Lasten des von ihnen mitbestimmten Unternehmens beteiligen.

Das heißt gleichzeitig, daß ihr Pflichtenkreis im Rahmen der Amtshaftung genauso weit zu stecken ist wie derjenige der Anteilseignervertreter. Ihre Haftung kann also nicht auf der Tatbestandsseite dadurch beschränkt werden, daß der Umfang der Amtspflichten, die verletzt werden könnten, verringert wird.

D) Arbeitnehmervertreter und Ausschüsse

Obwohl bisher immer wieder festgestellt wurde, daß alle Aufsichtsratsmitglieder, unabhängig davon, ob sie Vertreter der Anteilseigner oder der Arbeitnehmer sind, grundsätzlich gleiche Rechte und Pflichten haben, stellt sich doch die Frage, inwieweit diese theoretische Erkenntnis bezogen auf die gesamte Gruppe in der Praxis Bestand hat. Ein wichtiger Aspekt dabei ist die Ausschußarbeit im Aufsichtsrat. Denn die Ausschüsse übernehmen immer stärker die inhaltliche Vorbereitung von Entscheidungen, die von erheblicher Bedeutung für das Unternehmen sind.

I. Besetzung von Ausschüssen

Die Weichen für die Arbeit und die zu treffenden Entscheidungen eines Ausschusses werden bereits bei seiner Besetzung gestellt. Sie ist daher ein bedeutender Faktor bei der Frage, wie stark sich die einzelnen Interessengruppen im Aufsichtsrat durchsetzen können. Denn nur wer bereits im Ausschuß die Möglichkeit hat, eine Entscheidung mit vorzubereiten, kann effektiv tatsächlichen Einfluß auf diese Entscheidung nehmen.[327] Hier bieten sich verschiedene Auswahlkriterien an. Grundsätzlich sollte die jeweilige Eignung eines Aufsichtsratsmitglieds das wichtigste Kriterium sein, wobei diese Eignung etwa auf besonderen Sachkenntnissen oder Erfahrungen beruhen kann.[328] Auch die zeitliche Verfügbarkeit und Belastungssituation eines Ausschußkandidaten sollte Berücksichtigung finden, um sicherzustellen, daß sich das spätere Ausschußmitglied im

---

[327] Zur Bedeutung der Ausschußarbeit oben § 3 B) II.

[328] So auch *Raiser*, MitbestG, § 25 Rdnr. 57.

nötigen Umfang seiner Aufgabe widmen kann. Für die vorliegende Untersuchung entscheidend ist jedoch, inwieweit die jeweilige Gruppenzugehörigkeit ein Auswahlkriterium für einen Ausschuß ist oder sein sollte. Während der Gesetzgeber in § 27 Abs. 3 MitbestG die gruppenmäßige Besetzung für die besondere Form des Vermittlungsausschusses nach § 31 Abs. 3 Satz 1 MitbestG genau geregelt hat, enthalten weder die Gesetze zur Unternehmensmitbestimmung noch das Aktiengesetz für alle anderen möglichen Ausschüsse eine Regelung. Gerade das Fehlen jeder ausdrücklichen normativen Regelung ist aber der juristische Ansatzpunkt des sich um die Ausschußbesetzung rankenden Meinungsstreits, der außer von juristischen vor allem stark von politischen Argumenten geprägt ist.[329]

1. Ausschußbesetzung unter Mitbestimmungs- bzw. Paritätsgesichtspunkten

Mit verschiedenen Ausprägungen wird von einer Gruppe in der juristischen Literatur vertreten, die Besetzung von Aufsichtsratsausschüssen müsse insoweit unter dem Gesichtspunkt der Parität erfolgen, als die Arbeitnehmervertreter zwingend in jedem Ausschuß vertreten sein müßten.[330] Die jeweilige Ausgestaltung ist dabei unterschiedlich. Zum Teil wird lediglich gefordert, in jedem Ausschuß müsse mindestens ein Vertreter der beiden im Aufsichtsrat vertretenen Gruppen sein.[331] Nach einer weitergehenden Ansicht müssen alle Ausschüsse als Spiegelbild des Gesamtaufsichtsrats paritätisch bzw. im Anwendungsbereich des Betriebsverfassungsgesetzes 1952 drittelparitätisch[332] besetzt sein.[333]

Überwiegend wird dabei auf eine analoge Anwendung des § 27 Abs. 3 MitbestG zurückgegriffen, d.h. diese Autoren gehen davon aus, daß es sich bei der Nichtregelung der Ausschußbesetzung um eine planwidrige Regelungslücke handelt bzw. daß § 27 Abs. 3 MitbestG einen allgemeinen Rechtsgedanken enthält.[334] Zum Teil wird eine zwingende Mindestbeteiligung der Arbeitnehmervertreter in jedem Ausschuß aus dem allgemeinen Diskriminierungsverbot abgelei-

---

[329] *Mertens*, AG 1981, S. 116.

[330] OLG Hamburg AG 1983, 21; *Fitting/Kaiser/Heither/Engels*, § 76 BetrVG 1952 Rdnr. 173; *Fitting/Wlotzke/Wißmann*, § 29 Rdnr. 37; GK-MitbestG/*Naendrup*, § 25 Rdnr. 35; MünchArbR/*Wißmann*, § 384 Rdnr. 9.

[331] *Krieger*, Personalentscheidungen, S. 83; *Paefgen*, S. 352; *Säcker*, Aufsichtsratsausschüsse, S. 58.

[332] *Dietz/Richardi*, § 76 BetrVG 1952 Rdnr. 161; *Köstler/Kittner/Zachert*, Rdnr. 299.

[333] *Fitting/Wlotzke/Wißmann*, § 29 Rdnr. 38; *Geitner*, AG 1976, S. 212; GK-MitbestG/*Naendrup*, § 25 Rdnr. 35.

[334] *Geitner*, AG 1976, S. 212; GK-MitbestG/*Naendrup*, § 25 Rdnr. 35; *Köstler/Kittner/Zachert*, Rdnr. 297; *Nagel*, DB 1982, S. 2679; *Säcker*, Aufsichtsratsausschüsse, S. 58.

tet.[335] Außerdem wird auf den Sinn und Zweck des Mitbestimmungsgesetzes zurückgegriffen,[336] nach dem die Machtverteilung in einem Ausschuß grundsätzlich der im Gesamtaufsichtsrat entsprechen müsse. Danach wird die Gefahr einer mißbräuchlichen Verdrängung der Arbeitnehmervertreter gesehen, wenn dem Aufsichtsrat prinzipielle Organisationsautonomie in dieser Frage zuständе.[337]

2. Ausschußbesetzung nur nach allgemeinen Kriterien

Nach der wohl herrschenden Ansicht in Literatur und Rechtsprechung müssen Ausschüsse nicht in erster Linie anhand des Kriteriums der Gruppenzugehörigkeit besetzt werden.[338] Vielmehr entscheide der Aufsichtsrat grundsätzlich frei über die Zusammensetzung, die auch unterparitätisch erfolgen dürfe. Ein eventuell entstehendes Übergewicht auf Seiten der Anteilseigner sei insoweit hinzunehmen und zudem mitbestimmungsrechtlich unbedenklich, weil das auch bereits im Mitbestimmungsgesetz selbst angelegt sei.[339] Ein genereller Anspruch der Arbeitnehmervertreter auf Beteiligung an Aufsichtsratsausschüssen bestehe nicht.[340] Eine allgemeine Besetzungsregelung zu Lasten einer der im Aufsichtsrat vertretenen Gruppen durch Satzung sei ebenfalls nicht möglich. Sie verstoße gegen § 241 Nr. 3 AktG und widerspreche dem Selbstbestimmungsrecht des Aufsichtsrats.[341]

Die Grenze bestehe dort, wo durch die Besetzung zwingendes Mitbestimmungsrecht umgangen oder seinem Sinn und Zweck nach unterlaufen werde.[342]

---

[335] *Paefgen*, S. 352.

[336] *Fitting/Kaiser/Heither/Engels*, § 76 BetrVG 1952 Rdnr. 173 sogar für Aufsichtsräte, die nach dem BetrVG 1952 mitbestimmt sind, in denen also nur die sog. „Drittelparität“ gegeben ist.

[337] *Nagel*, DB 1982, S. 2680; *Mertens*, AG 1981, S. 115.

[338] Die Diskussion um die Ausschußbesetzung wird in erster Linie für die nach dem MitbestG grundsätzlich paritätisch besetzten Aufsichtsräte geführt. *Altmeppen*, FS Brandner, S. 10, weist aber zutreffend darauf hin, daß im Bereich des MontanMG die Rechtslage ähnlich sein muß, ungeachtet der Tatsache, daß es an einer mit § 27 Abs. 3 MitbestG vergleichbaren Regelung fehlt. Das muß um so mehr für Aufsichtsräte nach dem BetrVG 1952 gelten, die nur mit einer Drittelbeteiligung der Arbeitnehmer besetzt sind. Ausführlich zum BetrVG 1952: *Altmeppen*, FS Brandner, S. 10 ff., der darauf hinweist, daß entgegen den übrigen Gesetzen zur Unternehmensmitbestimmung nach dem BetrVG 1952 die Geschäftsleiterbestellung nicht zu den mitbestimmungsspezifischen Aufgaben gehört, so daß eine Diskriminierung der Arbeitnehmervertreter noch unwahrscheinlicher ist; noch weitergehend *Zöllner*, FS Zeuner, S. 164 f., der die Forderung, Arbeitnehmervertreter an allen Ausschüssen zu beteiligen, im Bereich des BetrVG 1952 für „tollkühn“ hält.

[339] OLG München ZIP 1995, 1754.

[340] *Altmeppen*, FS Brandner, S. 7; *Zöllner*, FS Zeuner, S. 177.

[341] Hanau/*Ulmer*, § 25 Rdnr. 128; *Hoffmann/Lehmann/Weinmann*, § 25 Rdnr. 39.

[342] BGHZ 83, 144, 149; OLG München ZIP 1995, 1754; *Raiser*, DZWir 1993, S. 512.

Zudem müsse das für alle Aufsichtsratsmitglieder geltende Diskriminierungsverbot beachtet werden.[343] Eine mißbräuchliche Diskriminierung der Arbeitnehmervertreter stelle es etwa dar, wenn sie allein aufgrund ihrer Gruppenzugehörigkeit ohne Vorliegen weiterer sachlicher Gründe von der Ausschußarbeit ausgeschlossen würden.[344] Dabei richte sich die Erheblichkeit vor allem nach dem Kompetenzbereich des jeweiligen Ausschusses: Je wesentlicher die Aufgaben des Ausschusses in Hinblick auf die Aufgaben des gesamten Aufsichtsrats seien, um so wichtiger sei eine Beteiligung der Arbeitnehmervertreter bzw. bei Nichtbeteiligung die sachliche Begründung dafür.[345] Als sachlicher Grund könne dabei nicht die Notwendigkeit von Geheimhaltung und Vertraulichkeit angeführt werden, denn ein Geheimnisschutz bestehe nicht innerhalb des Aufsichtsrats, sondern nur gegenüber außenstehenden Personen.[346]

So hat der BGH speziell für den Personalausschuß entschieden, daß es eine mißbräuchliche Diskriminierung darstelle, wenn die Arbeitnehmervertreter aus grundsätzlichen Erwägungen von jeder Mitarbeit ausgeschlossen würden.[347] Denn gerade die Auswahl der Vorstandsmitglieder, die in der Praxis ganz erheblich vom Personalausschuß bestimmt wird, während der eigentliche Bestellungsakt, der nach § 107 Abs. 3 Satz 2 AktG dem Gesamtaufsichtsrat vorbehalten ist, eher ein rein formaler Schlußakt ist,[348] stelle eine der wichtigsten Aufgaben des Aufsichtsrats dar, an denen die Arbeitnehmervertreter grundsätzlich beteiligt sein müßten.[349] Dabei sei es nicht ausreichend, den Arbeitnehmervertretern einen reinen Besucherstatus einzuräumen.[350] Nur wenn ausnahmsweise ein wichtiger Grund bestehe, dürfe der Ausschuß auch arbeitnehmerfrei besetzt werden.[351]

---

[343] *Hoffmann/Lehmann/Weinmann*, § 25 Rdnr. 38; *Jaeger*, ZIP 1995, S. 1736; *Kindl*, DB 1993, S. 2069; *Lehmann*, AG 1977, S. 18.

[344] OLG München ZIP 1995, 1754; *Jaeger*, ZIP 1995, S. 1736; Kölner Kommentar/*Mertens*, Anh. § 117 B § 25 MitbestG Rdnr. 8; *Raiser*, MitbestG, § 25 Rdnr. 55.

[345] OLG München ZIP 1995, 1754; *Jaeger*, ZIP 1995, S. 1736 f.; *Kindl*, DB 1993, S. 2069.

[346] *Raiser*, MitbestG, § 25 Rdnr. 57.

[347] BGHZ 122, 342; dazu Anmerkung von *Raiser*, DZWir 1993, S. 510 ff., der die Vorstandsbestellung sogar als die Aufgabe ansieht, um derentwillen die Arbeitnehmer vor allem auf eine paritätische Beteiligung im Aufsichtsrat gedrängt hätten (S. 511).

[348] Dazu eingehend BGHZ 122, 342, 359.

[349] Dagegen *Zöllner*, FS Zeuner, S. 169, wonach die Überlegung des BGH, die gesetzliche Mitbestimmung werde ausgeschaltet, wenn wesentliche Teile der Aufsichtsratsarbeit in die Ausschüsse verlagert würden, ein „argumentum ad horrendum" darstellt.

[350] BGHZ 122, 342, 361. So aber OLG Hamburg AG 1984, 251.

[351] *Altmeppen*, FS Brandner, S. 10, der als wichtigen Grund etwa anführt, daß gar keine geeigneten Arbeitnehmervertreter vorhanden sind oder nicht kandidieren; dagegen *Zöllner*, FS Zeuner, S. 161, der davon ausgeht, daß Ausnahmen in der Praxis kaum vorliegen werden und damit die privatautonome Gestaltungsfreiheit der Unternehmen hinsichtlich ihrer inneren Angelegenheiten nicht unerheblich eingeschränkt werde.

Wegen der Regelung des § 31 MitbestG könne hingegen nicht als Argument angeführt werden, daß Arbeitnehmervertreter nicht in Ausschüssen, die Personalangelegenheiten behandelten, beteiligt sein dürften, weil sie als Arbeitnehmer dem Vorstand arbeitsrechtlich untergeordnet seien.[352]

Nach dieser Meinung stellt § 27 Abs. 3 MitbestG eine Ausnahmeregelung dar, die nicht analog auf andere Ausschüsse angewandt werden dürfe, weil es insoweit an der für eine Analogie notwendigen planwidrigen Regelungslücke fehle.[353] Im übrigen werde nirgendwo im Mitbestimmungsgesetz ein absolutes Gebot der Gruppenparität für alle den Aufsichtsrat betreffenden Angelegenheiten normiert.[354] Der für die Aufsichtsratsmitglieder geltende Gleichheitsgrundsatz könne hier nicht herangezogen werden, weil er sich auf die Rechte und Pflichten der einzelnen Mitglieder beziehe und nicht geeignet zur Lösung von Gruppenkonflikten sei. Eine zwingend notwendige Arbeitnehmerbeteiligung im Aufsichtsrat sei daher nur für die unter dem Plenarvorbehalt aus § 107 Abs. 3 Satz 2 AktG stehenden Aufgaben anzunehmen.[355] Das habe bereits der Gesetzgeber des Aktiengesetzes 1965 so gewollt, der bewußt von einer Regelung hinsichtlich der Besetzung von Ausschüssen mit Arbeitnehmervertretern abgesehen habe.[356]

3. Stellungnahme

Allein die Existenz des § 27 Abs. 3 MitbestG spricht schon gegen eine planwidrige Regelungslücke hinsichtlich der Besetzung von Ausschüssen in mitbestimmten Aufsichtsräten. Denn es ist kaum anzunehmen, daß der Gesetzgeber für den Sonderfall des Vermittlungsausschusses eine detaillierte Regelung trifft, dieses aber für alle anderen Ausschüsse übersieht oder trotz eines entsprechenden Regelungswillens unterläßt. Daß § 27 Abs. 3 MitbestG selbst nicht als generelle Regelung gemeint war oder als solche verstanden werden kann, ist angesichts des sehr konkreten und ausdrücklich auf einen bestimmten Sonderfall begrenzten

---

[352] BGHZ 122, 342, 360.

[353] BGHZ 83, 144, 148; OLG München ZIP 1995, 1754; LG Hamburg AG 1981, 139; Hanau/*Ulmer*, § 25 Rdnr. 126; *Lehmann*, AG 1977, S. 17; *Mertens*, AG 1981, S. 123; *Rellermeyer*, S. 110.

[354] Großkommentar AktG/*Oetker*, § 25 MitbestG Rdnr. 23; *Lehmann*, AG 1977, S. 16; *Mertens*, AG 1981, S. 123; etwas enger *Kindl*, DB 1993, S. 2070, der aus dem für alle Aufsichtsratsmitglieder geltenden Gleichbehandlungsgrundsatz folgert, daß sich in der Ausschußbesetzung zumindest annähernd die paritätische Besetzung des Aufsichtsrats widerspiegeln müsse, weil ansonsten die Vermutung für eine gruppenspezifische Diskriminierung bestehe.

[355] *Jaeger*, ZIP 1995, S. 1736.

[356] BGHZ 83, 144, 146; 122, 342, 355; OLG Hamburg AG 1984, 251; *Altmeppen*, FS Brandner, S. 5; *Kropff*, S. 150; *Mertens*, AG 1981, S. 125.

Norminhalts evident. Eine für alle Ausschüsse in mitbestimmten Aufsichtsräten geltende Regel kann daher aus dieser Vorschrift nicht abgeleitet werden.

Darüber hinaus hat der Gesetzgeber bei der Aktienrechtsreform durch das *KonTraG* ebenfalls von einer Regelung der Ausschußbesetzung nach Gruppenzugehörigkeitskriterien abgesehen und damit alle Autoren, die dem historischen Befund hinsichtlich des Aktiengesetzes 1965 keine Relevanz beigemessen haben[357] oder von einem Normwandel des § 107 Abs. 3 Satz 1 AktG ausgehen,[358] quasi durch Erledigung widerlegt. Denn spätestens zu diesem Zeitpunkt war das Problem der Ausschußbesetzung hinlänglich bekannt, so daß davon ausgegangen werden muß, daß der Gesetzgeber keinen Regelungsbedarf dafür gesehen hat und damit keine planwidrige Regelungslücke vorliegt.

Ob allein aufgrund des allgemeinen Mitbestimmungsgedankens eine starre Regelung getroffen werden kann, nach der an jedem Ausschuß Arbeitnehmervertreter beteiligt sein müssen, erscheint zweifelhaft. Der Gesetzgeber hat die Unternehmensmitbestimmung gerade nur in bestimmten Grenzen zugelassen, damit die Funktionsfähigkeit des Organs gewährleistet bleibt. Aus diesem Grund hat er es bei den grundsätzlichen gesellschaftsrechtlichen Regeln für die Aufsichtsratsarbeit belassen.[359] Nach diesen Regeln wird aber bei der Rechtsstellung der Aufsichtsratsmitglieder nicht nach Gruppenzugehörigkeit unterschieden. Daher darf die Ausschußbesetzung ebenfalls nicht vorrangig nach dem Kriterium der Gruppenzugehörigkeit erfolgen. Zudem wird durch § 107 Abs. 3 Satz 2 AktG die Entscheidungskompetenz der Ausschüsse ohnehin begrenzt, so daß jedenfalls über das Plenum die Beteiligungsrechte der Arbeitnehmervertreter gewahrt bleiben.

Darüber hinaus dürfen die Arbeitnehmervertreter nach keiner Ansicht völlig aus einem Ausschuß ausgeschlossen werden, ohne daß dafür nachprüfbare sachliche Gründe gegeben sind. In dieser Hinsicht wird richtigerweise dem Mitbestimmungsgedanken Rechnung getragen, indem ein völliger Ausschluß der Arbeitnehmervertreter nur unter besonderen Bedingungen möglich sein soll, so daß hier eine überprüfbare Schranke gegeben ist. Das entspricht der Wertung des Gesetzgebers, die Mitbestimmung nur in einem Rahmen zuzulassen, der die Funktionsfähigkeit des Organs Aufsichtsrat gewährleistet. Denn bei einer starren Besetzung der Ausschüsse nach Paritätsgesichtspunkten könnte diese Besetzung zu Lasten der Eignung der Kandidaten und damit auch zu Lasten der Effektivität der Ausschußarbeit erfolgen. Ein solches Ergebnis wäre aber nach der Gesamtwertung des Gesetzgebers nicht hinzunehmen.

Tatsächlich wird es in der Praxis schwerfallen, sachliche Gründe zu finden, die einen völligen Ausschluß der Arbeitnehmervertreter aus einem Ausschuß

---

[357] Z.B. *Fitting/Heither/Kaiser/Engels*, § 76 BetrVG 1952 Rdnr. 171; GK-MitbestG/*Naendrup*, § 25 Rdnr. 35.

[358] *Säcker*, Aufsichtsratsausschüsse, S. 17; dagegen *Mertens*, AG 1981, S. 126.

[359] Dazu oben § 3 B) II.

rechtfertigen könnten. Abzuwägen sind hierbei die Aufgaben des Ausschusses und die Eignung der einzelnen Aufsichtsratsmitglieder, wobei die Notwendigkeit zur Geheimhaltung und Vertraulichkeit nicht ins Feld geführt werden kann. Denn zum einen besteht innerhalb des Aufsichtsrats keine Geheimhaltungspflicht, und zum anderen sind die Arbeitnehmervertreter außerhalb des Aufsichtsrats in gleicher Weise wie die Anteilseignervertreter zur Geheimhaltung berufen.[360]

Auch dem Argument, Arbeitnehmervertreter müßten in Personalausschüssen ausgeschlossen sein, weil der Vorstand ihnen arbeitsrechtlich übergeordnet sei, kann nicht gefolgt werden. Denn in ihrer Funktion als Mitglieder des Gesamtaufsichtsrats sind die Arbeitnehmervertreter nicht nur zur Bestellung des Vorstands, sondern auch zu seiner Überwachung berufen. Diese Aufgaben können nach § 107 Abs. 3 Satz 2 AktG ohnehin nicht einem Ausschuß übertragen werden, so daß die Arbeitnehmervertreter davon gar nicht ausgeschlossen werden können. Eine Vermischung der arbeitsrechtlichen und gesellschaftsrechtlichen Stellung im Rahmen der Amtsausübung ist den Arbeitnehmervertretern schon nicht zu ihren Gunsten bzw. zugunsten der Belegschaft des Unternehmens erlaubt. Um so weniger darf eine solche Vermischung aber zu ihren Lasten erfolgen, um damit den an sie ebenso wie an die Anteilseignervertreter gestellten Überwachungsauftrag zu unterhöhlen.

Schließlich verlangt bereits die den gesamten Aufsichtsrat treffende Pflicht zur ordnungsgemäßen Wahrnehmung der Aufgaben, daß ein Arbeitnehmervertreter in jedem Ausschuß Mitglied ist. Denn gerade bei der Vorbereitung inhaltlicher Entscheidungen kann eine vernünftige Ausschußarbeit nur geleistet werden, wenn sich in dem Ausschuß zumindest das grobe Meinungsspektrum des Gesamtaufsichtsrats wiederfindet, das sich nicht zuletzt durch die beiden unterschiedlichen Interessengruppen von Anteilseignern und Arbeitnehmern zusammensetzt.

Der herrschenden Meinung ist also zuzustimmen, daß die Besetzung von Ausschüssen grundsätzlich im freien Ermessen des Gesamtaufsichtsrats steht, wobei wegen des Diskriminierungsverbots, das für alle Aufsichtsratsmitglieder gilt, Arbeitnehmervertreter nur aufgrund sachlicher Erwägungen von der gleichberechtigten Teilnahme an einem Ausschuß ausgeschlossen werden dürfen.

II. Arbeitsweise und Entscheidungsprozesse

Einen weiteren Aspekt in diesem Zusammenhang stellen die Arbeitsweise und innere Organisation und damit zusammenhängend die Art der Entscheidungsprozesse, die im Ausschuß ablaufen, dar. Wie beim Gesamtaufsichtsrat stellt sich hier ebenfalls die Frage, ob es in diesem Bereich Konstellationen gibt, die geeignet sind, die Rechtsstellung der Arbeitnehmervertreter zu gefährden.

---

[360] Dazu oben § 3 C) III. 2. b).

Grundsätzlich gilt dabei, daß die innere Ordnung im Ausschuß im wesentlichen der des Gesamtaufsichtsrats entspricht.[361]

In Literatur und Rechtsprechung ausdrücklich und kontrovers diskutiert wurde bereits die Konstellation, daß dem Ausschußvorsitzenden wie dem Aufsichtsratsvorsitzenden bei Abstimmungen mit Pattsituation eine Zweitstimme durch eine unternehmensinterne Regelung (etwa eine Satzung oder einen Aufsichtsratsbeschluß) zugestanden wird.[362] Im Ergebnis kann dieser Fall jedoch nicht anders entschieden werden als der Stichentscheid im Gesamtaufsichtsrat. Denn wenn man die in § 29 Abs. 2 MitbestG normierte Zweitstimme für den Aufsichtsratsvorsitzenden als rechtmäßig akzeptiert, muß das auch bei einer entsprechenden Regelung für den Ausschußvorsitzenden gelten, weil sich der Ausschuß insoweit als ein (kleineres) Spiegelbild des Gesamtaufsichtsrats darstellt. Eine analoge Anwendung des § 29 Abs. 2 MitbestG scheidet allerdings aus.[363] Die dadurch geschaffene Möglichkeit, daß eine Seite (in der Praxis normalerweise die der Anteilseigner, die auch in Ausschüssen regelmäßig den Vorsitzenden stellt) ein leichtes Übergewicht erhält, ist nach Ansicht des BGH lediglich eine Folge des Übergewichts, das den Anteilseignern durch das Gesetz ohnehin schon eingeräumt wird, und von daher verfassungsrechtlich unbedenklich.[364] Zudem dient der Stichentscheid für den Vorsitzenden in erster Linie dazu, die Arbeitsfähigkeit des jeweiligen Organs zu gewährleisten, indem unauflösbare Pattsituationen verhindert werden,[365] und nicht zur Bevorzugung einer bestimmten Gruppe.

III. Auswirkungen auf die Rechtsstellung der Arbeitnehmervertreter

Nach der hier vertretenen Ansicht ist es möglich, Aufsichtsratsausschüsse deutlich unterparitätisch zu besetzen. Das hat vor allem vor dem Hintergrund, daß die Rolle der Ausschüsse im Gesamtorgan gestärkt werden soll,[366] unübersehbare Auswirkungen auf die Rechtsstellung der Arbeitnehmervertreter. Denn je stärker die Rolle der Ausschüsse ist, in denen keine Parität herrscht, um so geringer ist die Durchsetzungskraft der Arbeitnehmervertreter im Gesamtorgan. Ungeachtet des Entscheidungsvorbehalts für das Plenum aus § 107 Abs. 3 Satz 2 AktG werden mit einer Stärkung der Ausschüsse zumindest faktisch immer mehr Entschei-

---

[361] *J. Geßler*, § 107 Rdnr. 17; Hanau/*Ulmer*, § 25 Rdnr. 133.

[362] Zustimmend: BGHZ 83, 144; *Raiser*, MitbestG, § 25 Rdnr. 66; einschränkend: *Fitting/Wlotzke/Wißmann*, § 29 Rdnr. 42; *Säcker*, Aufsichtsratsausschüsse, S. 50, die die Entscheidung an das Plenum zurückfallen lassen wollen.

[363] BGHZ 83, 144, 147; Hanau/*Ulmer*, § 25 Rdnr. 136; *Paefgen*, S. 358; *Hoffmann/Lehmann/Weinmann*, § 25 Rdnr. 42.

[364] BGHZ 83, 144, 149.

[365] BGHZ 83, 144, 147.

[366] Dazu *Scheffler*, DB 2000, S. 436.

dungen aus dem Plenum herausgenommen. Denn wer nicht in dem Ausschuß an der Vorbereitung einer Entscheidung teilgenommen hat, wird sich aufgrund seines im Regelfall mangelnden Hintergrundwissens nur schwerlich im Plenum mit einer abweichenden Auffassung durchsetzen können, um so einen dem Vorschlag des jeweiligen Ausschusses widersprechenden Beschluß herbeizuführen. Faktisch führt daher die herrschende (und auch hier vertretene) Meinung in Kombination mit der gesetzlichen Stärkung der Ausschüsse zu einer deutlichen Reduzierung des Arbeitnehmereinflusses im Aufsichtsrat.

E) Ergebnis

Wie sich gezeigt hat, läßt sich die Situation der Arbeitnehmervertreter im Aufsichtsrat nicht allein durch eine Untersuchung der Rechtsstellung des Gesamtaufsichtsrats erfassen. Ihre Stellung weist gegenüber der Position der Anteilseignervertreter einige besondere Aspekte auf, die eine genauere Betrachtung erfordern, um so ein umfassenderes und konkreteres Bild ihrer Lage zu entwikkeln. Dabei betreffen die für die Arbeitnehmervertreter hier untersuchten Besonderheiten, die sie von den Anteilseignervertretern unterscheiden, nicht nur ihre persönliche Rechtsstellung, sondern wirken sich auch auf die Effektivität der Unternehmensmitbestimmung aus.

I. Zusammenfassung

Zum Teil beruhen diese Besonderheiten, die sich für die Arbeitnehmervertreter im Vergleich zu den Anteilseignervertretern ergeben, allein auf der Herkunft der Aufsichtsratsmitglieder, ohne sich rechtlich oder praktisch auf ihre Stellung als Organmitglied auszuwirken. Das gilt etwa für die Besonderheiten bei den Belegschaftsvertretern, die aus ihrer arbeitsvertraglichen Bindung an das Unternehmen resultieren, wie den besonderen Kündigungsschutz oder die Regelungen zur Entgeltfortzahlung und Arbeitsfreistellung.[367] Diese Punkte betreffen die Arbeitnehmervertreter ausschließlich in ihrer persönlichen Rechtsstellung zum Unternehmen, das gleichzeitig ihr Arbeitgeber ist.

Ihre Position im Unternehmensgefüge, die sich in weiten Teilen als Konsequenz aus dem Konzept der Unternehmensmitbestimmung ergibt, rührt zwar auch von ihrer Herkunft als Arbeitnehmerrepräsentanten her, ist aber zugleich von entscheidender Bedeutung für ihre Organrechtsstellung, weil hier der grundsätzliche Konflikt, der für die Arbeitnehmervertreter mit dem Aufsichtsratsmandat verbunden ist, deutlich wird. Denn anders als die Anteilseignervertreter, die von vornherein von der Kapital- bzw. Unternehmensseite kommen und deren Augenmerk daher auch regelmäßig ohnehin stärker auf das allgemeine Unternehmenswohl

---

[367] Dazu oben C) I.

ausgerichtet ist, müssen die Arbeitnehmervertreter bei ihrer Amtsführung die oft widerstreitenden Belange von Arbeitnehmern und Unternehmen verknüpfen. Hierbei hat der Gesetzgeber allerdings bereits den Schwerpunkt auf das Unternehmensinteresse gelegt, so daß die Arbeitnehmervertreter diesem in Konfliktsituationen regelmäßig den Vorrang vor den Interessen der von ihnen repräsentierten Gruppe einräumen müssen.

Bei anderen Gesichtspunkten, die für die Arbeitnehmervertreter besonders diskutiert werden, wie etwa die Verschwiegenheits- oder Treuepflicht, läßt sich hingegen festhalten, daß tatsächlich für die Vertreter der Arbeitnehmer in diesen Bereichen keine Ausnahmen gegeben sind. Insoweit gilt für alle Aufsichtsratsmitglieder das Gleichheitsprinzip in vollem Umfang, so daß die Arbeitnehmervertreter auch nicht zugunsten der Arbeitnehmerschaft eine Sonderstellung im Verhältnis zu den Anteilseignervertretern einnehmen.

Schließlich gibt es aber doch Gesichtspunkte, die einen Einfluß auf die Rechtsstellung der Arbeitnehmervertreter unabhängig vom Gleichheitsgrundsatz zumindest möglich erscheinen lassen. Hierzu gehört in erster Linie die Besetzung der Ausschüsse. Wie oben[368] dargestellt, kommt es hier unter Umständen zu einer deutlichen Reduzierung des Arbeitnehmereinflusses im Aufsichtsrat, indem Entscheidungen oder deren Vorbereitung in Ausschüsse verlagert werden, die grundsätzlich nicht paritätisch und in Einzelfällen sogar ganz ohne Arbeitnehmervertreter besetzt sein können. Wenn in einem Aufsichtsrat von diesen Möglichkeiten in vollem Umfang Gebrauch gemacht wird, ist die Durchsetzungskraft der Arbeitnehmervertreter erheblich gemindert.

Hier erklärt sich indes wieder die Notwendigkeit, zwischen dem einzelnen Arbeitnehmervertreter und der gesamten Gruppe zu unterscheiden. Denn die Rechte und Pflichten, bei denen sich keine Besonderheiten für die organschaftliche Rechtsstellung der Arbeitnehmervertreter ergeben, treffen jedes Aufsichtsratsmitglied individuell, während im Gegensatz dazu die Konflikte, die aus dem Mitbestimmungskonzept herrühren, und ferner die Diskussion um die Ausschußbesetzung ihren Ansatzpunkt bei der Repräsentantengruppe als Gesamtheit haben. Daran wird deutlich, daß für den mitbestimmten Aufsichtsrat nur eine individuelle Gleichberechtigung vorgesehen ist, nicht aber eine kollektive.[369]

II. Konsequenzen für die Effektivität der Mitbestimmung

Fraglich ist, inwieweit sich diese Aspekte bezüglich der Rechtsstellung der Arbeitnehmervertreter auf die Effektivität der Unternehmensmitbestimmung als Institution auswirken. Dabei läßt sich festhalten, daß die Unternehmensmitbestimmung von ihrem Ansatz her zwar grundsätzlich als Interessenvertretung der

---

[368] D) III.

[369] So auch Großkommentar AktG/*Oetker*, § 25 MitbestG Rdnr. 23.

Arbeitnehmer konzipiert ist. Dennoch sind die Arbeitnehmervertreter, sobald sie in ihr Amt bestellt sind, nicht nur formell unabhängig von der sie entsendenden Gruppe, sondern darüber hinaus sogar zu eben dieser Unabhängigkeit verpflichtet, insoweit als sie wie die Anteilseignervertreter in erster Linie das Interesse des Unternehmens beachten müssen, hinter dem in Konfliktfällen die Interessen der Arbeitnehmerschaft zurückzutreten haben. Das birgt für die Arbeitnehmervertreter nicht nur die Gefahr von Interessenkollisionen in sich, sondern führt darüber hinaus dazu, daß Unternehmensmitbestimmung in viel geringerem Maße als andere Formen der Arbeitnehmerbeteiligung ein Podium für die Durchsetzung von Arbeitnehmerrechten und -belangen sein kann. Die gesellschaftsrechtliche Verantwortung der Arbeitnehmervertreter für das Wohl des Unternehmens ist genauso hoch wie die Verantwortung, die die Anteilseigner trifft. Daraus resultieren auch die im Vergleich zum Betriebsratsamt hohen Anforderungen, die an Arbeitnehmervertreter gestellt werden, wenn ihnen mit ihrem Amt auch die Geschicke des Unternehmens anvertraut werden.

Die Stellung der Arbeitnehmervertreter im Aufsichtsrat wirkt sich damit unmittelbar auf die Effektivität der Mitbestimmung aus. Die Arbeitnehmervertreter sind im Aufsichtsrat Teil der Unternehmensspitze und treten in ihrer Organfunktion an die Seite der Arbeitgeber. Obwohl es immer wieder Tendenzen gibt, den Einfluß der Arbeitnehmervertreter im Aufsichtsrat weiter zu begrenzen, ist nicht zu verkennen, daß der rechtliche Spielraum der Arbeitnehmervertreter, die Vorstellungen der Arbeitnehmerschaft im Aufsichtsrat umzusetzen, ohnehin eher gering ist. Das Gesetz gesteht den Arbeitnehmern - eingebunden in die Unternehmensverfassung - Teilhabe an der Unternehmenskontrolle zu, ohne gleichzeitig Möglichkeiten zu eröffnen, sich gegenüber der Arbeitgeberseite als autonome Interessenvertretung durchzusetzen.

3. Kapitel: Haftungsfragen

Das folgende Kapitel befaßt sich mit Haftungsfragen. Diese sind nicht nur aufgrund der zunehmenden Zahl von Firmenzusammenbrüchen in den letzten Jahren, bei denen neben dem Vorstand auch Mitgliedern des Aufsichtsrats Verfehlungen vorgeworfen wurden,[370] stärker in den Blickpunkt gerückt. Durch die Erleichterungen, die das *KonTraG* für die Durchsetzung etwaiger Schadensersatzansprüche gegen die Unternehmensspitze vorsieht, gewinnt die Frage nach der Haftung von Aufsichtsratsmitgliedern zunehmend auch an praktischer Bedeutung. Die Aufsichtsratshaftung im allgemeinen führt zu der Kernproblematik dieser Untersuchung, nämlich der Haftung der Arbeitnehmervertreter im besonderen, bei der sich angesichts ihrer Rechtsstellung die Frage stellt, ob es gerechtfertigt oder sogar geboten ist, die Haftung einzuschränken, und welche rechtlichen Möglichkeiten für eine solche Beschränkung *de lege lata* überhaupt in Betracht kommen.

§ 5 Haftungsvoraussetzungen und drohende Sanktionen

Über Haftungsbeschränkungen für einen bestimmten Personenkreis kann man nur nachdenken, wenn man sich zuvor ein Bild von der grundsätzlichen Haftungssituation dieser Gruppe gemacht hat. Daher stellt sich zunächst die Frage, wie die Haftung aller Aufsichtsratsmitglieder, unabhängig davon, ob es sich um Arbeitnehmer- oder Anteilseignervertreter handelt, gesetzlich überhaupt geregelt ist. Dafür sind die möglichen Anspruchsgrundlagen sowie die drohenden Sanktionen und deren Durchsetzungsmöglichkeiten zu betrachten. Darüber hinaus soll das Augenmerk auch auf die in Deutschland noch relativ neue Form der Organhaftpflichtversicherung, die sogenannte „Directors' & Officers'"-Versicherung, geworfen werden.

Die Aufsichtsratshaftung ist zwingend gesetzlich geregelt und kann nicht durch privatautonome Gestaltung eingeschränkt oder gar ausgeschlossen werden.[371]

A) Anspruchsgrundlagen

Ausgangspunkt jeder Untersuchung der Aufsichtsratshaftung müssen die möglichen Anspruchsgrundlagen sein. Dabei sind gerade die notwendigen Tatbestandsvoraussetzungen der in Betracht kommenden Anspruchsgrundlagen von besonderer Bedeutung, denn von ihrer Erfüllbarkeit hängt es ab, ob überhaupt

---

[370] Zuletzt stark im Blickpunkt der Öffentlichkeit war etwa der Fall „Philipp Holzmann".

[371] *Bastuck*, S. 97; *Baums*, S. 235; Kölner Kommentar/*Mertens*, § 93 Rdnr. 4; *Lutter/Krieger*, Rdnr. 313; *Potthoff/Trescher*, S. 327 f. Zu der Möglichkeit, eine entsprechende Haftpflichtversicherung abzuschließen, unten C).

materiell-rechtliche Ansprüche gegen ein Aufsichtsratsmitglied bestehen, deren Durchsetzung dann in Betracht gezogen werden kann.[372] Das Augenmerk ist hierbei vor allem auf die Anspruchsgrundlagen zu richten, die die Gesellschaft berechtigen. Den außerdem in Frage kommenden Ansprüchen Dritter kommt dagegen nur eine untergeordnete Rolle zu.

I. Haftung gegenüber der Gesellschaft

Bei der Aufsichtsratshaftung kommt der sogenannten „Innenhaftung"[373], also der Haftung gegenüber der Gesellschaft, die größte Bedeutung zu. Die wichtigste Anspruchsgrundlage bilden die §§ 116, 93 Abs. 2 Satz 1 AktG, die die allgemeine Amtshaftung der Aufsichtsratsmitglieder normieren. Daneben kommt noch eine Haftung aufgrund einzelner Sondertatbestände in Betracht.

Da zwischen den Aufsichtsratsmitgliedern und der Gesellschaft nach heutiger Ansicht kein vertragliches Anstellungsverhältnis besteht, sondern nur ein gesetzliches Schuldverhältnis, das mit der Bestellung und der Amtsübernahme zustande kommt und dessen Inhalt durch die gesetzlichen Vorschriften sowie die Satzung der Gesellschaft bestimmt wird,[374] kommen vertragliche Ansprüche, etwa aus pVV, grundsätzlich nicht in Betracht.[375]

1. Allgemeine Amtshaftung nach §§ 116, 93 Abs. 2 Satz 1 AktG

Die zentrale Anspruchsgrundlage der Gesellschaft gegen die Aufsichtsratsmitglieder ergibt sich aus § 116 i.V.m. § 93 Abs. 2 Satz 1 AktG.[376] Nach § 93 Abs. 2 Satz 1 AktG sind Vorstandsmitglieder bei Pflichtverletzungen gegenüber der Gesellschaft zum Ersatz des daraus entstehenden Schadens verpflichtet. Aufgrund der Verweisung des § 116 AktG gilt diese Vorschrift in entsprechender Weise für die Mitglieder des Aufsichtsrats. Diese allgemeine Amtspflichthaftung setzt bei der Organrechtsstellung der Aufsichtsratsmitglieder und den mit dieser Stellung verbundenen Amtspflichten an.

Anspruchsberechtigt ist nach dem eindeutigen Wortlaut des § 93 Abs. 2 Satz 1 AktG allein die Gesellschaft. Da die Aufsichtsratsmitglieder in ihrer Amtsausübung in erster Linie der Gesellschaft als juristischer Einheit bzw. Person verpflichtet sind, ist diese auch zuerst von etwaigen Pflichtverletzungen durch die

---

[372] Zu den Durchsetzungsmöglichkeiten unten B) I.

[373] *Hopt*, FS Mestmäcker, S. 913; *Thümmel*, Rdnr. 10.

[374] *Geßler*/Hefermehl/Eckardt/Kropff, § 101 Rdnr. 54; MünchAG/*Hoffmann-Becking*, § 33 Rdnr. 10; a.A. GK-BetrVG/*Kraft*, § 76 BetrVG 1952 Rdnr 109. Dazu oben § 3 C) I.

[375] *Mutter*, S. 165.

[376] Für den mitbestimmten Aufsichtsrat in einer GmbH sind diese Vorschriften wegen § 52 Abs. 1 GmbHG ebenfalls anwendbar.

Aufsichtsratsmitglieder betroffen, die erst mittelbar über die Auswirkungen auf die Gesellschaftsgeschicke die Anteilseigner treffen.

Vorausgesetzt wird nach diesen Vorschriften generalklauselartig die objektive Verletzung irgendeiner Amtspflicht durch ein Aufsichtsratsmitglied.[377] Da der Aufsichtsrat ein Kollegialorgan ist, das regelmäßig durch Beschlüsse entscheidet und handelt, werden oft an einer Pflichtverletzung alle an dem entsprechenden Beschluß beteiligten Aufsichtsratsmitglieder teilhaben. Unter Umständen können bei Tätigwerden eines Ausschusses auch nur dessen Mitglieder in Anspruch genommen werden, wenn die letztliche Entscheidung nicht beim Plenum lag oder diesem entscheidungserhebliche Informationen vom Ausschuß vorenthalten wurden. Ein einzelnes Aufsichtsratsmitglied kann sich aber nicht schon dadurch der Haftung entziehen, daß es bei einem rechtswidrigen Aufsichtsratsbeschluß überstimmt wurde und sich auch an dessen Ausführung nicht beteiligt hat. Um in einem solchen Fall der drohenden Mithaftung entgegenzuwirken, muß das Einzelmitglied aktiv seine Bedenken gegen den Mehrheitsbeschluß äußern bzw. zumindest in angemessener Weise Einwände erheben, um ihn zu verhindern.[378] Diese Gegenmeinungen müssen zum Beweiszweck in das Sitzungsprotokoll aufgenommen werden.[379] Ein einzelnes Aufsichtsratsmitglied muß allerdings nicht so weit gehen, sein Amt niederzulegen, wenn es die Durchführung eines rechtswidrigen Beschlusses nicht verhindern konnte.[380] Ebenfalls möglich ist im übrigen die alleinige Haftung eines einzelnen Aufsichtsratsmitglieds, wobei hier zur Haftungsbegründung vor allem ein Verstoß gegen die jedes Mitglied persönlich treffenden Verschwiegenheits- oder Treuepflichten in Betracht kommt.[381]

Da es sich bei den Beschlüssen des Aufsichtsrats häufig um zukunftsorientierte Entscheidungen mit einer stark wirtschaftlich und geschäftspolitisch geprägten Ausrichtung handelt, muß den Aufsichtsratsmitgliedern hinsichtlich dieser unternehmerischen Entscheidungen jedoch ein gewisser Ermessensspielraum eingeräumt werden.[382] Inwieweit das eingeräumte Ermessen fehlerhaft ausgeübt wurde, muß dabei immer nach den Umständen des Einzelfalls beurteilt werden, so daß der konkrete Ermessensspielraum in seinem Ausmaß stark variieren und das Ermessen sogar auf Null reduziert sein kann.[383] Dieser Ermessensspielraum

---

377 Zu den die Mitglieder des Aufsichtsrats treffenden Pflichten ausführlich oben § 3 A).

378 *Fitting/Wlotzke/Wißmann*, § 25 Rdnr. 123; *Geßler*/Hefermehl/Eckardt/Kropff, § 116 Rdnr. 21; Kölner Kommentar/*Mertens*, § 116 Rdnr. 58.

379 *Lutter/Krieger*, Rdnr. 312; *Peltzer*, WM 1981, S. 352.

380 *Fitting/Wlotzke/Wißmann*, § 25 Rdnr. 123; a.A. *Peltzer*, WM 1981, S. 352.

381 Zu Verschwiegenheitspflicht oben § 3 C) III 2. b) bzw. § 4 C) II. 1. speziell für die Arbeitnehmervertreter; zur Treuepflicht oben § 3 C) III 2. c) bzw. § 4 C) II. 2.

382 BGHZ 135, 244, 251; *Kau/Kukat*, BB 2000, S. 1046; *Ulmer*, ZHR 163 (1999), S. 297; ausführlich zum Ermessen des Aufsichtsrats: *Dreher*, ZHR 158 (1994), S. 614 ff.

383 *Bastuck*, S. 69; *Dreher*, ZHR 158 (1994), S. 621 f.; zur Ermessensreduzierung auf Null:

stellt sich als Ausprägung des allgemeinen Verhaltensmaßstabs dar, dem die Aufsichtsratsmitglieder bei ihrer Amtsführung unterliegen, und ist auch notwendig, weil sonst das gesamte unternehmerische Risiko, das von Natur aus mit der Leitung eines Wirtschaftsunternehmens verbunden ist, auf die Verwaltungsorgane bzw. deren Mitglieder abgewälzt würde.[384] Er ist aber nur unter Einschränkungen gegeben, weil die dadurch garantierte Handlungsfreiheit mit der gesetzlichen Pflichtenbindung gegenüber dem Unternehmen, der die Aufsichtsratsmitglieder ebenfalls unterliegen, im Einklang stehen muß.[385]

§ 93 Abs. 1 AktG normiert in entsprechender Anwendung als Verschuldensmaßstab die Sorgfalt eines ordentlichen und gewissenhaften Aufsichtsratsmitglieds.[386] Das Verschulden wird nach § 93 Abs. 2 Satz 2 AktG vermutet, so daß es dem betroffenen Aufsichtsratsmitglied obliegt, sein fehlendes Verschulden darzulegen und zu beweisen.[387] Die Beweislastumkehr des § 93 Abs. 2 Satz 2 AktG erfaßt nicht nur den Verschuldensnachweis, sondern erstreckt sich auch auf die Rechtswidrigkeit der Schädigung.[388]Die Gesellschaft muß aber, anders als bei der Vorstandshaftung nach § 93 AktG, nicht nur den Sachverhalt vortragen, der auf ein pflichtwidriges Handeln des Aufsichtsratsmitglieds hindeutet, sondern darüber hinaus auch darlegen, wieso das einzelne Aufsichtsratsmitglied Anlaß gehabt hätte, zur Verhinderung eines Schadens einzugreifen.[389]

Der Gesellschaft muß durch das Verhalten des Aufsichtsratsmitglieds ein Schaden entstanden sein, wobei hier die allgemeinen Zurechnungsgrundsätze gelten.[390] Schutzzweck des § 93 AktG ist die Einhaltung der organschaftlichen Pflichten, die jedes Aufsichtsratsmitglied bei der Amtsausübung treffen. Eine Schadensverursachung durch rechtmäßiges Alternativverhalten kann daher nur berücksichtigt werden, wenn das Aufsichtsratsmitglied nachweisen kann, daß der Schaden auf jeden Fall eingetreten wäre.[391]

Bei dem geltend gemachten Schaden seitens des Unternehmens muß es sich um einen Vermögensschaden handeln, also um die Vermögensminderung, die sich im Vergleich zur hypothetischen Vermögensentwicklung der Gesellschaft bei ordnungsgemäßem Verhalten des oder der Aufsichtsratsmitglieder ergibt.[392]

BGHZ 135, 244, 251 ff.

[384] *Hopt*, FS Mestmäcker, S. 920; zum Verhaltensmaßstab oben § 3 A) I. 2.

[385] BGH NJW 1997, 1926; *Horn*, ZIP 1997, S. 1137.

[386] Zum Sorgfaltsmaßstab ausführlich unten § 6 C).

[387] *Hübner*, S. 13; *Lutter/Krieger*, Rdnr. 310.

[388] Kölner Kommentar/*Mertens*, § 93 Rdnr. 102.

[389] RGZ 161, 129, 134; Kölner Kommentar/*Mertens*, § 116 Rdnr. 59.

[390] Kölner Kommentar/*Mertens*, § 93 Rdnr. 23.

[391] Kölner Kommentar/*Mertens*, § 93 Rdnr. 23.

[392] Geßler/*Hefermehl*/Eckardt/Kropff, § 93 Rdnr. 28; Großkommentar AktG/*Hopt*, § 93 Rdnr.

Die Berechnung des Schadens erfolgt auf der Grundlage der §§ 249 ff. BGB, so daß nach § 252 Satz 1 BGB auch der entgangene Gewinn erfaßt wird.[393] Die konkrete Schadensberechnung ist allerdings insofern nicht ganz unproblematisch, als sich gerade die hypothetische Vermögensentwicklung ohne das schädigende Ereignis nur selten genau bestimmen lassen wird.[394]

Wegen des im Aufsichtsrat herrschenden Kollegialitätsprinzip werden regelmäßig mehrere Aufsichtsratsmitglieder für einen entstandenen Schaden haften. Sie sind dann nach § 93 Abs. 2 Satz 1 AktG untereinander Gesamtschuldner im Sinne von § 421 BGB und haften alle der Gesellschaft auf die volle Summe. Das gilt auch dann, wenn die Aufsichtsratsmitglieder neben Mitgliedern des Vorstands haften.[395] Nur für den Innenausgleich, der zu erfolgen hat, wenn einer der Anspruchspflichtigen die Gesellschaft befriedigt hat, kommt es auf das Ausmaß der Schadensverursachung und Schuld des einzelnen Aufsichtsratsmitglieds im Vergleich zu den anderen Gesamtschuldnern an.[396] Ist dieses Ausmaß nicht für alle Aufsichtsratsmitglieder gleich groß, so besteht abweichend von § 426 Abs. 1 BGB eine abgestufte Ausgleichspflicht, die sich in entsprechender Anwendung des § 254 BGB nach dem Grad des Verursachungsbeitrages und Verschuldens richtet.[397] Haften Aufsichtsratsmitglieder neben Vorstandsmitgliedern, ist für den Innenausgleich regelmäßig davon auszugehen, daß die Verantwortlichkeit der Aufsichtsratsmitglieder geringer ist als die der Vorstandsmitglieder, die für die Leitung des Unternehmens die Hauptverantwortung tragen.[398]

Regreßansprüche der Gesellschaft gegen ein Aufsichtsratsmitglied verjähren gemäß § 93 Abs. 6 AktG nach fünf Jahren.

2. Sondertatbestände

Neben der allgemeinen Amtshaftung kennt das Aktiengesetz noch weitere Sondertatbestände, die zu einer Haftung eines Aufsichtsratsmitglieds gegenüber der Gesellschaft führen können. Da diesen Anspruchsgrundlagen aber neben der

---

261; Kölner Kommentar/*Mertens*, § 93 Rdnr. 24.

[393] *Edenfeld/Neufang*, AG 1999, S. 56; Geßler/*Hefermehl*/Eckardt/Kropff, § 93 Rdnr. 28.

[394] Darüber hinaus muß nicht jede negative Vermögensentwicklung auf lange Sicht gesehen auch negativ für die Entwicklung der Gesellschaft sein. Daher wird z.T. eine „zweckwidrige" Vermögensminderung verlangt (Geßler/*Hefermehl*/Eckardt/Kropff, § 93 Rdnr. 28; Kölner Kommentar/*Mertens*, § 93 Rdnr. 23).

[395] *Potthoff/Trescher*, S. 332.

[396] BGHZ 59, 97, 103; *Geßler*/Hefermehl/Eckardt/Kropff, § 116 Rdnr. 25; *Hübner*, S. 13; Palandt/*Heinrichs*, § 426 Rdnr. 10; *Potthoff/Trescher*, S. 332.

[397] Geßler/*Hefermehl*/Eckardt/Kropff, § 93 Rdnr. 24.

[398] *Geßler*/Hefermehl/Eckardt/Kropff, § 116 Rdnr. 26.

allgemeinen Amtshaftung keine besondere Bedeutung zukommt, sollen sie hier nur kurz erwähnt werden.

Nach § 117 Abs. 2 haftet ein Aufsichtsratsmitglied gesamtschuldnerisch neben einem Dritten, wenn es sich von diesem zu einem Handeln zum Schaden der Gesellschaft (oder der Aktionäre) hat verleiten lassen und dadurch eine Amtspflicht verletzt hat. Dieser Anspruch ist neben den §§ 116, 93 Abs. 2 Satz 1 AktG anwendbar.[399]

Darüber hinaus gibt es die konzernrechtlichen Haftungstatbestände der §§ 310 und 318 Abs. 2 AktG, die eine Haftung des Aufsichtsrat eines beherrschten Unternehmens neben der Haftung der gesetzlichen Vertreter des herrschenden Unternehmens begründen.[400]

Diese Sondertatbestände erweitern allerdings nicht die schon bestehende Haftung nach den §§ 116, 93 Abs. 2 Satz 1 AktG. Ihre Bedeutung liegt vielmehr in der Erweiterung der drohenden gesamtschuldnerischen Haftung mit den anderen in diesen Vorschriften aufgeführten haftenden Personen sowie der Zulassung der Aktionärsklage in § 310 i.V.m. § 309 Abs. 4 AktG.[401]

3. Innenausgleich bei Eingreifen des § 31 BGB

Ansprüche der Gesellschaft gegen ein Aufsichtsratsmitglied können sich auch als interne Regreßansprüche im Hinblick auf § 31 BGB ergeben. Dabei handelt es sich allerdings nicht um einen originären Schadensersatzanspruch, sondern um einen reinen Ausgleichsanspruch. Da es jedoch dabei ebenfalls um einen Anspruch der Gesellschaft geht, der zumindest mittelbar auf einem schadensersatzauslösenden Verhalten eines Aufsichtsratsmitglieds beruht, soll dieser Anspruch hier im direkten Zusammenhang mit den unmittelbaren Ersatzansprüchen der Gesellschaft behandelt werden.

Nach der wegen § 40 BGB zwingenden Haftungszuweisung[402] des § 31 BGB haftet die Gesellschaft für ihre Aufsichtsratsmitglieder, soweit diese im Rahmen ihrer Amtsausübung einem außenstehenden Dritten gegenüber schadensersatzpflichtig sind.[403] Die Ersatzpflicht des schädigenden Aufsichtsratsmitglieds bleibt daneben bestehen.[404] Im Falle einer unerlaubten Handlung, die bei einer auf der Aufsichtsratstätigkeit beruhenden Ersatzpflicht des Aufsichtsratsmitglieds

---

[399] *Hüffer*, § 117 Rdnr. 10.

[400] Dazu *Emmerich/Sonnenschein*, S. 353; *Mutter*, S. 169; *Potthoff/Trescher*, S. 328.

[401] *Hübner*, S. 17; MünchKomm-AktG/*Altmeppen*, § 310 Rdnr. 1; *Potthoff/Trescher*, S. 329.

[402] Palandt/*Heinrichs*, § 31 Rdnr. 2; Soergel/*Hadding*, § 31 Rdnr. 1.

[403] *Bastuck*, S. 105; Kölner Kommentar/*Mertens*, § 93 Rdnr. 178; Staudinger/*Weick*, § 31 Rdnr. 38, nimmt eine analoge Anwendung an.

[404] BGH NJW 1996, 1535 für den insoweit gleich gelagerten Fall eines GmbH-Geschäftsführers; Palandt/*Heinrichs*, § 31 Rdnr. 13; Soergel/*Hadding*, § 31 Rdnr. 28.

regelmäßig gegeben ist,[405] sind dann Gesellschaft und Aufsichtsratsmitglied Gesamtschuldner nach § 840 Abs. 1 BGB.[406] Der Anspruchsinhaber kann also sowohl gegen das Aufsichtsratsmitglied als auch gegen die Gesellschaft vorgehen, was vor allem dann interessant ist, wenn (was häufig der Fall sein dürfte) die Gesellschaft zahlungskräftiger als das haftende Aufsichtsratsmitglied ist. Hat die Gesellschaft den Anspruch des Dritten befriedigt, kann sie im Innenverhältnis zum ersatzpflichtigen Aufsichtsratsmitglied in vollem Umfang Regreß nehmen, wenn das die Haftung begründende Verhalten des Organmitglieds auch dem Unternehmen gegenüber als sorgfaltswidrig angesehen werden muß,[407] was in den meisten Fällen zu bejahen sein dürfte. Ansatzpunkt dieses Regreßanspruchs ist die Möglichkeit der Aufsichtsratsmitglieder, für die Gesellschaft zu handeln.[408] Einen Entlastungsbeweis, wie ihn § 831 BGB vorsieht, kann das betroffene Unternehmen daher nicht führen.

II. Haftung gegenüber Dritten

Außer der Gesellschaft, der gegenüber die Aufsichtsratsmitglieder in erster Linie durch ihr Amt verpflichtet sind, kann es noch weitere Anspruchsberechtigte geben. Die möglichen Ansprüche solcher außerhalb der juristischen Person der Gesellschaft stehenden Personen richten sich wegen § 31 BGB regelmäßig zunächst gegen das Unternehmen selbst. Dennoch ist eine persönliche Inanspruchnahme der Aufsichtsratsmitglieder, die sogenannte „Außenhaftung“,[409] daneben möglich.[410] Diese Außenhaftung kann vor allem im Falle der Insolvenz des Unternehmens für den Anspruchsberechtigten von Bedeutung sein, der dann einen weiteren Schuldner hat, der seine Ansprüche befriedigen kann.[411]

1. Haftung gegenüber den Anteilseignern

Als Anspruchsberechtigte können in einigen Ausnahmefällen außer der Gesellschaft als juristischer Person auch direkt die Aktionäre in Betracht kommen.

---

[405] Zu den möglichen Anspruchsgrundlagen unten II.

[406] Soergel/*Hadding*, § 31 Rdnr. 28; Staudinger/*Weick*, § 31 Rdnr. 49.

[407] Kölner Kommentar/*Mertens*, § 93 Rdnr. 178; Staudinger/*Weick*, § 31 Rdnr. 49.

[408] BGHZ 98, 148, 151; Kölner Kommentar/*Mertens*, § 76 Rdnr. 72; Soergel/*Hadding*, § 31 Rdnr. 1.

[409] *Thümmel*, Rdnr. 17.

[410] *Hopt*, FS Mestmäcker, S. 913, sieht diese Außenhaftung als besonders problematisch an, weil es durch die persönliche Inanspruchnahme von Organmitgliedern zu einem Haftungsdurchgriff komme, der letztlich die Grundidee der juristischen Person, nämlich die Haftungsbegrenzung in Frage stelle.

[411] *Thümmel*, Rdnr. 18.

Für sie können die §§ 116, 93 Abs. 2 Satz 1 AktG aber aufgrund des eindeutigen Wortlauts des § 93 Abs. 2 Satz 1 AktG, wonach nur die Gesellschaft anspruchsberechtigt sein kann, nicht gelten. Die allgemeine Amtshaftung soll auf das Verhältnis zur Gesellschaft, in der das Aufsichtsratsmitglied ein Amt übernommen hat, beschränkt bleiben. Die Anteilseigner müssen sich insoweit grundsätzlich auf die Entschädigung beschränken, die sie mittelbar durch die Entschädigung der Gesellschaft über ihre Aktien erhalten.

Möglich sind allerdings direkte Ansprüche von Anteilseignern gegen Mitglieder des Aufsichtsrats aus unerlaubter Handlung, vor allem aus § 826 BGB sowie aus § 823 Abs. 2 BGB i.V.m. einem Schutzgesetz (z.B. §§ 263,[412] 266[413] StGB; §§ 399[414], 400 AktG[415]).[416] Kein Schutzgesetz zugunsten der Anteilseigner im Sinne von § 823 Abs. 2 BGB stellt hingegen § 93 AktG dar.[417] Umstritten sind Ansprüche aus § 823 Abs. 1 BGB wegen Verletzung des Mitgliedschaftsrechts der Anteilseigner. Grundsätzlich ist zwar anerkannt, daß das Mitgliedschaftsrecht, das die Anteilseigner innehaben, eine deliktsrechtlich geschützte Position darstellt.[418] Zum Teil wird aber bestritten, daß der Mitgliedschaftsschutz auch im Verhältnis zu Unternehmensleitern geschützt sei.[419] Die Mitgliedschaft gebe kein abstraktes Recht auf rechtmäßiges Verhalten der Unternehmensleiter.[420] Die Gegenansicht begründet die Anwendung des § 823 Abs. 1 BGB mit dem ansonsten unzureichenden Minderheitenschutz im Gesellschaftsrecht.[421] Dieses Argument kann vor dem Hintergrund der Änderungen zur Minderheitenklage im *KonTraG*, wonach in § 147 Abs. 3 AktG n.F. bereits eine Minderheit von 5 % die Prüfung angeblicher Ansprüche durch einen besonderen Vertreter verlangen kann,[422] jedenfalls für das Aktienrecht nicht mehr überzeugen. Ein individuelles Klagerecht

---

[412] BGHZ 57, 137 f.; *Mutter*, S. 167.

[413] BGHZ 8, 276; Geßler/*Hefermehl*/Eckardt/Kropff, § 93 Rdnr. 92; *Hopt*, FS Mestmäcker, S. 925; *Mutter*, S. 167.

[414] *Hopt*, FS Mestmäcker, S. 925; Kölner Kommentar/*Mertens*, § 93 Rdnr. 171.

[415] Geßler/*Hefermehl*/Eckardt/Kropff, § 93 Rdnr. 91; *Hübner*, S. 21.

[416] BGHZ 133, 370, 374; *Baums*, S. 229; *Hopt*, FS Mestmäcker, S. 925; Kölner Kommentar/*Mertens*, § 93 Rdnr. 170; *Potthoff/Trescher*, S. 333.

[417] BGH AG 1979, 263; Geßler/*Hefermehl*/Eckardt/Kropff, § 93 Rdnr. 90; *Hopt*, FS Mestmäcker, S. 925; *Hübner*, S. 21; Kölner Kommentar/*Mertens*, § 93 Rdnr. 169. Das gilt in der GmbH für § 43 GmbHG entsprechend (Baumbach/Hueck-*Zöllner*, § 43 Rdnr. 61).

[418] RGZ 158, 248, 255; BGHZ 83, 122, 133; *Bayer*, NJW 2000, S. 2611; *Hübner*, S. 20; Kölner Kommentar/*Mertens*, § 93 Rdnr. 173.

[419] Geßler/*Hefermehl*/Eckardt/Kropff, § 93 Rdnr. 94; MünchAG/*Wiesner*, § 26 Rdnr. 29; a.A. *Baums*, S. 226.

[420] Baumbach/Hueck-*Zöllner*, § 43 Rdnr. 2a; MünchAG/*Wiesner*, § 26 Rdnr. 29.

[421] MünchKomm-BGB/*Mertens*, § 823 Rdnr. 152.

[422] Ausführlich dazu unten B) I. 1. b).

wegen Verletzung von Mitgliedschaftsrechten würde jedem einzelnen Anteilseigner ein übermäßiges Kontrollrecht gegenüber dem Handeln der Unternehmensorgane gewähren, das in einer derartigen Form vom Gesetz gar nicht vorgesehen ist und den Aktionären, die gerade nicht letzte Kontrollinstanz sein sollen, auch gar nicht zusteht. Dem Aktionär kann in erster Linie an einem Ausgleich von Vermögenseinbußen gelegen sein, die er durch das Verhalten eines oder mehrerer Aufsichtsratsmitglieder erlitten hat. Gerade das Vermögen ist jedoch über § 823 Abs. 1 BGB nicht geschützt.[423]

Darüber hinaus kommt eine direkte Haftung gegenüber einem Aktionär nur im Falle des § 117 Abs. 2 AktG sowie des § 318 Abs. 2 i.V.m. § 317 Abs. 1 Satz 2 AktG in Betracht.

Ersetzt werden kann dem Anteilseigner in jedem Fall aber nur der über den sogenannten Reflexschaden, d.h. den durch die Schädigung der Gesellschaft bedingten Wertverlust der Aktie, hinausgehende Schaden.[424] Damit soll der Anspruch der Gesellschaft gesichert und die Durchsetzung des Gesellschaftsschadens vor zusätzlicher Erschwernis geschützt werden.[425] Hinsichtlich des Schadens, der direkt bei der Gesellschaft entstanden ist, kann der Aktionär nur Erstattung des gesamten Schadens an die Gesellschaft selbst verlangen.[426] Mit Befriedigung der Gesellschaft ist dann gleichzeitig sein aus der Gesellschaftsschädigung herrührender Schaden ausgeglichen.[427]

2. Haftung gegenüber Gesellschaftsgläubigern

Gläubiger der Gesellschaft können grundsätzlich nur Ansprüche aus unerlaubter Handlung gegen ein Aufsichtsratsmitglied geltend machen, wenn dieses ein zu ihren Gunsten bestehendes Schutzgesetz im Sinne von § 823 Abs. 2 BGB verletzt hat oder von einer sittenwidrigen Gläubigerbenachteiligung ausgegangen werden kann. Darüber hinausgehende unmittelbare Ansprüche gibt es nicht.[428]

Es besteht jedoch ein Verfolgungsrecht für Gesellschaftsgläubiger aus § 93 Abs. 5 AktG sowie aus den §§ 117 Abs. 5, 309 Abs. 4 Satz 3, 317 Abs. 4 AktG. Danach können Gläubiger der Gesellschaft bestimmte Ansprüche, die der Gesellschaft aus innenhaftungsrechtlichen Tatbeständen gegen ein Aufsichtsratsmitglied

---

[423] Palandt/*Thomas*, § 823 Rdnr. 31.

[424] *Baums*, S. 223; *Bayer*, NJW 2000, S. 2611; *Hopt*, FS Mestmäcker, S. 925; *Hüffer*, § 117 Rdnr. 9.

[425] BGHZ 94, 55, 58; 105, 121, 130; LG Düsseldorf AG 1991, 71.

[426] Geßler/*Hefermehl*/Eckardt/Kropff, § 93 Rdnr. 97; *Hopt*, FS Mestmäcker, S. 925; *Hübner*, S. 19; Kölner Kommentar/*Mertens*, § 93 Rdnr. 170; *Potthoff/Trescher*, S. 333.

[427] BGH NJW 1985, 1900; BGH NJW 1987, 1077; Geßler/*Hefermehl*/Eckardt/Kropff, § 93 Rdnr. 97; *Hüffer*, § 93 Rdnr. 19; *Kowalski*, S. 48; *Wiedemann*, S. 51.

[428] *Potthoff/Trescher*, S. 334.

zustehen, selbst gegenüber dem Aufsichtsratsmitglied bis zur Höhe ihrer eigenen Forderung gegen die Gesellschaft geltend machen, wenn die Gesellschaft ansonsten nicht zur Befriedigung der Gläubiger in der Lage ist. Das in Anspruch genommene Aufsichtsratsmitglied kann trotzdem mit befreiender Wirkung auch gegenüber dem Gesellschaftsgläubiger an die Gesellschaft leisten.[429] Will der Gesellschaftsgläubiger das verhindern, muß er zusätzlich den Anspruch der Gesellschaft gegen das Aufsichtsratsmitglied pfänden lassen.[430] Die dogmatische Einordnung des Verfolgungsrechts ist umstritten. Richtigerweise wird es überwiegend als gesetzliche Prozeßstandschaft angesehen.[431] Nach anderer Ansicht handelt es sich um eine gesetzlich angeordnete Anspruchsvermehrung, die einen eigenen Anspruch des Gläubigers begründet.[432]

B) Sanktionen und ihre Durchsetzungsmöglichkeiten

Pflichtverletzungen durch ein Aufsichtsratsmitglied sowie Probleme oder Unregelmäßigkeiten in der Amtsführung verlangen nach Sanktionen gegen die betreffende Person. Dabei kommt den Sanktionen nicht nur eine Kompensationsfunktion zu, sondern sie sollen aufgrund von Abschreckungswirkungen darüber hinaus der Prävention dienen. Bei konkreten Pflichtverletzungen, aufgrund derer ein Schaden entstanden ist, besteht die vorrangige Sanktion darin, die materiellrechtlichen Regreßansprüche tatsächlich geltend zu machen und durchzusetzen. Darüber hinaus sind noch weitere Sanktionen möglich,[433] die entweder neben der Inanspruchnahme zur Anwendung kommen können oder auch anderes Fehlverhalten der Aufsichtsratsmitglieder, das keine Schadensersatzpflicht auslöst, sanktionieren.

I. Durchsetzung von Schadensersatzansprüchen

Wenn man die Voraussetzungen einer materiell-rechtlichen Anspruchsgrundlage gegen ein Aufsichtsratsmitglied, aufgrund derer es zum Schadensersatz verpflichtet ist, bejaht, stellt sich weitergehend die entscheidende Frage, ob und wie die bestehenden Ansprüche durchgesetzt werden können. Denn das bloße Bestehen eines materiell-rechtlichen Schadensersatzanspruches, der aber faktisch nicht durchzusetzen ist, kann keinerlei abschreckende Präventivwirkung auf die

---

[429] Kölner Kommentar/*Mertens*, § 93 Rdnr. 141.

[430] Geßler/*Hefermehl*/Eckardt/Kropff, § 93 Rdnr. 73.

[431] BGH WM 1979, 878, 880; OLG Frankfurt AG 1977, 78; Geßler/*Hefermehl*/Eckardt/Kropff, § 93 Rdnr. 68; *Godin/Wilhelmi*, § 93 Anm. 28; *Hübner*, S. 24.

[432] *Hopt*, FS Mestmäcker, S. 926; *Hüffer*, § 93 Rdnr. 32; Kölner Kommentar/*Mertens*, § 93 Rdnr. 142; *Thümmel*, Rdnr. 266.

[433] Dazu unten II.

Aufsichtsratsmitglieder haben, die sie zu besonderer Sorgfalt bei der Wahrnehmung ihrer Amtsaufgaben veranlassen würde.[434] Zudem muß auch für den Fall, daß doch ein Schaden eingetreten ist, die Kompensation durch den Schädiger möglich und vor allem durchsetzbar sein.

1. Ersatzansprüche der Gesellschaft

Die größte Bedeutung im Bereich der Regreßansprüche kommt, wie bereits dargelegt, den Ersatzansprüchen der Gesellschaft, vor allem dem Anspruch nach den §§ 116, 93 Abs. 2 Satz 1 AktG zu. Ein Verzicht auf einen danach entstandenen Schadensersatzanspruch oder ein entsprechender Vergleich ist nach § 93 Abs. 4 Satz 3 AktG bei Kapitalgesellschaften mit obligatorischen Aufsichtsräten, wie es bei mitbestimmten Unternehmen der Fall ist, grundsätzlich erst nach drei Jahren möglich und nur dann, wenn die Hauptversammlung zustimmt und nicht eine Minderheit von 10 % des Grundkapitals widerspricht.

Bisher ist es in der Praxis nur selten zur Durchsetzung von Schadensersatzansprüchen der Gesellschaft gekommen, was nicht an den materiell-rechtlichen Voraussetzungen scheiterte, die eher einen strengen Haftungsmaßstab anlegen,[435] sondern vielmehr an den hohen Hürden, die das Aktiengesetz für das Geltendmachen dieser Ansprüche aufgestellt hat.[436] Mit der Aktienrechtsreform durch das *KonTraG* wurden diese Anforderungen niedriger angesetzt, so daß zwar nicht die materiell-rechtliche Haftung verschärft, wohl aber ihre Durchsetzung erleichtert wurde.

a) Durchsetzung durch den Vorstand

Der Regreßanspruch der Gesellschaft muß im Aktienrecht normalerweise vom Vorstand, der nach § 78 Abs. 1 AktG gesetzlicher Vertreter der Gesellschaft ist, gegenüber den betroffenen Aufsichtsratsmitgliedern geltend gemacht werden.[437] Hier ergibt sich aber schon das erste Problem. Denn regelmäßig wird ein Pflichtverstoß seitens der Aufsichtsratsmitglieder mit einem entsprechenden Pflichtverstoß des Vorstands korrespondieren, etwa in dem Fall, daß der Aufsichtsrat im Rahmen seiner Überwachungspflicht ein Fehlverhalten des Vorstands übersehen oder gebilligt hat. Der Vorstand müßte daher in vielen Fällen, wenn er

---

[434] Amtl. Begr. zum KonTraG, BT-Drs. 13/9712, S. 21; *Zimmer*, NJW 1998, S. 3526.

[435] *Trescher*, DB 1995, S. 661; *Zimmer*, NJW 1998, S. 3526; zu den materiell-rechtlichen Voraussetzungen oben A) I.

[436] Amtl. Begr. zum KonTraG, BT-Drs. 13/9712, S. 21; *Zimmer*, NJW 1998, S. 3526.

[437] Dagegen entscheidet in der GmbH nach § 46 Ziff. 8 GmbHG von vornherein die Gesellschafterversammlung, ob eventuelle Regreßansprüche überhaupt und von wem sie geltend gemacht werden sollen.

Regreßansprüche gegen ein Aufsichtsratsmitglied geltend macht, gleichzeitig einen Pflichtverstoß durch sich selbst und damit seine eigene Regreßpflicht nach § 93 Abs. 2 Satz 1 AktG darlegen.[438] Dem Vorstand kann daher aus eigenem Interesse regelmäßig nicht daran gelegen sein, Mitglieder des Aufsichtsrats auf Schadensersatz wegen Pflichtverletzung in Anspruch zu nehmen. Darüber hinaus sind regelmäßig auch persönliche Bindungen der Vorstands- und Aufsichtsratsmitglieder untereinander ein tatsächlicher - wenn auch nicht rechtlicher - Hinderungsgrund, der einer Klage im Wege steht.[439] Selbst wenn man annimmt, der Vorstand sei im Regreßfall verpflichtet, den Aufsichtsrat bzw. seine einzelnen Mitglieder zu verklagen, wie es für den umgekehrten Fall (Klage durch den Aufsichtsrat bei Pflichtverletzung durch den Vorstand) bejaht wird,[440] führt das insofern nicht weiter, als es wiederum in den Aufgabenbereich des zu verklagenden Aufsichtsrats fiele, die Umsetzung dieser Verpflichtung durch den Vorstand zu überwachen.[441] Daß vom Vorstand eine Klage gegen regreßpflichtige Aufsichtsratsmitglieder angestrebt wird, kommt also wohl nur in solchen Fällen in Betracht, in denen die an der Pflichtverletzung beteiligten Vorstandsmitglieder zwischenzeitlich abgelöst worden sind.[442]

b) Durchsetzung durch die Hauptversammlung

Das Aktiengesetz gibt daher in § 147 den Aktionären unter bestimmten Umständen die Möglichkeit, eine Klage gegen Aufsichtsratsmitglieder zu erzwingen, wobei die Vorschrift kein eigenes Klagerecht der Aktionäre darstellt, sondern ihnen lediglich ein Initiativrecht zuspricht.[443] § 147 Abs. 1 AktG sieht zwei verschiedene Möglichkeiten vor, um ein Geltendmachen von Regreßansprüchen zu erreichen. Zum einen kann die Hauptversammlung mit einfacher Stimmenmehrheit die Geltendmachung beschließen. Aber auch hier ergibt sich wieder das Problem der persönlichen Beziehung von Großaktionären untereinander und direkt zum Aufsichtsrat, in dem unter Umständen sogar ihre eigene Vertreter sitzen, die von einer Klage betroffen wären. Diese persönlichen Verflechtungen, die in der Regel auch mit einer gegenseitigen Rücksichtnahme verbunden sind, werden oft einen Beschluß der Hauptversammlung zur Klageerzwingung verhindern. Zum anderen kann eine Aktionärsminderheit von 10 % unter den Voraussetzungen von

---

[438] *Potthoff/Trescher*, S. 330.

[439] Zu dieser gesamten Situation *Baums*, S. 242 f.; *Bayer*, NJW 2000, S. 2614 f.; *Hüffer*, § 147 Rdnr. 1; *Trescher*, DB 1995, S. 661.

[440] BGHZ 135, 244; LG Düsseldorf AG 1994, 328.

[441] *Trescher*, DB 1995, S. 661.

[442] *Potthoff/Trescher*, S. 330; zu pauschal daher *Kau/Kukat*, BB 2000, S. 1049.

[443] *Trescher*, DB 1995, S. 661. Das GmbH-Gesetz sieht kein solches Initiativrecht für Minderheiten vor.

Satz 2 die Durchsetzung verlangen. In beiden Fällen kann nach den Vorgaben des § 147 Abs. 2 AktG ein besonderer Vertreter bestellt werden, der die Ersatzansprüche der Gesellschaft geltend macht.

Neu eingeführt worden durch das *KonTraG* ist § 147 Abs. 3 AktG n.F., wonach bei dem dringenden Verdacht grober Pflichtverletzungen bereits einem Aktionärsquorum von 5 % oder einem Anteil von 500 000 Euro die Möglichkeit eingeräumt wird, einen besonderen Vertreter vom Gericht bestellen zu lassen, der den Ersatzanspruch gegen ein Aufsichtsratsmitglied geltend zu machen hat, wenn nach seiner pflichtgemäßen Beurteilung die Rechtsverfolgung hinreichende Erfolgsaussichten hat. Der besondere Vertreter ist also zur selbständigen Prüfung der Erfolgsaussichten verpflichtet, wobei er in seinem weiteren Vorgehen nicht gebunden ist, d.h. möglich sind auch etwa Teilklagen oder Prozeßvergleiche bei ungewissem Ausgang des Verfahrens.[444] Die Einschaltung des besonderen Vertreters soll das Interesse der Aktionärsmehrheit anerkennen, nicht jede Pflichtverletzung ohne Rücksicht auf schadhafte Auswirkungen auf die Gesellschaft verfolgen zu müssen.[445] Denn die qualifizierte Minderheit hat zwar einen Anspruch auf seine Bestellung, nicht aber auf die unbedingte Verfolgung angeblicher Ansprüche.[446] Darüber hinaus ist das Risiko hinsichtlich der Prozeßkosten leicht zugunsten der Aktionärsminderheit verschoben worden, weil nach § 147 Abs. 4 Satz 1 AktG bei teilweisem Unterliegen zunächst das aufgrund der Klage Erlangte zur Tilgung dient und nur darüber hinausgehende Kosten die Aktionärsminderheit treffen. Inwieweit diese Neuregelungen tatsächlich zu einer verstärkten Inanspruchnahme von Aufsichtsratsmitgliedern führen werden, muß sich erst noch zeigen.[447]

Ausgeschlossen ist hingegen grundsätzlich eine Aktionärsklage als *actio pro socio*, die den Aktionären ein eigenes Klagerecht hinsichtlich der der Gesellschaft zustehenden Ansprüche gewähren würde.[448] Die Aktionäre sind hinsichtlich der der Gesellschaft zustehenden Ansprüche auf die Möglichkeiten des § 147 AktG beschränkt. Eine Ausnahme bilden insoweit die §§ 318 und 310 jeweils

---

[444] *Hüffer*, § 147 Rdnr. 9a.

[445] Amtl. Begr. zum KonTraG, BT-Drs. 13/9712, S. 21; *Zimmer*, NJW 1998, S. 3527.

[446] *Hommelhoff/Mattheus*, AG 1998, S. 259; *Hüffer*, § 147 Rdnr. 9a.

[447] Kritisch zu den Neuregelungen *Ulmer*, ZHR 163 (1999), S. 292 f.; *Zimmer*, NJW 1998, S. 3527.

[448] *Bayer*, NJW 2000, S. 2613; *Hüffer*, § 147 Rdnr. 5; *Kallmeyer*, AG 1997, S. 108; *Potthoff/Trescher*, S. 331; *Wiedemann*, S. 49; *Zimmer*, NJW 1998, S. 3527. Dagegen ist in der GmbH unter bestimmten Umständen eine actio pro socio zulässig, wenn die Gesellschafterversammlung die Ansprüche nicht geltend machen will oder ein Antrag in der Gesellschafterversammlung für den betroffenen Gesellschafter ein unzumutbarer Umweg wäre (BGHZ 65, 15, 21; BGH WM 1982, 928 f.).

i.V.m. § 309 Abs. 4 Satz 1 AktG, wonach die Aktionäre die Ansprüche der Gesellschaft im Wege der Prozeßstandschaft[449] geltend machen können.

c) Durchsetzung durch den Insolvenzverwalter

In der Praxis häufiger sind allerdings Regreßklagen durch Insolvenzverwalter,[450] die im Insolvenzverfahren die Position des Vorstands einnehmen und dementsprechende Handlungsmöglichkeiten haben. Sie brauchen zum einen keine persönlichen Rücksichten zu nehmen und müssen sich zum anderen darüber hinaus selbst vor einer Haftung aus § 60 InsO wegen schuldhafter Pflichtverletzung schützen, die bei einem unbegründeten Nichtverfolgen von Regreßansprüchen zu bejahen wäre.[451]

2. Ersatzansprüche Dritter

Außer der Gesellschaft können unter Umständen auch außenstehende Dritte, d.h. Aktionäre oder Gesellschaftsgläubiger, Regreßansprüche gegen Aufsichtsratsmitglieder wegen ihrer Tätigkeit im Aufsichtsrat geltend machen. Diese Personen werden bei der Durchsetzung ihrer Ansprüche normalerweise nicht für die bestellende Gesellschaft, sondern auf eigene Rechnung tätig. Dennoch handelt es sich bei den geltend gemachten Ansprüchen zum Teil um solche, die ursprünglich der Gesellschaft zustanden und deren Geltendmachung daher aktienrechtlichen Sonderregelungen unterliegt.

a) Aktionärsklage

Für die speziellen Schadensersatzansprüche der §§ 117 Abs. 2 und 318 Abs. 2 i.V.m. 317 AktG[452] sieht das Aktiengesetz die Möglichkeit der Aktionärsklage[453] aus eigenem Recht vor.

Zudem wird für den Sonderfall des § 310 sowie des § 318 Abs. 2, auf die § 309 Abs. 4 Satz 1 AktG entsprechend anzuwenden ist, die Aktionärsklage als *actio pro socio* zugelassen. In diesem Fall macht der Aktionär aber keinen eigenen Anspruch geltend, sondern setzt nur den originär der Gesellschaft zustehen-

---

[449] *Hüffer*, § 309 Rdnr. 21; MünchKomm-AktG/*Altmeppen*, § 309 Rdnr. 122; *Bayer*, NJW 2000, S. 2619, und *Ulmer*, ZHR 163 (1999), S. 318 regen die Einführung einer Aktionärsklage im Wege einer gesetzlichen Prozeßstandschaft auch für die allgemeine Amtshaftung an.

[450] *Hopt*, FS Mestmäcker, S. 923, formuliert sehr treffend: „Der Ernstfall ist immer die Insolvenz."

[451] *Peltzer*, WM 1981, S. 349; *Potthoff/Trescher*, S. 330.

[452] Dazu oben A) II. 1.

[453] Ausführlich zur Aktionärsklage: *Baums*, S. 1 ff.

den Anspruch durch, wobei er auch nur Leistung an die Gesellschaft und nicht an sich selbst verlangen kann.[454]

Für die darüber hinaus noch möglichen Ansprüche aus unerlaubter Handlung gelten keine zusätzlichen besonderen Voraussetzungen, die den Aktionär als Ersatzorgan in das Gesellschaftsgefüge einbinden oder die eine bestimmte Dauer oder einen Zeitpunkt für den Aktienbesitz festschreiben würden.[455] Diese Ansprüche richten sich nach den allgemeinen Regeln. Geltend gemacht werden können insoweit allerdings nur eigene Ansprüche des Aktionärs.

b) Klagen von Gesellschaftsgläubigern

Für Klagen von Gesellschaftsgläubigern aus unerlaubter Handlung[456] gelten grundsätzlich keine Besonderheiten.

Regelmäßig werden die Gesellschaftsgläubiger aber keine eigenen Ansprüche geltend machen, sondern solche, die ursprünglich der Gesellschaft zustanden und die entweder von ihnen gepfändet worden sind oder an denen ihnen ein gesetzliches Verfolgungsrecht zusteht.

II. Weitere Sanktionen

Grundsätzlich bieten sich außer dem Geltendmachen von Schadensersatzansprüchen noch weitere Sanktionen an, die möglicherweise zwar nicht so einschneidend sind, sich dafür aber leichter umsetzen lassen. Diese Sanktionen können je nach Situation allein, anstatt einer Schadensersatzklage oder zusätzlich neben dieser durchgeführt werden.

1. Verweigerung der Entlastung

Eine Sanktionsmöglichkeit bietet die Verweigerung der Entlastung durch die Hauptversammlung. Mit der Entlastung, die grundsätzlich für alle Aufsichtsratsmitglieder en bloc ausgesprochen wird, erklärt die Hauptversammlung, daß sie die Tätigkeit des Aufsichtsratsmitglieds im Berichts- und Abrechnungszeitraum billigt.[457] Die Entlastung kann sich nur auf das beziehen, was den Anteilseignern aufgrund der gesellschaftsrechtlichen Berichtspflichten vorgelegen hat, und erfolgt regelmäßig im Rahmen der jährlichen Hauptversammlung. Unmittelbare rechtliche Auswirkungen hat die Verweigerung der Entlastung indes nicht. Nach der herrschenden Meinung kann in der Entlastung zwar ein Verzicht auf

---

[454] *Hüffer*, § 309 Rdnr. 21; MünchKomm-AktG/*Altmeppen*, § 309 Rdnr. 121.

[455] *Wiedemann*, S. 48.

[456] Dazu oben A) II. 2.

[457] *Potthoff/Trescher*, S. 336.

eventuelle Regreßansprüche gesehen werden. Dem steht aber bei mitbestimmten Kapitalgesellschaften mit obligatorischem Aufsichtsrat die dreijährige Karenzzeit des § 93 Abs. 4 Satz 3 AktG entgegen, die einen Verzicht auf Ansprüche aus dem abgelaufenen Geschäftsjahr bzw. dem damit zusammenhängenden Berichtszeitraum ausschließt.[458] Selbst nach Ablauf dieser Karenzzeit ist die Umdeutung gleichwohl ausgeschlossen, weil hier nach § 120 Abs. 2 AktG bzw. § 36 VAG mit der Entlastung lediglich die Verwaltung des Aufsichtsrats gebilligt wird, ohne einen Verzicht auf Ersatzansprüche zu enthalten.

2. Abberufung durch den Wähler

Als weitere Sanktion besteht die Möglichkeit, Aufsichtsratsmitglieder durch den Wahlkörper, der sie entsandt hat, abberufen zu lassen. Die Abberufung kann jederzeit und auch ohne Vorliegen eines wichtigen Grundes erfolgen.[459]

3. Gerichtliche Abberufung aus wichtigem Grund

Zudem kann jedes Aufsichtsratsmitglied eines obligatorischen Aufsichtsrats nach § 103 Abs. 3 AktG durch das zuständige Gericht aus wichtigem Grund abberufen werden. Ein wichtiger Grund liegt vor, wenn das Verbleiben im Amt für die Gesellschaft unzumutbar ist.[460] Das kann der Fall sein bei groben Pflichtverstößen oder der schlichten Unfähigkeit, sein Amt ordnungsgemäß auszuüben.[461] Unter Umständen kann auch eine Interessenkollision eine Abberufung rechtfertigen.[462] Antragsberechtigt ist nach § 103 Abs. 3 AktG der Aufsichtsrat selbst, bei entsandten Mitgliedern auch eine Minderheit von 10 % des Grundkapitals oder einem Aktiennennbetrag von 1 Mio. Euro.

4. Bestellung von Sonderprüfern

Die Aktionäre können nach den §§ 142 ff. AktG Sonderprüfer bestellen, um Vorgänge bei der Geschäftsführung, zu der auch die Aufsichtsratstätigkeit gehört, prüfen zu lassen. Eine solche Maßnahme kommt vor allem dann in Be-

---

458 § 93 Abs. 4 Satz 3 AktG ist auf andere Kapitalgesellschaften als die AG nach §§ 77 Abs. 1 BetrVG, 25 MitbestG anwendbar.

459 Die Abberufung der Arbeitnehmervertreter erfolgt nach § 23 MitbestG bzw. § 11 MontanMG bzw. § 76 Abs. 5 BetrVG 1952.

460 BGHZ 39, 116, 123; LG Frankfurt NJW 1987, 505 f.; *Lutter/Krieger*, Rdnr. 316; MünchAG/*Hoffmann-Becking*, § 30 Rdnr. 56.

461 OLG Hamburg DB 1990, 415; *Geßler*/Hefermehl/Eckardt/Kropff, § 103 Rdnr. 38; *Lutter/Krieger*, Rdnr. 316; *Potthoff/Trescher*, S. 338.

462 *Lutter/Krieger*, Rdnr. 316; *Potthoff/Trescher*, S. 338.

tracht, wenn es Zweifel an der Ordnungsmäßigkeit der Amtsführung gibt und geklärt werden soll, ob die Voraussetzungen für Schadensersatzansprüche oder andere Sanktionen bestehen. Damit stellt die Bestellung eines Sonderprüfers keine selbständige Sanktion dar, sondern dient lediglich zur Aufklärung von Sachverhalten und zur Vorbereitung möglicher Sanktionen.

5. Straf- und bußgeldrechtliche Sanktionen

Bei besonders schwerwiegenden Verletzungen von Amtspflichten drohen zudem strafrechtliche Sanktionen, wobei etliche Sonderstrafgesetze außerhalb des StGB Anwendung finden.[463] Bußgeldregelungen finden sich in § 405 AktG und § 144 VAG.

C) Versicherbarkeit von Haftpflichtfällen

Die materiell-rechtlichen Anforderungen an einen Schadensersatzanspruch wegen einer Pflichtverletzung durch Aufsichtsratsmitglieder sind verhältnismäßig gering, die Schadenshöhe hingegen wird oft sehr hoch sein. Damit ist ein nicht unerhebliches Haftungsrisiko gegeben, zumal vor allem bei den Aktionären die Bereitschaft zu wachsen scheint, Aufsichtsräte wie Vorstände für Pflichtverletzungen finanziell zur Verantwortung zu ziehen.[464] Dieses Risiko kann durch eine entsprechende Organhaftpflichtversicherung abgesichert werden. Dafür gibt es die sogenannte „Directors' & Officers'"-Versicherung (meist einfach D&O-Versicherung genannt). [465] Diese spezielle Organhaftpflichtversicherung, die vor allem im amerikanischen Raum allgemein üblich ist und sich in Deutschland erst in den letzten Jahren verbreitet hat, kann zur Abdeckung des Haftungsrisikos aus Amtspflichtverletzungen für die Mitglieder der leitenden Unternehmensorgane, in der Aktiengesellschaft also Vorstand und Aufsichtsrat,[466] abgeschlossen werden.

Versicherungsnehmer ist bei den angebotenen Policen regelmäßig das Unternehmen, das die Versicherung zugunsten seiner Organe bzw. deren Mitglieder abschließt und auch die Prämien übernimmt.[467] Bei der Übernahme der Versicherungsprämien durch die Gesellschaft handelt es sich nach ganz herrschender Meinung um eine Vergütung der Aufsichtsratstätigkeit, so daß die Übernahme nach § 113 Abs. 1 Satz 2 AktG durch Satzung festgesetzt oder von der Hauptversamm-

---

[463] Etwa § 331 Ziff. 1, 2 HGB, §§ 399, 400 AktG.

[464] So auch *Ihlas*, S. 310; *Kästner*, AG 2000, S. 114; *Thümmel*, Rdnr. 339.

[465] Ausführlich zur D&O-Versicherung: *Ihlas*, Organhaftung; *Kästner*, AG 2000, S. 113 ff.

[466] Leitende Angestellte sind hingegen nicht mit eingeschlossen, weil ihnen die arbeitsrechtlichen Haftungsprivilegien zustehen (*Thümmel*, Rdnr 350).

[467] *Kästner*, AG 2000, S. 114; *Thümmel*, Rdnr. 348.

lung bewilligt werden muß.[468] Der Abschluß des Versicherungsvertrages durch die Gesellschaft stellt hingegen keine Haftungsfreistellung oder einen Anspruchsverzicht im Sinne von § 93 Abs. 4 Satz 3 AktG dar.[469] Versichert sind regelmäßig sowohl die Innen- als auch die Außenhaftungsfälle.[470] Die Innenhaftung ist allerdings nicht immer in vollem Umfang abgedeckt.[471] Denn hier wird die Mißbrauchsgefahr durch ein kollusives Zusammenwirken zwischen Unternehmen und Organ zu Lasten der Versicherung als besonders hoch angesehen, was in erster Linie mit den verhältnismäßig niedrigen Tatbestandsanforderungen an die allgemeine Amtshaftung und vor allem mit der Beweislastumkehr des § 93 Abs. 2 Satz 2 AktG zusammenhängt.[472]

Der Abschluß einer speziellen Haftpflichtversicherung für die leitenden Organe eines Unternehmens bietet beiden Seiten Vorteile. Das Unternehmen kann sich mit der Versicherung von dem Insolvenzrisiko befreien, das angesichts der zu erwartenden Schadenshöhe häufig auf Seiten der Organmitglieder gegeben sein dürfte. Die Organmitglieder ihrerseits sind gegen eine ruinöse persönliche Inanspruchnahme abgesichert und müssen nicht befürchten, durch die Mandatsübernahme ihr persönliches Vermögen in Gefahr zu bringen.[473] An dem Abschluß einer solchen Versicherung sollte daher jeder Kapitalgesellschaft gelegen sein.

---

[468] *Lutter/Krieger*, Rdnr. 313; *Potthoff/Trescher*, S. 335; a.A. *Mertens*, AG 2000, S. 452; *Vetter*, AG 2000, S. 457.

[469] *Ihlas*, S. 60; *Kästner*, AG 2000, S. 118 ff.; Kölner Kommentar/*Mertens*, § 84 Rdnr. 83; *Thümmel*, Rdnr. 348; *Vetter*, AG 2000, S. 458; a.A. allein *Habetha*, S. 184, der die Finanzierung durch die Gesellschaft als unzulässig ansieht, weil sie einem Verzicht nach § 93 Abs. 4 Satz 3 AktG gleichkomme.

[470] *Kästner*, AG 2000, S. 115; *Mertens*, AG 2000, S. 448.

[471] In diesem Zusammenhang wird auch Kritik an der sog. Öffnungsklausel (Ziff. 1. 3 der Musterbedingungen des Gesamtverbandes der deutsche Versicherungswirtschaft e.V.) geübt, nach der Innenhaftungsansprüche nur gedeckt sind, deren Geltendmachung mit Beteiligung der Hauptversammlung erfolgte. *Kästner*, AG 2000, S. 121 sieht darin einen Eingriff in die Leitungsmacht des Vorstands. Bei Ansprüchen gegen den Vorstand würde die Klausel vom Aufsichtsrat im Widerspruch zur „ARAG/Garmenbeck"-Entscheidung (BGHZ 135, 244) verlangen, einen Beschluß der Hauptversammlung zur Verfolgung bestehender Ansprüche abzuwarten und damit selbst einen Pflichtverstoß zu begehen, um den Versicherungsschutz zu erhalten (S. 120).

[472] *Kästner*, AG 2000, S. 115; *Thümmel/Sparberg*, DB 1995, S. 1018.

[473] *Ihlas*, S. 326, verweist darauf, daß dennoch nicht mit zunehmender Nachlässigkeit bei der Amtsausübung zu rechnen sei. Vielmehr hätten die Erfahrungen in anderen Bereichen wie der Produkt-, Arzt- oder sonstigen Haftpflicht gezeigt, daß diese Versicherungen eher zu einer Erhöhungen der anzulegenden Verhaltensmaßstäbe geführt hätten. Ebenso *Baums*, S. 237.

§ 6 Einschränkung der Haftung für Arbeitnehmervertreter

Die vorhergehenden Überlegungen haben gezeigt, daß von der rechtlichen Wertung her grundsätzlich alle Aufsichtsratsmitglieder gleich zu behandeln sind.[474] Dementsprechend ist im Gesetz auch die Haftung für alle einheitlich geregelt, wobei außerhalb der allgemeinen gesetzlichen Möglichkeiten (wie etwa § 254 BGB) keine Einschränkung in irgendeiner Form vorgesehen ist. Es stellt sich gleichwohl die Frage, ob es für die Arbeitnehmervertreter im Aufsichtsrat trotz Anerkennung eines einheitlichen Pflichtenkreises auf irgendeinem Weg Möglichkeiten zur Haftungsmilderung gibt oder geben müßte. Denn obwohl der einzelne Arbeitnehmervertreter im Aufsichtsrat rechtlich den Anteilseignervertretern in vollem Umfang gleichgestellt ist, hat sich dennoch gezeigt, daß es bei Betrachtung der beiden Interessengruppen, die sich im Aufsichtsrat finden, Defizite bei der Gleichstellung gibt, die in erster Linie auf einem stark ausgeprägten „Bänkedenken“ beruhen.[475] Tatsächlich unterscheiden sich die Aufsichtsratsmitglieder selbst doch deutlich nach ihrer jeweiligen Herkunft bzw. Interessenvertretung. Unabhängig vom anzuwendenden Mitbestimmungsgesetz ist für die Gruppe der Arbeitnehmervertreter nie eine echte Mitbestimmung im Sinne von voller Parität gegeben. Denn wo die Minderparität für die Arbeitnehmervertreter nicht schon im entsprechenden Mitbestimmungsgesetz angelegt ist, führen Einschränkungen in der Aufsichtsratsarbeit zu einer faktischen Minderparität.[476] Damit kann sich diese Gruppe effektiv gegenüber der Gruppe der Anteilseignervertreter in einem Streit nicht durchsetzen. Die Mitbestimmung ist also in der Praxis begrenzt. Vor diesem Hintergrund erscheint es gerechtfertigt, über die Möglichkeit von Haftungsmilderungen für die Gruppe der Arbeitnehmervertreter nachzudenken, um auf diese Weise ihren mangelhaften Durchsetzungsmöglichkeiten Rechnung zu tragen. Denn auch wenn es richtig ist, daß ein von der Rechtsstellung der einzelnen Mitglieder her homogener Aufsichtsrat, in dem alle die gleichen Rechte haben und alle die gleichen Pflichten treffen, grundsätzlich auch gleiche Verantwortlichkeit und damit Haftung von allen diesen Mitgliedern verlangt,[477] so folgt im Umkehrschluß aus dieser Feststellung aber zugleich, daß bei einer eingeschränkten bzw. nicht verwirklichten Homogenität auch die Grundlage für diese gleiche Verantwortlichkeit beschränkt ist und damit die Haftung selbst beschränkbar sein muß. Der für alle Aufsichtsratsmitglieder geltende Gleichbehandlungsgrundsatz steht solchen Überlegungen nicht entgegen, denn das Gesetz sieht nur eine individuelle Gleichbehandlung der einzelnen Mitglieder, nicht aber

[474] Dazu oben § 3 C).

[475] Dazu zusammenfassend oben § 4 E).

[476] Eine echte Parität ist ohnehin nur im MontanMG angelegt. Aber auch dort wird der Einfluß der Arbeitnehmervertreter etwa durch die Besetzung der Ausschüsse zurückgedrängt.

[477] *Marhold*, S. 151.

eine kollektive Gleichbehandlung der verschiedenen im Aufsichtsrat vertretenen Gruppen vor.[478]

Daher sollen im folgenden die vorhandenen Möglichkeiten, die das Rechtssystem für eine Haftungsmilderung bietet, hinsichtlich ihrer Übertragbarkeit auf die Haftung der Arbeitnehmervertreter hin überprüft werden, wobei hier verschiedene Ansatzpunkte in Frage kommen.

A) Vertragliche Haftungsbeschränkung

Grundsätzlich besteht im Zivilrecht die Möglichkeit, über eine vertragliche Regelung zwischen den betroffenen Parteien eine Haftungsbeschränkung zu erreichen, wobei sich hier für die Beschränkung verschiedene Möglichkeiten anbieten, etwa durch vertragliche Reduzierung des Haftungsmaßstabs, Verkürzung der Verjährungsfristen oder Verzicht. Solche Erwägungen kommen indes für die Haftung der Arbeitnehmervertreter im Aufsichtsrat von vornherein nicht in Betracht, weil die gesetzlichen Haftungsregeln für den mitbestimmten und damit obligatorischen Aufsichtsrat zwingend sind und nicht zur Disposition des Unternehmens stehen.[479] Aber auch *de lege ferenda* wäre die Möglichkeit eines vertraglichen Haftungsausschlusses oder auch bloß einer Haftungsbeschränkung nur für einen bestimmten Teil des Aufsichtsrats, hier die Arbeitnehmervertreter, abzulehnen. Denn dem Unternehmen würde über die Möglichkeit, mit einzelnen Aufsichtsratsmitgliedern Haftungsbeschränkungen vereinbaren zu können, die Macht eingeräumt, in unzulässiger Weise Einfluß auf den Aufsichtsrat zu nehmen und damit seine Unabhängigkeit zu untergraben. Eine verantwortungsvolle und eigenverantwortliche Überwachung der Geschäftsleitung, der damit ein Übermaß an Einflußmöglichkeiten auf zumindest einen Teil des Aufsichtsrats, von dem sie gerade kontrolliert werden soll, offen stände, wäre dann nicht mehr gesichert.

B) Übertragung der Haftungsverpflichtung auf die vertretene Gruppe

Auch eine Übertragung der Haftungsverpflichtung auf die entsendende Gruppe der Arbeitnehmer, also die Belegschaft des mitbestimmten Unternehmens bzw. die entsendende Gewerkschaft, etwa durch einen Freistellungsanspruch, ist nicht möglich. Zum einen stieße ein solches Vorgehen schon allein wegen der Gewerkschaftsvertreter, auf deren Entsendung die Belegschaft des mitbestimmten Unternehmens keinen Einfluß hat, auf Probleme. Nötig wäre dann nämlich nicht nur eine Differenzierung zwischen Anteilseignervertretern und Arbeitnehmervertretern im Aufsichtsrat, sondern eine zusätzliche Unterscheidung zwischen den

---

[478] Großkommentar AktG/*Oetker*, § 25 MitbestG Rdnr. 23.

[479] *Bastuck*, S. 97; siehe auch oben § 5 A) I.

Arbeitnehmervertretern, die von der Belegschaft entsandt wurden, und den von der Gewerkschaft entsandten Vertretern. Für diese müßte dann die Haftung auf die entsendende Gewerkschaft übertragen werden, weil ihr Handeln in keiner Form der Belegschaft zugerechnet werden könnte. Selbst wenn man für die Arbeitnehmervertreter grundsätzlich die Möglichkeit einer Haftungsbeschränkung in Betracht zieht, gibt es doch keinen Ansatzpunkt für eine zusätzliche Differenzierung zwischen den Belegschafts- und Gewerkschaftsvertretern.

Zum anderen - und das ist das Entscheidende - würde eine solche Übertragung aber auch voraussetzen, daß man die Arbeitnehmervertreter tatsächlich als Repräsentanten der Arbeitnehmer im haftungsrechtlichen Sinne, und damit im Sinne von § 278 Satz 1 BGB, ansehen kann. Die Arbeitnehmervertreter (und das gilt auch für die von der Belegschaft entsandten Aufsichtsratsmitglieder) werden indes in keiner Weise als gesetzliche Vertreter der Belegschaft oder deren Erfüllungsgehilfen tätig. Nach ihrer Entsendung in den Aufsichtsrat sind sie unabhängige Organmitglieder, die bei ihren Entscheidungen nicht einmal in besonderem Maße an die Interessen der von ihnen vertretenen Gruppe gebunden sind und diese nicht über das Wohl des mitbestimmten Unternehmens stellen dürfen. Ihr Handeln kann nicht der Belegschaft, die keinen Einfluß auf die Entscheidungen der Aufsichtsratsmitglieder hat, zugerechnet werden.[480]

Zumindest für die Gewerkschaftsvertreter wird vertreten, diese ständen im Verhältnis zu der sie entsendenden Institution in einem Auftragsverhältnis und seien faktisch weisungsgebunden. Daher hätten sie für den Schadensfall einen Freistellungsanspruch gegen die Gewerkschaft in Form eines Aufwendungsersatzanspruches nach § 670 BGB. Allerdings gelte dieses in der Gruppe der Arbeitnehmervertreter nur für die Gewerkschaftsvertreter, weil sich zwischen den Belegschaftsvertretern und der Belegschaft kein Auftragsverhältnis bejahen lasse.[481] Tatsächlich stellt zwar der hier vorgeschlagene Innenausgleich eine faktische Haftungsbeschränkung dar. Denn obwohl der Schädiger im Verhältnis zum Geschädigten in vollem Umfang und in voller Höhe zu haften hat, wird er doch im Ergebnis von der Haftung bzw. den damit verbundenen Ersatzforderungen freigestellt. Als Ansatz für die hier untersuchte Haftungsreduzierung der Arbeitnehmervertreter kann diese Überlegung dennoch nicht dienen. Denn zum einen spricht schon - wie auch oben - die hierbei notwendige Differenzierung zwischen Gewerkschafts- und Belegschaftsvertretern gegen diese Meinung, die selbst einräumt, daß für letztere kein Auftragsverhältnis zur Belegschaft angenommen werden kann. Zum anderen bestehen aber auch schon Zweifel an der rechtlichen Grundlage dieser Überlegung, die das Auftragsverhältnis und den daraus resultierenden Aufwendungsersatzanspruch aus der Weisungsgebundenheit der betroffenen Aufsichtsratsmitglieder herleiten will. Selbst wenn man faktisch eine Wei-

---

[480] Zum Rechtsverhältnis der Arbeitnehmervertreter zur entsendenden Gruppe oben § 4 B) I.

[481] *Kossen*, DB 1988, S. 1784 f.

sungsgebundenheit der Gewerkschaftsvertreter gegenüber der Gewerkschaft annehmen will, muß doch bedacht werden, daß jedes Aufsichtsratsmitglied (auch als Vertreter bestimmter Institutionen) sein Amt grundsätzlich weisungsfrei und unabhängig auszuüben hat. Dem widerspricht es aber, für die Gewerkschaftsvertreter hinsichtlich ihrer Amtsführung ein Auftragsverhältnis anzunehmen, aufgrund dessen sie ihr Amt nach Weisungen ihrer Gewerkschaft ausüben. Eine solche Annahme kollidiert mit der rechtlichen Konstruktion des Aufsichtsratsmandats, nach der dieses Amt in persönlicher Verantwortung und Verantwortlichkeit zu führen ist.

C) Haftungsbeschränkung über den Sorgfaltsmaßstab

Einen anderen Ansatzpunkt für eine Haftungsbeschränkung könnte das für die Tatbestandsverwirklichung notwendige Verschulden bzw. der dafür festzulegende Sorgfaltsmaßstab bieten. Hier könnte erwogen werden, den anzuwendenden Sorgfaltsmaßstab für jedes Aufsichtsratsmitglied oder zumindest für die beiden Interessengruppen im Aufsichtsrat gesondert zu bestimmen, so daß auf diesem Wege für die Arbeitnehmervertreter eine Haftungsbeschränkung erreicht werden könnte.

Für den Verschuldensbegriff kann auf § 276 BGB zurückgegriffen werden, wonach der Schuldner Vorsatz und Fahrlässigkeit zu vertreten hat. In der Legaldefinition der Fahrlässigkeit in § 276 Abs. 1 Satz 2 BGB, die für das gesamte Zivilrecht gilt,[482] findet sich der in diesem Zusammenhang entscheidende Begriff der Sorgfalt. Fahrlässig handelt danach, wer die im Verkehr erforderliche Sorgfalt außer acht läßt. Entscheidend ist also die „erforderliche Sorgfalt“ bzw. der an diese Sorgfalt zu legende Maßstab. Gerade über diesen anzuwendenden Sorgfaltsmaßstab und dessen Kriterien kann die Wahrscheinlichkeit einer drohenden Haftung in besonderem Maße beeinflußt werden. Das Verschulden setzt sich nämlich zusammen aus objektiv pflichtwidrigem und subjektiv vorwerfbarem Verhalten.[483] Während aber das objektiv pflichtwidrige Verhalten in Form einer Pflichtverletzung verhältnismäßig leicht positiv oder negativ festgestellt werden kann, enthält der Sorgfaltsmaßstab, der gerade die subjektive Vorwerfbarkeit bestimmt, eine der Auslegung offenstehende subjektive Komponente, indem er an der Person und den Fähigkeiten des Anspruchsverpflichteten anknüpft und damit in besonderem Maße der wertenden Entscheidung zugänglich ist. Ist also der von den Aufsichtsratsmitgliedern geforderte Sorgfaltsmaßstab für ihre Mandatsausübung besonders hoch, ist damit auch die Wahrscheinlichkeit größer, daß es zu einem sorgfaltswidrigen Handeln (oder Unterlassen) kommt, wohingegen ein eher niedriger Sorgfaltsmaßstab es erschwert, ein sorgfaltswidriges Verhalten festzu-

---

[482] Palandt/*Heinrichs*, § 276 Rdnr. 4.

[483] Palandt/*Heinrichs*, § 276 Rdnr. 5.

stellen, was dazu führt, daß eine wesentliche Voraussetzung einer möglichen Anspruchsgrundlage verneint werden muß.

Der anzuwendende Sorgfaltsmaßstab steht im engen Zusammenhang mit den Qualifikationen bzw. Mindestanforderungen, die an jedes Aufsichtsratsmitglied gestellt werden müssen.[484] Denn bereits mit den erforderlichen Grundqualifikationen, die bei Amtsübernahme vorliegen müssen, wird der Grundstein für den in einem Schadensfall anzuwendenden Sorgfaltsmaßstab gelegt. Sowohl die von Beginn an erforderlichen Mindestqualifikationen, als auch der im weiteren Verlauf der Amtsausübung anzulegende Sorgfaltsmaßstab bilden praktisch das Gerüst, auf dem die Arbeit jedes Aufsichtsratsmitglieds aufbauen und an dem es sich orientieren muß. Dennoch sind beide Begriffe trotz ihrer engen Verbundenheit voneinander zu trennen. Denn während die notwendige Mindestqualifikation auf die Fähigkeiten und Kenntnisse des Aufsichtsratsmitglieds abstellt, die bei Amtsübernahme vorliegen müssen, bildet der Sorgfaltsmaßstab die Richtschnur für das Verhalten und Handeln des Aufsichtsratsmitglieds bei seiner Amtsausübung, also bei der Umsetzung seiner Fähigkeiten in der Praxis.

I. Gesetzliche Vorgaben

Das Gesetz verweist in § 116 AktG für die Sorgfaltspflicht der Aufsichtsratsmitglieder auf eine sinngemäße Anwendung des § 93 AktG. Dort heißt es in Abs. 1 Satz 1: „Die Vorstandsmitglieder haben bei ihrer Geschäftsführung die Sorgfalt eines ordentlichen und gewissenhaften Geschäftsleiters anzuwenden." Damit wird der Fahrlässigkeitsbegriff des § 276 Abs. 1 Satz 2 BGB dahingehend modifiziert, daß nicht die allgemeine im Verkehr erforderliche Sorgfalt nötig ist, sondern eine spezielle, der konkreten Situation in der Aktiengesellschaft entsprechende, Sorgfalt notwendig ist. Allerdings kann von einem Aufsichtsratsmitglied nicht die Sorgfalt eines Geschäftsleiters erwartet werden, weil Aufgabe des Aufsichtsrats gerade nicht die Geschäftsleitung, sondern deren Überwachung ist.[485] Da ihm insoweit auch keine geschäftsführerischen Kompetenzen zukommen, darf es auch nicht mit derselben Verantwortlichkeit belastet werden. Das muß überdies deshalb gelten, weil das Aufsichtsratsmandat regelmäßig als Nebentätigkeit ausgeübt wird, während die Mitglieder des Vorstands ihren Aufgaben als Unternehmensleiter hauptberuflich nachgehen.[486] Für die Mitglieder des Aufsichtsrats

---

[484] Dazu oben § 3 C) II.

[485] *Geßler*/Hefermehl/Eckardt/Kropff, § 116 Rdnr. 9; Großkommentar AktG/*Schilling*, § 116 Anm. 1; *Eisenhardt*, Jura 1982, S. 290; MünchAG/*Hoffmann-Becking*, § 33 Rdnr. 45; *Schlüter*, FS Baetge, S. 991; weitergehend *Koch*, S. 78, der die Sorgfalt eines Geschäftsleiters, der als Aufsichtsrat tätig wird, verlangt.

[486] *Fitting/Wlotzke/Wißmann*, § 25 Rdnr. 122; *Fleck*, FS Heinsius, S. 89; *Hüffer*, § 116 Rdnr. 1.

gilt daher als gesetzlicher Maßstab in entsprechender Anwendung des § 93 Abs. 1 Satz 1 AktG die Sorgfalt eines ordentlichen und gewissenhaften Aufsichtsratsmitglieds. Doch auch eine solche Formulierung kann nur eine Generalklausel für den Haftungsmaßstab bilden und bleibt für die praktische Umsetzung wenig klar und konkret.[487]

II. Ausgestaltung des Sorgfaltsmaßstabs in der Literatur

Die unklare Formulierung des Gesetzes hinsichtlich des für Aufsichtsratsmitglieder geltenden Sorgfaltsmaßstabs hat zu weitreichenden Diskussionen in der Literatur geführt, wie nun der konkrete Maßstab tatsächlich zu bestimmen ist. Dabei stellt sich zum einen die Frage, ob grundsätzlich für alle Aufsichtsratsmitglieder derselbe Sorgfaltsmaßstab zu gelten hat oder ob bestimmte Einzelpersonen oder Gruppen, etwa die Arbeitnehmervertreter, grundsätzlich privilegiert werden müßten. Zum anderen könnte man aber auch in Erwägung ziehen, bei einzelnen Personen, die besondere Fähigkeiten oder Kenntnisse mitbringen, einen besonders hohen Maßstab anzulegen und sie so gegenüber weniger qualifizierten Aufsichtsratsmitgliedern effektiv in stärkerem Maße der Gefahr einer drohenden Haftung auszusetzen.

1. Subjektiver Sorgfaltsmaßstab

Vor allem in der älteren Literatur wird zum Teil[488] davon ausgegangen, daß der Sorgfaltsmaßstab nicht generell für alle Aufsichtsratsmitglieder gelten dürfe. Dazu sei das Organ Aufsichtsrat zu heterogen besetzt.[489] Denn es befänden sich nicht nur die zwei unterschiedlichen Gruppen von Anteilseignervertretern und Arbeitnehmervertretern im Aufsichtsrat. Darüber hinaus seien auch in der Gruppe der Anteilseignervertreter Personen mit sehr unterschiedlichem Hintergrund vertreten, wie die Leiter anderer Großunternehmen und die Hausfrau als Vertreterin der Kleinaktionäre.[490] Obwohl von jedem Aufsichtsratsmitglied gewisse wirtschaftliche Grundkenntnisse verlangt werden könnten, ohne die es sein Amt nicht hätte übernehmen dürfen, sei daher ein rollenspezifischer Maßstab, der die Situation und den Hintergrund des einzelnen Aufsichtsratsmitglieds berücksichtige, zu fordern.[491] Geschuldet sei nur diejenige Sorgfalt, die in Anbetracht der Vorbil-

---

[487] *Eisenhardt*, Jura 1982, S. 289; *Peltzer*, WM 1981, S. 349; *Raiser*, NJW 1996, S. 552; *Schlüter*, FS Baetge, S. 991.

[488] *Godin/Wilhelmi*, § 116 Anm. 4; Großkommentar AktG/*Schilling*, § 116 Anm. 5; *Reich/Lewerenz*, AuR 1976, S. 357.

[489] *Bastuck*, S. 70 f.; *Eisenhardt*, Jura 1982, S. 290.

[490] *Geßler*/Hefermehl/Eckardt/Kropff, § 116 Rdnr. 10.

[491] *Geßler*/Hefermehl/Eckardt/Kropff, § 116 Rdnr. 10.

dung des einzelnen Aufsichtsratsmitglieds billigerweise erwartet werden kann und die seinen Kenntnissen und Fähigkeiten entspricht.[492] Die hier dargestellte Meinung muß indes auch vor dem historischen Hintergrund betrachtet werden. Denn ein Großteil dieser Literatur stammt aus den ersten Jahren nach Inkrafttreten des Mitbestimmungsgesetzes und ist von der damals noch weit verbreiteten Annahme geprägt, die Arbeitnehmervertreter würden den Anforderungen im Aufsichtsrat nicht gewachsen sein.

2. Objektiver Maßstab

Heute wird überwiegend auf einen objektiven Sorgfaltsmaßstab abgestellt, der für alle Aufsichtsratsmitglieder, unabhängig davon ob es sich um Vertreter der Anteilseigner oder der Arbeitnehmer handelt, gleichermaßen gelten müsse.[493] Hier wird der Bezug zu den notwendigen Mindestkenntnissen hergestellt, die ebenfalls bei allen Aufsichtsratsmitgliedern unabhängig von ihrer Herkunft in gleicher Weise vorhanden sein müßten. Verwiesen wird in diesem Zusammenhang regelmäßig auf die seit der „Hertie“-Entscheidung des BGH gebräuchliche und dort aufgestellte Standardformulierung, nach der „das Aufsichtsratsmitglied diejenigen Mindestkenntnisse und -fähigkeiten besitzen oder sich aneignen muß (...), die es braucht, um alle normalerweise anfallenden Geschäftsvorgänge auch ohne fremde Hilfe verstehen und sachgerecht beurteilen zu können“.[494] Wenn für alle Aufsichtsratsmitglieder nach dem Prinzip der kollegialen Gesamtverantwortung der gleiche Pflichtenkreis gelte, müsse auch für alle der gleiche Sorgfaltsmaßstab gelten.[495] Dabei sei die erforderliche Sorgfalt aber auch abhängig von der Art und Größe des Unternehmens. Denn je nach Unternehmen würden von vornherein an die Aufsichtsratsmitglieder sehr unterschiedliche Anforderungen gestellt. Ein einheitlicher Sorgfaltsmaßstab könne daher nur jeweils für die Mitglieder eines Aufsichtsrats gelten, dort aber für alle Mitglieder unabhängig von ihrer Herkunft.[496]

---

[492] Großkommentar AktG/*Schilling*, § 116 Anm. 5; Kölner Kommentar/*Mertens*, § 116 Rdnr. 57.

[493] *Fitting/Wlotzke/Wißmann*, § 25 Rdnr. 122; *Koch*, S. 127; *Lutter/Krieger*, Rdnr. 311; MünchAG/*Hoffmann-Becking*, § 33 Rdnr. 46; *Wardenbach*, S. 271.

[494] Ausführlich zur „Hertie“-Entscheidung (BGHZ 85, 293) oben § 3 II. 2.

[495] *Edenfeld/Neufang*, AG 1999, S. 53; *Ensch*, S. 134; *Hommelhoff*, ZGR 1983, S. 574; *Hopt*, FS Mestmäcker, S. 930.

[496] Hanau/*Ulmer*, § 25 Rdnr. 118.

3. Erhöhter Sorgfaltsmaßstab im Einzelfall

Nach einer weiteren im Vordringen begriffenen Meinung soll zwar grundsätzlich ein objektiver Sorgfaltsmaßstab als Mindestanforderung für alle Aufsichtsratsmitglieder gelten. Allerdings könne jenseits dieser Mindestgrenze einzelne Aufsichtsratsmitglieder bei bestimmten Angelegenheiten, für die sie in besonderem Maße qualifiziert seien, ein höherer Sorgfaltsmaßstab treffen.[497] Als Beispiele werden hier etwa die Prüfung der Liquidität der Gesellschaft durch einen Bankenvertreter oder die Analyse der rechtlichen Risiken eines bedeutsamen Geschäfts durch einen Rechtsanwalt genannt.[498] In solchen Fällen soll für die betreffenden Aufsichtsratsmitglieder eine verstärkte Sorgfaltspflicht gelten. Ausgangspunkt dieser Überlegungen ist weniger die Bänkeaufteilung, wie es bei der älteren Literatur der Fall war, sondern vielmehr das insbesondere durch die vermehrte Ausschußarbeit in stärkerem Maße erforderliche Spezialwissen einzelner Aufsichtsrats- bzw. Ausschußmitglieder. Argumente für diese Meinung werden auch aus der Regelung des § 276 BGB hergeleitet, der eigentlich von einem objektiven Sorgfaltsmaßstab ausgeht. Denn die dort in Abs. 1 Satz 2 normierte Objektivierung des Sorgfaltsmaßstabs diene vor allem dem Verkehrsschutz und nicht dem Schutz des betroffenen Schuldners, so daß es grundsätzlich nicht ausgeschlossen sei, besondere Kenntnisse zu Lasten des Schuldners zu berücksichtigen und damit den Haftungsmaßstab zu verschärfen.[499] Aufgrund des etwa für die Ausschüsse notwendigen Spezialwissens, dem auf der anderen Seite gerade fehlendes Wissen auf bestimmten anderen Gebieten gegenüber steht, müsse es auch unterschiedliche, gestaffelte Sorgfaltsmaßstäbe geben.[500]

Im Ergebnis legt diese Ansicht allerdings wohl auch einen subjektiv geprägten Sorgfaltsmaßstab zugrunde. Denn Ausgangslage ist hierbei zwar die objektive Mindestqualifikation, die ein Aufsichtsratsmitglied haben muß, die aber gerade nur die Basis und Untergrenze für den geltenden Sorgfaltsmaßstab bilden soll. Wenn für alle Aufsichtsratsmitglieder, die oberhalb dieser Grenze über bestimmte der Aufsichtsratstätigkeit dienende Fähigkeiten verfügen, ein an diesen Fähigkeiten gemessener erhöhter Sorgfaltsmaßstab angelegt werden soll, bedeutet

---

[497] LG Hamburg ZIP 1981, 194, 197; *Deckert*, ZIP 1996, S. 992; *Dreher*, FS Boujong, S. 80; Großkommentar AktG/*Oetker*, § 25 MitbestG Rdnr. 28; MünchAG/*Hoffmann-Becking*, § 33 Rdnr. 46; *Schwark*, FS Werner, S. 854; einschränkend: *Hüffer*, § 116 Rdnr. 3; *Raiser*, Kapitalgesellschaften, § 15 Rdnr. 98.

[498] MünchAG/*Hoffmann-Becking*, § 33 Rdnr. 46.

[499] *Dreher*, FS Boujong, S. 79; *Schwark*, FS Werner, S. 854; für § 276 BGB: BGH VersR 67, 777; 68, 1057, 1059; MünchKomm-BGB/*Hanau*, § 276 Rdnr. 78; Palandt/*Heinrichs*, § 276 Rdnr. 15; Soergel/*Wolf*, § 276 Rdnr. 75 f.

[500] *Deckert*, ZIP 1996, S. 992 f.; *Hommelhoff/Mattheus*, AG 1998, S. 255; *Möllers*, ZIP 1995, S. 1733; *Schwark*, FS Werner, S. 848.

das auf der anderen Seite auch, daß sich andere Aufsichtsratsmitglieder, denen diese Spezialkenntnisse fehlen, auf das Urteil des höherqualifizierten Mitglieds mit unter Umständen haftungsausschließender und damit privilegierender Wirkung verlassen und sich darauf berufen können.[501] Das heißt aber letztendlich nichts anderes, als daß sich jedes Aufsichtsratsmitglied an einem auf es selbst und seine Kenntnisse zugeschnittenen Sorgfaltsmaßstab orientieren muß. Ein solcher individueller Maßstab kann nur als subjektiv bezeichnet werden.

III. Eigene Ansicht

Der Streit um den Sorgfaltsmaßstab weist zwei Komponenten auf. Zum einen stellt sich die Frage, ob durch einen rein subjektiven Maßstab für alle Aufsichtsratsmitglieder diese grundsätzlich privilegiert werden sollen. Zum anderen ist aber auch darüber zu entscheiden, ob umgekehrt vorhandenes Spezialwissen zu einer Verschärfung des Maßstabs führen muß.

1. Keine Privilegierung durch subjektiven Maßstab

Die Vertreter eines rein subjektiven Sorgfaltsmaßstabs setzen diesen Maßstab für jedes Aufsichtsratsmitglied gesondert fest und orientieren sich dabei allein an den Kenntnissen und intellektuellen Möglichkeiten der einzelnen Person. Damit werden an den Maßstab insgesamt sehr geringe Anforderungen gestellt. Ein Verschulden läßt sich nur noch bei ganz massiven Verstößen feststellen. Denn in allen anderen Fällen kann sich das betroffene Aufsichtsratsmitglied damit entschuldigen, daß es mit der fraglichen Aufgabe überfordert gewesen sei und nicht gewußt habe, etwas Falsches zu tun. Ein solcher Ansatz widerspricht aber der grundsätzlichen Wertentscheidung des Zivilrechts, wonach das Verschulden regelmäßig auf der Grundlage eines objektivierten Sorgfaltsmaßstabs festgestellt werden muß. Gerade diese Grundwertung kommt in der zentralen Vorschrift zum zivilrechtlichen Verschulden,[502] dem § 276 BGB, zum Ausdruck. Dort wird in Abs. 1 Satz 2 auf die „*im Verkehr* erforderliche Sorgfalt" abgestellt. Damit gilt im gesamten Zivilrecht - anders als im Strafrecht[503] - kein individueller, sondern ein auf die allgemeinen Verkehrsbedürfnisse abgestellter objektiver Sorgfaltsmaßstab,[504] mit dem das Vertrauen im Rechtsverkehr geschützt werden soll.[505] Gerade dieses Vertrauen wird aber bei Anlegen eines rein subjektiven Maßstabs ent-

---

[501] So auch *Dreher*, FS Boujong, S. 83.

[502] Palandt/*Heinrichs*, § 276 Rdnr. 4.

[503] Palandt/*Heinrichs*, § 276 Rdnr. 15.

[504] BGHZ 80, 186, 193; BGH NJW 1988, 909; NJW-RR 1996, 980; MünchKomm-BGB/*Hanau*, § 276 Rdnr. 78.

[505] Palandt/*Heinrichs*, § 276 Rdnr. 15.

täuscht. Man kann sich nicht darauf verlassen, daß die betreffende Person, hier das einzelne Aufsichtsratsmitglied, alle Fähigkeiten und Kenntnisse mitbringt, die es objektiv zur Ausübung seines Amtes benötigt. Ein rein subjektiver Maßstab ist daher abzulehnen, weil er im Widerspruch zur Grundentscheidung der Zivilrechtsordnung steht. Grundsätzlich ist für alle Aufsichtsratsmitglieder also ein objektiver Maßstab anzulegen. Das ist auch unter dem Gesichtspunkt nicht unangemessen, daß niemand gezwungen wird, Aufsichtsratsmitglied zu werden und damit auch kein Schutzbedürfnis, der einen subjektiven Sorgfaltsmaßstab rechtfertigen würde, besteht.[506]

Für eine besondere Haftungsreduzierung zugunsten der Arbeitnehmervertreter, nach der hier konkret gesucht wird, kann das Anlegen eines subjektiven Sorgfaltsmaßstabs ohnehin nicht verwandt werden. Denn entscheidendes Kriterium ist dabei nicht die Zugehörigkeit zu einer bestimmten Gruppe, sondern allein das individuelle Leistungsprofil des einzelnen Aufsichtsratsmitglieds. Ansatzpunkt, um die Haftung für die Arbeitnehmervertreter zu reduzieren, ist aber gerade ihre besondere gruppenspezifische Situation im Aufsichtsrat, der ein subjektiver, am Einzelnen ausgerichteter Sorgfaltsmaßstab nicht gerecht werden kann.

2. Verschärfung für einzelne Aufsichtsratsmitglieder?

Eine weitere Frage ist, ob unter Umständen für einzelne Aufsichtsratsmitglieder eine Verschärfung des Verschuldensmaßstabs gelten muß, weil sie über besondere Fähigkeiten oder Kenntnisse für ihre Aufsichtsratsarbeit verfügen, wie es von der unter II. 3. dargestellten Meinung gefordert wird.

Basis für die Festlegung des Sorgfaltsmaßstabes müssen die Mindestkenntnisse sein, die von jedem Aufsichtsratsmitglied verlangt werden können.[507] Wer zudem über darüber hinausgehende Fähigkeiten oder Kenntnisse verfügt, ist nicht nur berechtigt, diese bei seiner Aufsichtsratstätigkeit einzusetzen, sondern wegen seiner Bindung an das Unternehmensinteresse auch dazu verpflichtet.[508] Von niemandem kann erwartet werden, daß er bei seiner Arbeit vorhandene Kenntnisse bewußt nicht einsetzt und dabei unter Umständen in Kauf nimmt, gegen die Interessen des Unternehmens zu handeln. Wenn aber sogar eine Verpflichtung besteht, über Soll liegende Kenntnisse in die Arbeit einzubringen, stellt sich dann auch die Frage, ob diese Kenntnisse gleichzeitig zu einer Verschärfung des Sorgfaltsmaßstabs führen müssen und damit das Haftungsrisiko besonders qualifizierter Aufsichtsratsmitglieder erhöhen dürfen.

Gegen eine solche Annahme spricht zunächst, daß mit einer Verschärfung des Maßstabs zugleich eine Privilegierung der weniger qualifizierten Aufsichts-

---

[506] So auch *Wardenbach*, S. 272.

[507] Dazu oben § 3 C) II.

[508] *Edenfeld/Neufang*, AG 1999, S. 53; Kölner Kommentar/*Mertens*, § 116 Rdnr. 57.

ratsmitglieder verbunden wäre, die nur im Rahmen der erforderlichen Mindestkenntnisse haften müßten. Damit würde der grundsätzlich zu unterstellende objektive Sorgfaltsmaßstab unterlaufen. Zudem könnte eine solche Annahme dazu führen, daß besonders qualifizierte Personen sich nicht mehr für eine Tätigkeit im Aufsichtsrat zur Verfügung stellen würden, um dem ihnen drohenden verschärften Haftungsrisiko zu entgehen. Außerdem steht hier auch das den Aufsichtsrat beherrschende Prinzip der kollegialen Gesamtverantwortung entgegen, mit dem eine gestaffelte Verantwortlichkeit der einzelnen Aufsichtsratsmitglieder nur schwer zu vereinbaren ist.

Dagegen spricht auf den ersten Blick der zur Begründung der individuellen Verschuldensverschärfung herangezogene § 276 BGB bzw. die damit verbundene Argumentation[509] für einen im Einzelfall erhöhten Verschuldensmaßstab. Bei näherer Betrachtung sind diese Argumente allerdings nicht überzeugend. Denn hier muß die besondere Situation im Aufsichtsrat mit beachtet werden. Ansatzpunkt bei der Diskussion um den Sorgfaltsmaßstab innerhalb des Aufsichtsrats ist nämlich nicht der individuelle Schuldner, der wegen einer objektiven Pflichtverletzung zur Verantwortung gezogen werden soll, sondern der Aufsichtsrat in seiner Funktion als Kollegialorgan. Der Kern der Problematik liegt weniger darin, einen individuellen Sorgfaltsmaßstab zu bestimmen, an dem sich der Einzelne orientieren kann, sondern vielmehr darin, einen für alle Aufsichtsratsmitglieder geltenden Maßstab zu finden. Die Problematik ist also vor allem darin zu sehen, den Sorgfaltsmaßstab so zu wählen, daß er allen Mitgliedern des Aufsichtsrats auch im Verhältnis zueinander gerecht wird. Das einzelne Aufsichtsratsmitglied darf daher nicht isoliert betrachtet werden, sondern muß als Teil des Gesamtorgans Aufsichtsrat gesehen werden, als dessen Mitglied es gerade haften soll. Hier kommt zum Tragen, daß aufgrund der Arbeitsweise und Organisation des Aufsichtsrats regelmäßig nicht einem einzelnen Aufsichtsratsmitglied allein eine Pflichtverletzung vorgeworfen werden kann, sondern meist dem ganzen Aufsichtsrat oder zumindest den gesamten Mitgliedern eines Ausschusses. Letztlich spricht gerade die besondere Situation im Kollegialorgan Aufsichtsrat, daß nämlich häufig mehrere Personen, wenn nicht sogar alle Mitglieder des Aufsichtsrats, an einer Pflichtverletzung beteiligt waren und daher aufgrund derselben Vorschriften gesamtschuldnerisch haften, für einen rein objektiven Sorgfaltsmaßstab, der sich für alle Betroffenen an denselben Gesichtspunkten orientiert.

Das kann zwar nicht das einzelne Aufsichtsratsmitglied von seiner Verpflichtung entbinden, alle seine Kenntnisse, vor allem auch eventuell vorhandene Spezialkenntnisse, in die Tätigkeit einzubringen. Das ist allerdings keine Frage des Sorgfaltsmaßstabs, sondern ergibt sich aus den Pflichten des Aufsichtsratsmitglieds.[510] Denn jedes Aufsichtsratsmitglied ist verpflichtet, all seine Fähigkei-

---

[509] Dazu oben II. 3.

[510] Vor allem ist hier die Pflicht zur sorgfältigen Wahrnehmung der Organfunktion betroffen;

ten und Kenntnisse in seine Aufsichtsratstätigkeit einfließen zu lassen, wenn es dem Unternehmensinteresse, auf das der Aufsichtsrat verpflichtet ist, dient. Wenn es diese Fähigkeiten nicht in dem ihm möglichen Umfang einsetzt, handelt das Aufsichtsratsmitglied objektiv pflichtwidrig, denn es verstößt gegen seine persönlichen Mitwirkungspflichten.[511] Damit kann zwar der jeweilige Pflichtenrahmen für die einzelnen Aufsichtsratsmitglieder aufgrund ihrer Kenntnisse ein unterschiedlicher sein, denn nicht jedes Aufsichtsratsmitglied muß alle Aufgaben in vollem Umfang erfüllen können. Bei der Ausübung dieser Pflichten müssen aber alle mit derselben Sorgfalt vorgehen. Nach den hier angewandten Grundsätzen zu den Anforderungen können sich für höher qualifizierte Aufsichtsratsmitglieder daher mehr bzw. weitreichendere Pflichten ergeben. Die Erfüllung dieser Pflichten muß aber für alle Aufsichtsratsmitglieder nach einem einheitlichen objektiven Maßstab zu beurteilen sein.

IV. Ergebnis

Nach der hier vertretenen Ansicht kann zwar der jeweilige Pflichtenrahmen der Aufsichtsratsmitglieder aufgrund verschiedener Kenntnisse ein unterschiedlicher sein. Der anzuwendende Sorgfaltsmaßstab muß dennoch für alle derselbe und damit ein objektiver sein. Zudem gilt in Hinblick auf die Gruppe der Arbeitnehmervertreter, daß eine Abänderung des Verschuldensmaßstabs für bestimmte Aufsichtsratsmitglieder ohnehin nur aufgrund von unterschiedlichen Kenntnissen erfolgen könnte. Die Arbeitnehmervertreter, für die konkret hier nach einer Möglichkeit gesucht wird, die Haftung zu beschränken, müssen aber vom Grundsatz her den gleichen Kenntnisstand aufweisen können wie die Anteilseignervertreter.[512] Die gruppenspezifischen Besonderheiten, die es rechtfertigen, über eine Haftungsreduzierung überhaupt nachzudenken, können hier demgegenüber nicht berücksichtigt werden. Damit bleibt es auch für die Arbeitnehmervertreter bei dem objektiven Sorgfaltsmaßstab, der sie in gleichem Umfang wie die Anteilseignervertreter haften läßt.

D) Möglichkeiten einer Haftungsmilderung nach arbeitsrechtlichen Grundsätzen

Um eine andere Möglichkeit für eine Haftungseinschränkung zu finden, kann ein Blick auf die Funktion der Arbeitnehmervertreter helfen. Ihrer Bezeichnung nach „vertreten" sie die Arbeitnehmer im Aufsichtsrat. Diese Vertre-

---

dazu oben § 3 C) III. 2. a).

[511] Mit einem ähnlichen Gedankengang für eine Haftung nur im Rahmen der Mitwirkungspflichten auch *Wardenbach*, S. 270.

[512] Dazu oben § 3 C) II.

tung darf allerdings nicht als rechtsgeschäftliche Stellvertretung verstanden werden, sondern stellt sich vielmehr als institutionelle Repräsentanz der Arbeitnehmergruppe dar.[513] Da sie also aus den Reihen der Arbeitnehmer kommen, liegt es nahe, für eine Haftungsmilderung auf das Arbeitsrecht als Sonderrecht der arbeitsrechtlichen Dienstverhältnisse[514] zurückzugreifen. Vergessen werden darf dabei jedoch nicht, daß die Arbeitnehmervertreter nicht nur die Belegschaft des mitbestimmten Unternehmens repräsentieren, sondern auch die im Unternehmen vertretenen Gewerkschaften. Die Gruppe der Arbeitnehmervertreter besteht also letztlich aus zwei Teilgruppen mit unterschiedlicher Herkunft, was unter Umständen zu Abweichungen bei der rechtlichen Bewertung führen kann.

I. Haftungsmilderung durch Übernahme der Grundsätze zur betrieblich veranlaßten Tätigkeit

Als ein möglicher Ansatzpunkt kommt eine Übernahme der individualarbeitsrechtlichen Grundsätze über die Haftung von Arbeitnehmern bei betrieblich veranlaßter Tätigkeit in Betracht. Nach diesen Grundsätzen werden nicht der Haftungsmaßstab als solcher und damit die Tatbestandsvoraussetzungen verändert. Die Korrektur hinsichtlich des Eintritts bzw. Umfangs der Haftung erfolgt vielmehr auf der Rechtsfolgenseite.

1. Grundsätze der Haftung bei betrieblich veranlaßter Tätigkeit

Mit den richterrechtlich entwickelten Grundsätzen zur Haftung bei betrieblicher Tätigkeit, durch die auf der Rechtsfolgenseite die Haftung der Arbeitnehmer beschränkt wird, soll der besonderen Haftungssituation im Arbeitsverhältnis Rechnung getragen werden. Anders als für die Mitglieder eines Aufsichtsrats, für die der Sondertatbestand der §§ 116, 93 AktG gilt, gibt es im Individualarbeitsrecht keine besonderen Haftungstatbestände, mit denen die Verletzung von Pflichten aus dem Arbeitsverhältnis durch den Arbeitnehmer erfaßt würde. Die Arbeitnehmer haften für solche Pflichtverletzungen daher nach den allgemeinen zivilrechtlichen Regeln, vor allem nach den Regeln über die positive Vertragsverletzung (pVV) sowie aus unerlaubter Handlung nach den §§ 823 ff. BGB. Dabei gilt für sie in vollem Umfang der allgemeine Haftungsmaßstab des § 276 Abs. 1 BGB.[515] Die Einführung eines milderen, von § 276 Abs. 1 BGB abweichenden, Maßstabs wurde zwar auch für die Arbeitnehmerhaftung diskutiert,[516] im Ergeb-

---

[513] *Biedenkopf*, S. 159.

[514] MünchArbR/*Richardi*, § 1 Rdnr. 1; *Zöllner/Loritz*, S. 1.

[515] *Brox/Rüthers*, Rdnr. 98 f.; *Zöllner/Loritz*, S. 252.

[516] *Denecke*, RdA 1952, S. 209; *Döring*, S. 61; *Scheuerle*, RdA 1958, S. 247; *Steindorff*, JZ 1959, S. 1.

nis aber abgelehnt.[517] Hier wird wie bei der Diskussion um den Verschuldensmaßstab von Aufsichtsratsmitgliedern angeführt, daß es mit dem Willen des Gesetzgebers, grundsätzlich einen objektiven Sorgfaltsmaßstab anzuwenden, nicht zu vereinbaren wäre, einen besonderen subjektiven arbeitsrechtlichen Haftungsmaßstab einzuführen.[518] Ebensowenig durchsetzen konnte sich die Ansicht, man müsse von einem stillschweigenden Haftungsausschluß zwischen Arbeitgeber und Arbeitnehmer ausgehen. Eine solche Fiktion würde sicherlich nicht den tatsächlichen Gegebenheiten, vor allem nicht dem Willen des Arbeitgebers entsprechen.[519]

Der Bedarf nach einer Haftungsbeschränkung für Arbeitnehmer im Rahmen ihrer Arbeitsleistung war und ist aber dennoch allgemein anerkannt.[520] Daß der sozial schwächere Arbeitnehmer für jeden Personen- oder Sachschaden, den er bei Erfüllung seiner Arbeitspflicht gegenüber dem Arbeitgeber auch nur mit leichtester Fahrlässigkeit verursacht, in vollem Umfang haften soll, ist im Ergebnis unerträglich. Denn eine uneingeschränkte Ersatzpflicht des Arbeitnehmers steht im krassen Gegensatz zu seiner finanziellen Leistungsfähigkeit, die sich in erster Linie gerade aus dem Arbeitsentgelt ergibt, mit dem er außerdem noch seinen Lebensunterhalt und unter Umständen den seiner Familie bestreiten muß. Dazu kommt, daß der Arbeitnehmer unter normalen Umständen aufgrund des dem Arbeitgeber zustehenden Weisungsrechts tätig wird und sich dabei der vom Arbeitgeber gestellten Mittel bedienen muß. Er hat also nur begrenzten Einfluß auf das Risiko eines Schadenseintritts. Auf der anderen Seite würden nach allgemeiner Lebenserfahrung auch dem Arbeitgeber genau wie dem Arbeitnehmer bei Ausführung der Tätigkeit, die er dem Arbeitnehmer übertragen hat, gelegentlich Fehler unterlaufen. Er soll aber nicht noch durch die Übertragung dieser Tätigkeiten an eine weisungsabhängige Person innerhalb eines Betriebsablaufes, den er immer noch selbst beherrscht, zusätzlich privilegiert werden, obwohl er das Risiko eines Schadenseintritts viel besser einschätzen und sich dagegen zumindest teilweise durch den Abschluß entsprechender Versicherungen absichern kann.[521] Zur dogmatischen Begründung dieser Grundsätze wird zum Teil die Lehre vom Betriebsrisiko herangezogen.[522] Beim Betriebsrisiko geht es jedoch um die Frage, wer das Risiko für die Unmöglichkeit der Arbeitsleistung zu tragen hat.[523] Die Haftungsmilderung wegen betrieblich veranlaßter Tätigkeit beruht hingegen auf

---

[517] *Lieb*, Rdnr. 210; *Schlüter*, FS Baetge, S. 994.

[518] *Brox/Rüthers*, Rdnr. 100; *Zöllner/Loritz*, S. 253.

[519] *Brox/Rüthers*, Rdnr. 100.

[520] *Lieb*, Rdnr. 208; MünchArbR/*Blomeyer*, § 59 Rdnr. 23; *Schlüter*, FS Baetge, S. 994.

[521] Zu diesen gesamten Überlegungen: *Brox/Rüthers*, Rdnr. 100; *Lieb*, Rdnr. 208; *Schlüter*, FS Baetge, S. 994 f.; Soergel/*Kraft*, § 611 Rdnr. 129; *Zöllner/Loritz*, S. 252.

[522] BAG AP Nr. 6 zu § 611 BGB, Haftung des Arbeitnehmers; NJW 1983, 1693; *Hanau/Adomeit*, Rdnr. 692; *Lieb*, Rdnr. 214; Soergel/*Kraft*, § 611 Rdnr. 129.

[523] *Brox/Rüthers*, Rdnr. 100; MünchArbR/*Blomeyer*, § 57 Rdnr. 30.

einer reinen Billigkeitsentscheidung, die eine gerechte Risiko- und Lastenverteilung hinsichtlich eines drohenden Schadens erreichen will.[524]

Ursprünglich wurden diese Überlegungen nur für den beschränkten Bereich der sogenannten „schadens- oder gefahrgeneigten" Arbeit angestellt. Von gefahrgeneigter Arbeit wurde gesprochen, wenn die Eigenart der vom Arbeitnehmer zu leistenden Arbeit es mit großer Wahrscheinlichkeit mit sich brachte, daß auch dem sorgfältigen Arbeitnehmer gelegentlich Fehler unterlaufen, die für sich allein betrachtet zwar jedesmal vermeidbar wären, mit denen aber angesichts der menschlichen Unzulänglichkeit als mit einem „typischen Abirren" der Dienstleistung erfahrungsgemäß zu rechnen war.[525] Mittlerweile hat die Rechtsprechung diese Einschränkung aber fallengelassen,[526] so daß Voraussetzung für die Haftungsmilderung nur noch ist, daß der Schaden bei einer betrieblichen Tätigkeit entstanden ist.[527]

Dieser oben dargestellten für das Arbeitsverhältnis spezifischen Interessenlage wird Rechnung getragen, indem man die Haftung entsprechend dem vorliegenden, nach allgemeinen Kriterien zu bestimmenden Verschuldensmaßstab modifiziert. Danach haftet der Arbeitnehmer in entsprechender Anwendung des § 254 BGB[528] für Schäden, die er im Rahmen seiner betrieblich veranlaßten Tätigkeit verursacht hat, bei leichtester Fahrlässigkeit gar nicht. Bei mittlerer Fahrlässigkeit haftet er je nach den Umständen des Einzelfalls anteilig, und nur bei grober Fahrlässigkeit oder Vorsatz muß er grundsätzlich unbeschränkt haften.[529] Allerdings ist auch bei grober Fahrlässigkeit noch eine Haftungsbeschränkung möglich, wenn ein krasses Mißverhältnis zwischen der ausgeübten Tätigkeit und dem Schadensrisiko besteht.[530] Durch dieses Verfahren wird der Umfang der Haftung abhängig vom jeweiligen Verschulden des Arbeitnehmers modifiziert, ohne daß ein eigener Haftungsmaßstab geschaffen oder sonst in die grundsätzliche rechtliche Konstruktion von Schadensersatzansprüchen eingegriffen werden müßte. Dieser Weg über die Rechtsfolgenseite hat den Vorteil, daß er ein hohes Maß an Flexibilität enthält, das es möglich macht, für jeden Einzelfall ein gerechtes Ergebnis zu finden.[531]

---

[524] Im Ergebnis ebenso *Brox/Rüthers*, Rdnr. 100; *Bastuck*, S. 79; *Zöllner/Loritz*, S. 254.

[525] Gängige Definition seit BAGE 5, 1, 7.

[526] BAG NJW 1993, 1732; dazu *Blomeyer*, JuS 1993, S. 903; BGH NJW 1994, 856.

[527] *Brox/Rüthers*, Rdnr. 101.

[528] BAG NJW 1993, 1732 f.; *Blomeyer*, JuS 1993, S. 905; *Edenfeld/Neufang*, AG 1999, S. 53.

[529] BAG AP Nr. 93 zu § 611 BGB, Haftung des Arbeitnehmers; BAG NZA 1988, 579; BGH VersR 1996, 654; *Lieb*, Rdnr. 211; MünchArbR/*Blomeyer*, § 59 Rdnr. 40; *Zöllner/Loritz*, S. 253.

[530] BAG NZA 1990, 97; *Brox/Rüthers*, Rdnr. 102; *Lieb*, Rdnr. 211.

[531] *Schlüter*, FS Baetge, S. 996.

2. Übertragung auf die Arbeitnehmervertreter im Aufsichtsrat

Eine Haftungsmilderung nach diesen gerade dargestellten Grundsätzen wurde bereits für Mitglieder der Geschäftsleitung diskutiert.[532] Allerdings wird in diesen Fällen von der herrschenden Meinung eine Übertragbarkeit abgelehnt mit der Begründung, daß der Vorstand selbst als Vertreter der Gesellschaft tätig werde, sein Handeln also das Handeln der Gesellschaft selbst sei und diese sich nicht selbst Nachsicht mit ersatzmindernder Wirkung gewähren könne. Zudem leisteten Mitglieder der geschäftsführenden Organe keine fremdbestimmte weisungsgebundene Arbeit.[533]

Näher liegt allerdings die Überlegung, diese Grundsätze auch auf die Situation im Aufsichtsrat und dabei im besonderen auf die Arbeitnehmervertreter zu übertragen, denn für die Arbeitnehmervertreter in ihrer Doppelfunktion als Organmitglied und Belegschaftsmitglied (wenn man von den Gewerkschaftsvertretern absieht) ist die Nähe zum ursprünglichen Anwendungsbereich, nämlich dem individuellen Arbeitsverhältnis, besonders groß. Auch diese Möglichkeit wurde bereits diskutiert.[534]

a) Durchführbarkeit

Die Grundsätze zur betrieblich veranlaßten Tätigkeit ließen sich vom Aspekt der praktischen Durchführung her relativ problemlos auf die Arbeitnehmervertreter im Aufsichtsrat übertragen, ohne daß es zu unhaltbaren Kollisionen mit der Haftung der anderen Aufsichtsratsmitglieder, die die Anteilseigner vertreten, oder der Vorstandsmitglieder käme.[535] Denn dadurch, daß bei Anwendung dieser Grundsätze die Haftungsmilderung ausschließlich auf der Rechtsfolgenseite erfolgt, ließe sich auf der Tatbestandsseite die sorgfaltswidrige Pflichtverletzung und die daraus resultierende grundsätzliche Ersatzpflicht für alle Beteiligten feststellen, ohne daß auf die Position der Arbeitnehmervertreter gesondert Rücksicht genommen werden müßte oder für sie andere Maßstäbe gelten würden als

---

[532] Zustimmend: *Kust*, WM 1980, S. 762; *Schneider*, FS Werner, S. 815 (für Tätigkeiten außerhalb des normalen Pflichtenkreises bzw. außerhalb der Leitungstätigkeit); ablehnend: BGH WM 1975, 467; *Bastuck*, S. 80 ff. (allerdings mit Einschränkungen); *Fleck*, FS Hilger/Stumpf, S. 216; *Hüffer*, § 93 Rdnr. 14; Kölner Kommentar/*Mertens*, § 93 Rdnr. 4. Einen ähnlichen Gedanken verfolgt das OLG Düsseldorf, AG 1995, 420 (ARAG AG), nach dem den arbeitsrechtlichen Prinzipien der allgemeine Gedanke entnommen werden kann, daß dem Verschuldensgrad eine maßgebliche Bedeutung für die Haftung des Vorstands zumindest auf der Ebene der Ermessensausübung zukommt.

[533] *Fleck*, FS Hilger/Stumpf, S. 216.

[534] *Edenfeld/Neufang*, AG 1999, S. 53, *Schlüter*, FS Baetge, S. 994.

[535] a.A. *Edenfeld/Neufang*, AG 1999, S. 54 f.

für die Anteilseignervertreter. Lediglich bei der Rechtsfolge, nämlich der konkreten, auf der schuldhaften Pflichtverletzung basierenden Schadensersatzpflicht, müßte anhand des zuvor festgestellten jeweiligen Verschuldensmaßes für die einzelnen Arbeitnehmervertreter der tatsächliche Umfang der Schadensersatzpflicht ermittelt werden. Nur in dieser Höhe könnte der Anspruchsberechtigte, sei es das Unternehmen selbst oder ein Dritter, den jeweiligen Arbeitnehmervertreter in Anspruch nehmen.

Im Verhältnis zu den übrigen eventuell mithaftenden Personen, den Anteilseignervertretern und den Vorstandsmitgliedern, die grundsätzlich ohne Haftungsmilderung auf den gesamten Schaden haften würden, käme es dann zu der Situation eines gestörten Gesamtschuldnerausgleichs. Eine Haftungsmilderung wegen betrieblich veranlaßter Tätigkeit wird grundsätzlich wie eine gesetzliche Haftungsprivilegierung behandelt.[536] Nach der von Rechtsprechung und der herrschenden Literatur vertretenen Meinung würde das für den Anspruchsberechtigten bedeuten, daß sein Anspruch von vornherein um den Anteil zu kürzen wäre, in dessen Höhe der haftungsprivilegierte Schädiger, also hier der oder die Arbeitnehmervertreter, nicht ersatzpflichtig ist.[537] Bei mehreren Arbeitnehmervertretern wäre der Anspruch dann um die Summe der quotalen Ausfälle, die je nach Ausmaß des Verschuldens für jeden Arbeitnehmervertreter unterschiedlich hoch sein können, zu kürzen.

Nicht gefolgt werden kann in diesem Zusammenhang der Ansicht, gegen die Anwendung der hier in Frage stehenden Grundsätze spreche die in § 93 Abs. 2 Satz 1 AktG angeordnete Gesamtschuld der haftenden Aufsichtsratsmitglieder.[538] Entgegen dieser Ansicht setzt die durch diese Anwendung erfolgende Haftungsmilderung eben nicht auf der Tatbestandsseite beim Haftungsmaßstab, der für alle Aufsichtsratsmitglieder derselbe bleibt,[539] an, sondern lediglich bei der Rechtsfolge, so daß an der Gleichstufigkeit der Verpflichtung, die Voraussetzung für eine Gesamtschuld ist,[540] nichts geändert wird. Hierin liegt auch kein Widerspruch zu dem grundsätzlich auf Homogenität angelegten Haftungskonzept der §§ 116, 93 AktG. Denn die zur gestörten Gesamtschuld aufgestellten Regeln gelten ja genau für den Fall, daß aufgrund zusätzlicher Umstände eine Störung der einheitlichen Ersatzverpflichtung auftritt, und verlangen gerade keine Mehrstufigkeit der jeweiligen Ersatzverpflichtungen.

---

536 MünchKomm-BGB/*Selb*, § 426 Rdnr. 25; Palandt/*Heinrichs*, § 426 Rdnr. 22; Staudinger/*Noack*, § 426 Rdnr. 153.

537 OLG Düsseldorf NJW-RR 1994, 1310; *Medicus*, SchuldR I, Rdnr. 807.

538 So aber *Edenfeld/Neufang*, AG 1999, S. 54.

539 Dazu oben C).

540 Palandt/*Heinrichs*, § 421 Rdnr. 6. Zum Begriff der Gleichstufigkeit Staudinger/*Noack*, § 421 Rdnr. 18 f.

b) Übertragbarkeit

Auch wenn der praktischen Durchführbarkeit keine ausschlaggebenden Erwägungen entgegenstehen, bleibt es dennoch problematisch, ob sich die Grundsätze zur Haftung wegen betrieblich veranlaßter Tätigkeit von ihrer dogmatischen Konzeption und Rechtfertigung her wirklich auf die Situation der Arbeitnehmervertreter im Aufsichtsrat übertragen lassen.

Auf den ersten Blick spricht die besondere Stellung, die die Arbeitnehmervertreter einnehmen, für eine solche Übertragung. Denn sie sind - mit Ausnahme der von der Gewerkschaft entsandten Vertreter, die zu diesem Zeitpunkt der Überlegungen noch außen vor bleiben sollen - neben ihrer Position im Aufsichtsrat gleichzeitig Arbeitnehmer des mitbestimmten Unternehmens mit allen sich daraus ergebenden arbeitsrechtlichen Pflichten und Rechten und vom Prinzip her außerhalb ihres Nebenamtes im Aufsichtsrat voll in den Betriebsverlauf eingebunden. Sie nehmen damit eine Doppelfunktion innerhalb des Unternehmens ein. Da sie ihre Aufgabe im Aufsichtsrat auch nur aufgrund ihrer Belegschaftszugehörigkeit übernommen haben, könnte es nahe liegen, die ihnen als Arbeitnehmer zustehenden Privilegierungen auch auf ihre Aufsichtsratstätigkeit zu übertragen. Damit würde die Aufsichtsratsarbeit quasi als Teil ihrer betrieblichen Tätigkeit behandelt, und ihre Position als Arbeitnehmer bzw. Belegschaftsangehörige würde vorrangig vor der Funktion als Mitglied des Unternehmensorgans Aufsichtsrat, dem im Gesellschaftsrecht wichtige Aufgaben bei der Unternehmensverwaltung übertragen sind, besonders betont.

Für die Überlegung, daß die dargestellten Grundsätze auf die Arbeitnehmervertreter übertragbar sind, läßt sich zudem anführen, daß sich gerade aus ihrer Position als Interessenvertreter der Arbeitnehmerschaft Konflikte, von denen Anteilseignervertreter nicht betroffen sind, ergeben können, und - etwa im Zusammenhang mit Arbeitskämpfen[541] - zudem Pflichtverletzungen möglich sind, die eine individuelle Haftpflicht auslösen können. Zum Teil wird sogar von einer besonderen Gefahrgeneigtheit der Aufsichtsratstätigkeit gesprochen.[542]

Gleichwohl spricht gerade diese Organrechtsstellung gegen eine solche Übertragung. Mit der Tätigkeit im Aufsichtsrat nehmen die Arbeitnehmervertreter Aufgaben in der Unternehmensleitung wahr, die nicht der normalen Arbeitnehmertätigkeit zugerechnet werden können, sondern sie auf höherer Ebene in die Leitung und Kontrolle des Unternehmens einbinden. Auch wenn man in diesem Zusammenhang von einer Doppelfunktion der Arbeitnehmervertreter sprechen kann und die Position im Aufsichtsrat für die Belegschaftsvertreter in erster Linie

---

[541] Dazu oben § 4 C) II. 2.

[542] *Edenfeld/Neufang*, AG 1999, S. 53.

durch ihr Arbeitsverhältnis bedingt ist, dürfen die beiden Funktionen, die letztlich unabhängig voneinander ausgeübt werden, nicht miteinander vermengt werden.[543]

Der wohl wichtigste und hier entscheidende Unterschied zwischen der Stellung als Arbeitnehmer und der als Aufsichtsratsmitglied liegt darin, daß das Aufsichtsratsmitglied im Gegensatz zum Arbeitnehmer bei der Erfüllung seiner Aufgaben nicht weisungsgebunden ist, sondern unabhängig und eigenverantwortlich seine Entscheidungen zu treffen hat, ohne daß der Arbeitgeber auf seine Tätigkeit Einfluß nehmen könnte oder dürfte. Damit hat das Aufsichtsratsmitglied erheblichen Einfluß auf das Geschehen innerhalb des Organs und auf die dort zu treffenden Entscheidungen und kann folglich den Eintritt eines drohenden Schadens in viel größerem Maße selbst beeinflussen, als es dem normalen Arbeitnehmer möglich wäre. Tatsächlich ist es sogar so, daß das Unternehmen, das intern ebenso wie extern durch den Vorstand repräsentiert wird, über den Vorstand selbst der Kontrolle des Aufsichtsrats unterliegt. Damit ist das Unternehmen, das zugleich Arbeitgeber zumindest der Belegschaftsvertreter ist, also selbst gegenüber dem Aufsichtsrat und seinen Mitgliedern, unabhängig davon, welcher Seite sie angehören, in gewisser Art weisungsabhängig.[544]

Außerdem wurde das Aufsichtsratsmandat dem Arbeitnehmervertreter nicht vom Arbeitgeber als Tätigkeitsfeld übertragen. Vielmehr hat sich jedes Aufsichtsratsmitglied freiwillig - unter Umständen sogar ohne oder gegen den Willen des Arbeitgebers - zur Wahl für den Aufsichtsrat gestellt. Daher läßt sich die Aufsichtsratstätigkeit kaum der eigentlichen betrieblichen Tätigkeit, die der Arbeitnehmer im Rahmen seines Arbeitsverhältnisses ausübt, hinzurechnen.

Zwar besteht zwischen der Vergütung für die Aufsichtsratstätigkeit und dem Haftungsrisiko ein krasses Mißverhältnis. Diese Vergütung dient aber, im Gegensatz zum individuellen Arbeitsentgelt, nicht der Sicherung des Lebensunterhalts des einzelnen Aufsichtsratsmitglieds, so daß es hier schon an der für die betrieblich veranlaßte Tätigkeit typischen Schutzbedürftigkeit hinsichtlich des durch die Tätigkeit Erlangten fehlt.[545]

Zuletzt muß bedacht werden, daß sich Vertreter der Gewerkschaften ebenfalls im Aufsichtsrat befinden und diese nicht zugleich Arbeitnehmer in dem jeweiligen mitbestimmten Unternehmen sind. Für sie verbietet sich eine Übertragung dieser Grundsätze schon von vornherein, weil insoweit bereits der Ansatzpunkt, der gerade in der Doppelfunktion als Organ- und Belegschaftsmitglied liegt, nicht vorhanden ist. Das würde bei einer Anwendung dieser Grundsätze bedeuten, daß in Haftungsfragen nicht nur zwischen den Vertretern der beiden Bänke, sondern darüber hinaus auch noch innerhalb der Arbeitnehmerbank nach der

---

543 So auch *Edenfeld/Neufang*, AG 1999, S. 54.

544 *Schlüter*, FS Baetge, S. 997.

545 Zudem besteht die Möglichkeit daß die Gesellschaft die Aufsichtsratsmitglieder auf ihre Kosten für den Haftpflichtfall versichert; dazu oben § 5 C).

entsendenden Gruppe unterschieden werden müßte. Während sich eine Differenzierung zwischen Arbeitnehmervertretern und Anteilseignervertretern noch aus verschiedenen Gründen rechtfertigen ließe und wenigstens ansatzweise auch im Gesetz wiederzufinden ist, fehlt es aber für eine solche zusätzliche Differenzierung zwischen Arbeitnehmervertretern, die von der Belegschaft entsandt worden sind, und solchen, die eine Gewerkschaft vertreten, an jeder rechtlichen Grundlage.[546]

Im Ergebnis bleibt also festzuhalten, daß gerade die Überlegungen, die zur Einführung der Grundsätze zur Haftung bei betrieblich veranlaßter Tätigkeit geführt haben und diese rechtfertigen, für die Arbeitnehmervertreter im Aufsichtsrat nicht zutreffen. Sie können aufgrund der zwischen beiden Funktionen bestehenden erheblichen Unterschiede nicht auf die Aufsichtsratstätigkeit übertragen werden. Damit verbietet es sich zugleich, die Grundsätze selbst auf die Arbeitnehmervertreter im Aufsichtsrat anzuwenden und diesen auf diese Weise zu einer Haftungsmilderung zu verhelfen.

II. Haftungsmilderung durch Übernahme der Grundsätze zur Betriebsratshaftung

Ein weiterer, noch näher liegender Ansatzpunkt aus dem Arbeitsrecht, der ebenfalls bereits in der Literatur diskutiert wurde,[547] ist eine Übernahme der Grundsätze über die Haftung des Betriebsrats. Sowohl das Aufsichtsratsamt als auch das Betriebsratsamt dienen zur Umsetzung der Arbeitnehmermitbestimmung im Verhältnis zum Arbeitgeber, wobei diese Umsetzung jeweils auf unterschiedlichen Ebenen erfolgt. Zwischen beiden Ämtern besteht sogar ein verhältnismäßig enger Zusammenhang,[548] so daß bereits von vornherein eine starke Verknüpfung beider Bereiche gegeben ist, der die Übertragbarkeit dieser Grundsätze vom Ansatz her wahrscheinlicher erscheinen läßt, als das bei den aus dem Individualarbeitsrecht stammenden Grundsätzen zur betrieblich veranlaßten Tätigkeit der Fall ist.

1. Grundsätze der Haftung des Betriebsrats

Der Betriebsrat ist das Instrument der Arbeitnehmermitbestimmung auf betrieblicher Ebene. Die ihn betreffenden Vorschriften finden sich im *Betriebsverfassungsgesetz*.[549] Allerdings gibt es in diesem Gesetz keinerlei Sonderregelungen, die speziell die Haftung der Betriebsratsmitglieder betreffen. Als einziges

---

[546] Ähnlich *Edenfeld/Neufang*, AG 1999, S. 54; *Schlüter*, FS Baetge, S. 998.

[547] *Edenfeld/Neufang*, AG 1999, S. 55; *Schlüter*, FS Baetge, S. 998.

[548] Zu den Unterschieden und Gemeinsamkeiten oben § 4 B) II.

[549] BGBl. I 1972, S. 13.

Sanktionsmittel bei Pflichtverletzungen durch Betriebsratsmitglieder steht dort die Amtsenthebung nach § 23 Abs. 1 BetrVG zur Verfügung.[550] Daneben gibt es nur noch die Strafvorschrift des § 120 BetrVG, die sich speziell mit Verletzungen der Verschwiegenheitspflicht beschäftigt.[551] Mangels einschlägiger Sondervorschriften muß sich die Haftung des Betriebsrats bzw. seiner Mitglieder daher grundsätzlich nach den allgemeinen Regeln des BGB richten.[552] Überwiegende Einigkeit besteht dabei insoweit, als daß der Betriebsrat als solcher nicht selbständig haften kann.[553] Denn er ist nicht allgemein rechtsfähig im zivilrechtlichen Sinne, sondern kann nur innerhalb der Betriebsverfassung Träger besonderer Rechte und Pflichte sein, ist also lediglich teilrechtsfähig.[554] Darüber hinaus ist er als Gremium auch nicht vermögensfähig.[555] Haften können bei Amtspflichtverletzungen also allein die einzelnen Mitglieder des Betriebsrats.[556] Für sie sieht eine von weiten Teilen des Schrifttums vertretene Meinung eine Haftungsbeschränkung in der Weise vor, daß die Mitglieder des Betriebsrats, sofern es sich gerade um die Verletzung einer speziellen betriebsverfassungsrechtlichen Pflicht handelt, überhaupt nur bei Vorsatz und grober Fahrlässigkeit ersatzpflichtig werden.[557]

Begründet wird diese Beschränkung in erster Linie damit, daß die persönliche Unabhängigkeit und Verantwortungsfreudigkeit und damit auch die Leistungsfähigkeit des Betriebsrats gesichert werden müsse. Die Betriebsratsmitglieder dürften nicht bei jeder Entscheidung mit Haftungssorgen belastet werden, die

---

550 *Fitting/Kaiser/Heither/Engels*, § 23 Rdnr. 1.

551 Dazu *A. Weber*, S. 158 ff.

552 *Brill*, AuR 1980, S. 353; *Fitting/Kaiser/Heither/Engels*, § 1 Rdnr. 193; *Hess/Schlochauer/Glaubitz*, vor § 1 Rdnr. 32; grundlegend zur Betriebsratshaftung: *Belling*, Die Haftung des Betriebsrats und seiner Mitglieder für Pflichtverletzungen.

553 BAG AP Nr. 7 zu § 87 BetrVG 1972 Sozialeinrichtung; LAG Hamm BB 1989, 2479; *Brill*, AuR 1980, S. 354; *Fitting/Kaiser/Heither/Engels*, § 1 Rdnr. 190; GK-BetrVG/*Kraft*, § 1 Rdnr. 78; *Gaul*, O V Rdnr. 74; *Hess/Schlochauer/Glaubitz*, vor § 1 Rdnr. 27; MünchArbR/*v. Hoyningen-Huene*, § 299 Rdnr. 23; *Richardi*, BetrVG, vor § 26 Anm. 8; *Schaub*, § 220 Rdnr. 29; *Schlüter*, FS Baetge, S. 998; *Zöllner/Loritz*, S. 522.

554 *Brill*, AuR 1980, S. 353; Däubler/Kittner/Klebe-*Schneider*, Einl. Rdnr. 123; *Fitting/Kaiser/Heither/Engels*, § 1 Rdnr. 185; MünchArbR/*v. Hoyningen-Huene*, § 299 Rdnr. 19; a.A. *Belling*, S. 228; *H. Weber*, DB 1992, S. 2136.

555 BAG AP Nr. 7 zu § 87 BetrVG 1972 Sozialeinrichtung; *Fitting/Kaiser/Heither/Engels*, § 1 Rdnr. 185; GK-BetrVG/*Kraft*, § 1 Rdnr. 78; *Hess/Schlochauer/Glaubitz*, vor § 1 Rdnr. 27; *Konrad*, S. 144; *Richardi*, BetrVG, vor § 26 Rdnr. 8.

556 GK-BetrVG/*Kraft*, § 1 Rdnr. 79; MünchArbR/*v. Hoyningen-Huene*, § 299 Rdnr. 25; *Konrad*, S. 144; *Schlüter*, FS Baetge, S. 998.

557 *Belling*, S. 358; *Brill*, AuR 1980, S. 360; *Gaul*, O VII, Rdnr. 38; *Richardi*, BetrVG, vor § 26 Rdnr. 14 f.; *H. Weber*, DB 1992, S. 2138; noch restriktiver Däubler/Kittner/Klebe-*Schneider*, Einl. Rdnr. 130 ff., der im Ergebnis jede Haftung des Betriebsrats oder seiner Mitglieder ablehnt.

sie zu überzogener Vorsicht veranlassen und damit ihre Entscheidungsfreudigkeit und -fähigkeit herabsetzten.[558] Durch die Begrenzung der Haftung soll erreicht werden, daß Arbeitnehmer sich nicht schon durch unkalkulierbare Risiken davon abhalten lassen, für ein Betriebsratsamt zu kandidieren.[559] Verwiesen wird in diesem Zusammenhang auch auf die Regelung des § 23 Abs. 1 BetrVG, an den man sich mit einem Haftungsausschluß bei leichter Fahrlässigkeit annähere.[560] Denn auch dort werde für eine Amtsenthebung eine grobe Pflichtverletzung verlangt, die aber nur gegeben sei, wenn Vorsatz oder zumindest grobe Fahrlässigkeit vorlägen.[561] Schließlich müsse auch bedacht werden, daß die Betriebsratstätigkeit kein bezahltes Nebenamt sei, sondern ein reines Ehrenamt.[562] Gerade an der Ehrenamtlichkeit mache der Gesetzgeber in anderen Bereichen, etwa bei politischen Ämtern, eine Haftungsbeschränkung auf Vorsatz und grobe Fahrlässigkeit fest, auch wenn im konkreten Fall kein Rückgriff auf die Staatshaftung möglich sei.[563] Ausgangspunkt müsse aber auch hier immer ein objektiv-abstrakter Maßstab sein, d.h. die Betriebsratsmitglieder könnten sich nicht mit mangelnden Sachkenntnissen entschuldigen.[564]

2. Übertragbarkeit auf die Arbeitnehmervertreter im Aufsichtsrat

Unterstellt man die für Betriebsratsmitglieder vertretene Haftungsbeschränkung von ihrer Rechtfertigung her als zutreffend, erscheint es dennoch fraglich, ob sie auf die Situation der Arbeitnehmervertreter im Aufsichtsrat übertragen werden kann. Entscheidend ist hier wieder, inwieweit die Gründe, die die Beschränkung für die Betriebsratsmitglieder rechtfertigen, ebenso auf die Arbeitnehmervertreter in einem Aufsichtsrat zutreffen oder auch nur in entsprechender Weise vorliegen.

Keine Bedenken ergeben sich dabei wegen einer drohenden Differenzierung zwischen Gewerkschaftsvertretern und Belegschaftsvertretern, wie sie bei einer Übernahme der Grundsätze zur Haftung bei betrieblich veranlaßter Tätigkeit nötig wäre.[565] Eine solche Differenzierung ist in diesem Fall nicht nötig, weil An-

---

558 *Belling*, S. 246; *Gaul*, O VII Rdnr. 38; *Konrad*, S. 151; *A. Weber*, S. 145; *H. Weber*, DB 1992, S. 2138.

559 *Belling*, S. 244; *Brill*, AuR 1980, S. 360; *Konrad*, S. 152.

560 *Belling*, S. 247; *A. Weber*, S. 146.

561 Zu den Voraussetzungen des § 23 Abs. 1: GK-BetrVG/*Wiese/Oetker*, § 23 Rdnr. 13 ff; Hess/*Schlochauer*/Glaubitz, § 23 Rdnr. 14; *Richardi*, BetrVG, § 23 Rdnr. 27.

562 *Gaul*, O VIII Rdnr. 34; *Richardi*, BetrVG, vor § 26 Rdnr. 14; *A. Weber*, S. 145.

563 *Belling*, S. 247 f. mit Verweis auf § 42 Abs. 2 SGB IV sowie Art. 39 Abs. 3 GO Niedersachsen (jetzt § 39 Abs. 4) und § 30 Abs. 3 lit. a) GO NW (jetzt § 43 Abs. 4 lit. a).

564 *Belling*, S. 253. Zum Sorgfaltsmaßstab für Aufsichtsratsmitglieder oben C).

565 Dazu oben I.

satzpunkt hier nicht das individuelle Arbeitsverhältnis ist, sondern vielmehr das ausgeübte Amt als solches im Rahmen der Umsetzung der Arbeitnehmermitbestimmung.

Der kritische Punkt ist vielmehr die unterschiedliche Ausgestaltung der beiden Ämter und die damit verbundene mangelnde Vergleichbarkeit hinsichtlich der Haftungssituation. Denn beim Aufsichtsratsmandat handelt es sich im Gegensatz zum Betriebsratsamt nicht um ein Ehrenamt, sondern um ein vergütetes Nebenamt.[566] Unerheblich ist dabei, daß die Höhe der Vergütung nicht mit dem durch die Tätigkeit verursachten Haftungsrisiko korrespondiert. Entscheidend ist nur, daß die das Ehrenamt kennzeichnende Unentgeltlichkeit beim Aufsichtsratsmandat nicht gegeben ist. Gerade an der dort für die Haftungsbeschränkung so entscheidenden Ehrenamtlichkeit im Sinne einer unentgeltlichen Tätigkeit für das Wohl einer bestimmten Gruppe fehlt es hier.[567] Für den besonderen Schutz, den Ehrenamtliche aufgrund ihrer unentgeltlichen Arbeit genießen sollen, gibt es damit im Rahmen der vergüteten Aufsichtsratstätigkeit keinen Raum. Beim vergüteten Nebenamt setzt auch das Argument an, die Haftungsrisiken für Aufsichtsratsmitglieder seien über eine Amtshaftpflichtversicherung deutlich leichter abzusichern.[568] Denn zum einen stehen den Aufsichtsratsmitgliedern mit der Vergütung finanzielle Mittel zum Abschluß einer solchen Versicherung zur Verfügung, die Betriebsratsmitglieder aufgrund der Unentgeltlichkeit ihrer Tätigkeit gerade nicht haben. Zum anderen - und das ist der Regelfall - besteht aber auch die Möglichkeit, daß die Versicherung als Teil der Vergütung direkt vom Unternehmen gezahlt wird.[569]

Aber auch die mit dem Amt verbundenen Funktionen weisen für beide Positionen entscheidende Unterschiede auf,[570] die gegen eine Übertragbarkeit der Haftungsgrundsätze sprechen. Denn der Betriebsrat ist allein Repräsentant der Belegschaft gegenüber dem Arbeitgeber und vor allem ihren Interessen verpflichtet, auch wenn er nach § 2 Abs. 1 BetrVG zum Wohl des Betriebes mit dem Arbeitgeber zusammenzuarbeiten hat.[571] Schwerpunkt bei der Ausübung seiner Mitbestimmungsrechte müssen jedenfalls immer die Belange der Belegschaft bleiben. Zudem ist der Einfluß, den der Betriebsrat auf die tatsächliche Betriebsführung nehmen kann, relativ begrenzt. An unternehmerischen Entscheidungen hat er kei-

---

566 *Hüffer*, § 116 Rdnr. 4; *Schlüter*, FS Baetge, S. 999.

567 *Schlüter*, FS Baetge, S. 999.

568 *Edenfeld/Neufang*, AG 1999, S. 55.

569 Dazu oben § 5 C). Für die Betriebsratsmitglieder können keine Versicherungsprämien vom Arbeitgeber übernommen werden. Eine solche Leistung müßte wohl als verstecktes Entgelt behandelt werden und würde damit gegen das Bevorzugungsverbot aus § 78 Satz 2 BetrVG verstoßen (Dazu *Richardi*, BetrVG, § 78 Rdnr. 25).

570 Dazu oben § 4 B) II. 2.

571 *Fitting/Kaiser/Heither/Engels*, § 2 Rdnr. 8.

nen Anteil. Demgegenüber sind die Arbeitnehmervertreter im Aufsichtsrat zwar von der Arbeitnehmerschaft entsandt, aber nicht ausschließlich deren Partikularinteressen unterworfen, sondern vor allem und in erster Linie dem Interesse des Unternehmens verpflichtet. Da sie gleichberechtigt neben den Anteilseignervertretern direkten Einfluß auf die unternehmerischen Entscheidungen nehmen können, ist der sie treffende Verantwortungsbereich auch deutlich größer, als das bei den Betriebsratsmitgliedern der Fall ist. Angesichts dieser gegenüber dem Betriebsrat deutlich höheren Verantwortlichkeit erscheint es nicht gerechtfertigt, die Haftungsgrundsätze für den Betriebsrat auf die Arbeitnehmervertreter zu übertragen.[572]

Auch die für den Betriebsrat angeführte Annäherung an § 23 Abs. 1 BetrVG, der ebenfalls eine grobe Pflichtverletzung verlangt, kann auf die Arbeitnehmervertreter nicht übertragen werden. Denn § 23 Abs. 1 BetrVG stellt die einzige Sanktion gegen Betriebsratsmitglieder außerhalb der direkten Strafvorschriften dar, so daß es durchaus gerechtfertigt erscheint, aus dessen Verschuldensvoraussetzungen eine allgemeine Wertung für die Verantwortlichkeit der Betriebsratsmitglieder zu ziehen und damit eine Haftungsbeschränkung zu begründen. Diese Situation ist für den Aufsichtsrat aber nicht gegeben. Das Gesellschaftsrecht sieht bei Pflichtverletzungen durch Mitglieder des Aufsichtsrats eine Reihe unterschiedlicher Sanktionen vor, ohne daß für diese ein bestimmtes Verschuldensmaß erforderlich wäre. Der Schluß einer allgemeinen Wertung wäre also höchstens in der umgekehrten Richtung möglich, daß nämlich gerade keine Haftungsbeschränkung für irgendein Aufsichtsratsmitglied vom Gesetzgeber gewollt ist. Zudem fehlt es für den Aufsichtsrat im Gegensatz zum Betriebsrat nicht an einer speziellen Haftungsregelung, die mit den §§ 116, 93 Abs. 2 Satz 1 AktG für alle mitbestimmten Aufsichtsräte vorliegt. Daher ist der Spielraum für eine Haftungsbeschränkung von vornherein erheblich begrenzter als es beim Betriebsrat der Fall ist, dessen Mitglieder ausschließlich nach allgemeinen Regeln haften.

Zusammenfassend läßt sich festhalten, daß auch die Überlegungen, die zu den Beschränkungen der Betriebsratshaftung geführt haben, nicht auf die Arbeitnehmervertreter im Aufsichtsrat übertragen lassen. Dem stehen in erster Linie die unterschiedlichen Konzeptionen beider Ämter entgegen.

III. Ergebnis

Mit dem arbeitsrechtlich zur Verfügung stehenden Instrumentarium kann eine Haftungsbeschränkung für die Arbeitnehmervertreter im Aufsichtsrat also nicht überzeugend erreicht werden. Festzuhalten bleibt für die weiteren Überlegungen, daß eine mögliche Haftungsbeschränkung letztlich nicht bei der Stellung der Arbeitnehmervertreter als Interessenvertreter der Arbeitnehmerschaft und

---

572 So auch *Edenfeld/Neufang*, AG 1999, S. 55; *Schlüter*, FS Baetge, S. 1000.

noch viel weniger bei ihrer Stellung als Teil der Belegschaft ansetzen kann. Selbst für die Belegschaftsvertreter im Aufsichtsrat können die sich aus dem Aufsichtsratsmandat ergebenden Rechte und Pflichten nicht dem Arbeitsverhältnis zugerechnet werden, sondern bestehen selbständig neben den arbeitsvertraglichen Pflichten allein aus der Organrechtsstellung. Das muß um so mehr für die Gewerkschaftsvertreter gelten, die in keinem Arbeitsverhältnis zum mitbestimmten Unternehmen stehen. Eine Haftungsbeschränkung kann daher wohl nur bei den im Aufsichtsrat zumindest faktisch gegebenen Unterschieden zwischen den beiden Interessengruppen und damit bei der Rechtsstellung der Arbeitnehmervertreter innerhalb des Organs ansetzen.

E) Haftungsmilderung entsprechend der US-amerikanischen *business judgement rule*

Ein weiterer Gedanke, der sich in Teilen der Literatur findet, befaßt sich mit der Schaffung eines Haftungsausnahmetatbestandes für unternehmerische Entscheidungen des Aufsichtsrats nach dem Vorbild der in den USA richterrechtlich entwickelten *business judgement rule*.[573]

Im Kern besagt diese *business judgement rule*, daß die Mitglieder des *board of directors*, also die für die Unternehmensleitung verantwortlichen Personen, nicht für einen aufgrund ihrer Entscheidung entstandenen Schaden haften, wenn sie sich vor der fraglichen unternehmerischen Entscheidung (*business decision*) ausreichend informiert haben (*due care*), uneigennützig (*disinterestedness*) und in dem guten Glauben gehandelt haben, dem Wohl des Unternehmens zu dienen (*good faith*).[574] Der ihnen dabei zustehende Beurteilungs- und Handlungsspielraum istt einer gerichtlichen Kontrolle entzogen.[575] Begründet wird diese Regel damit, daß Unternehmensentscheidungen eine gewisse Risikobereitschaft mit einschließen und eine zu strenge gerichtliche Kontrolle eine effiziente Geschäftspolitik behindert. Zudem seien Richter schlechte Geschäftsleute, die zumeist gar nicht in der Lage wären, die unternehmerische Entscheidung zu beurteilen.[576]

Bedenken gegen eine Übertragung dieser Regel auf die Mitglieder eines deutschen Aufsichtsrats bestehen schon deshalb, weil im amerikanischen Gesellschaftsrecht, anders als im deutschen Recht, nicht zwischen Geschäftsleitung und

---

[573] *Edenfeld/Neufang*, AG 1999, S. 56; *Mutter*, S. 206 m.w.N. Überwiegend wird das jedoch im Zusammenhang mit dem Vorstand diskutiert; vgl. etwa *Horn*, ZIP 1997, S. 1134 m.w.N. (Fn. 33); *Wiedemann*, S. 13.

[574] *Abeltshauser*, S. 132 f.; *Bastuck*, S. 23; *Merkt*, Rdnr. 684; *Mutter*, S. 211 ff.; *Trockels*, AG 1990, S. 141.

[575] *Edenfeld/Neufang*, AG 1999, S. 56; *Merkt*, Rdnr. 684.

[576] *Abeltshauser*, S. 130; *Edenfeld/Neufang*, AG 1999, S. 56; *Merkt*, Rdnr. 683; *Trockels*, AG 1990, S. 140.

Aufsichtsrat unterschieden wird, d.h. der Aufsichtsrat als eigenständiges Organ neben der Geschäftsleitung ist dem anglo-amerikanischen Recht ebenso fremd wie seine vornehmliche Rolle als unabhängiger Überwacher der Geschäftsleitung. Zudem liegt gerade der Bereich, auf den sich die *business judgement rule* bezieht, nämlich die unternehmerische Entscheidung, originär beim Vorstand, nicht hingegen beim überwachenden Aufsichtsrat. Selbst für die Bereiche, in denen der Aufsichtsrat an unternehmerischen Entscheidungen beteiligt ist,[577] bleibt die letztliche Verantwortung bei der Geschäftsleitung, so daß es insoweit schon an einem Ansatzpunkt für eine Übertragung dieser Regeln fehlt. Im übrigen geht auch das deutsche Recht davon aus, daß Aufsichtsratsmitglieder (wie auch Vorstandsmitglieder) zumindest bei unternehmerischen Entscheidungen einen Beurteilungspielraum haben, der allerdings der gerichtlichen Überprüfung offen steht, wobei die Beurteilung *ex ante* aus der Sicht eines objektiven Beobachters zu erfolgen hat.[578] Ihnen kann zudem kein Sorgfaltsverstoß vorgeworfen werden, wenn sie sich vor ihrer Entscheidung ausreichend informiert haben.[579] Das deutsche Recht kommt also ohne eine besondere ausdrückliche Regelung zu den gleichen Ergebnissen wie die US-amerikanische *business judgement rule*.[580]

Damit besteht für eine Übertragung dieser Regel auf den Aufsichtsrat also gar kein Bedarf und letztlich auch kein Raum.[581] Noch weniger Anlaß besteht daher, die *business judgement rule* in irgendeiner Form allein auf die Arbeitnehmervertreter im Aufsichtsrat zu übertragen.

F) Haftungsbegrenzung aus Billigkeitsgründen

Da die bisherigen Lösungsansätze hinsichtlich einer Haftungsbeschränkung zu keinem positiven Ergebnis geführt haben, kann nun nur noch auf die allgemeinen Grundgedanken, die das Wertegerüst unserer Rechtsordnung bilden, zurückgegriffen werden. Ansatzpunkt ist dabei die im Aufsichtsrat bestehende Inhomogenität zwischen beiden Interessengruppen, durch die den Arbeitnehmervertretern nicht dieselben Durchsetzungsmöglichkeiten wie den Anteilseignervertretern zur Verfügung stehen.[582] Letztlich ist also zu klären, ob hier nicht aufgrund der Rechtsstellung der Arbeitnehmervertreter als Gruppe aus allgemeinen Billigkeitserwägungen heraus eine Reduzierung der Haftung - möglicherweise *de lege ferenda* - verlangt werden muß.

---

[577] Dazu oben § 3 A) III.

[578] BGH NJW 1997, 1926; *Horn*, ZIP 1997, S. 1137.

[579] *Edenfeld/Neufang*, AG 1999, S. 56.

[580] *Trockels*, AG 1990, S. 144; dagegen betont *Hopt*, FS Mestmäcker, S. 920, daß die *business judgement rule* im deutschen Recht nicht gelte.

[581] Im Ergebnis ebenso *Mutter*, S. 220; *Trockels*, AG 1990, S. 144.

[582] Dazu zusammenfassend oben § 4 E).

Zu denken ist dabei an eine Haftungsreduzierung auf der Rechtsfolgenseite, indem man – abweichend vom Grundsatz der Totalreparation - die Ersatzpflicht selbst der Höhe nach einschränkt.

I. Der Grundsatz der Totalreparation

Das Grundproblem des Schadensersatzrechts besteht darin, daß sich mit dem Kompensationsinteresse des Geschädigten und dem Interesse des Schädigers an einer möglichst geringen Ersatzverpflichtung zwei gegensätzliche Positionen gegenüber stehen, zwischen denen ein gerechter Ausgleich gefunden werden muß. Im geltenden Recht hat sich der Gesetzgeber dabei für den Grundsatz der Totalreparation entschieden und damit den Interessen des Geschädigten deutlichen Vorrang vor den Interessen des Schädigers eingeräumt. Mit der Entscheidung für die Totalreparation, die in erster Linie den Interessen des Geschädigten dient, ist zugleich eine Absage an eine verschuldensabhängige Abstufung der Ersatzpflicht verbunden, wodurch die Ersatzpflicht von moralisierenden oder strafenden Zwecken freigehalten werden soll.[583]

Gegen das Prinzip der Totalreparation wird eingewandt, daß auch die Handlungsfreiheit des Schädigers, die durch die drohende Ersatzpflicht beeinträchtigt sei, verfassungsrechtlich geschützt werde, wobei darauf verwiesen wird, daß nach der Rechtsprechung des Bundesverfassungsgerichts[584] in der gesetzlichen Begründung von Zahlungsverpflichtungen - die auch bei Schadensersatzansprüchen gegeben ist - ein Eingriff in Art. 2 Abs. 1 GG zu sehen sei. Zwar habe das Bundesverfassungsgericht das ausdrücklich nur für das Familienrecht ausgesprochen, dasselbe müsse aber grundsätzlich auch für das Schadensersatzrecht gelten, jedenfalls bei exorbitanten, ruinösen Ersatzpflichten, bei denen neben der Handlungsfreiheit auch noch das allgemeine Persönlichkeitsrecht betroffen sein könnte.[585] Das müsse um so mehr gelten, als das Verschulden sich nur auf die Tatbestandsverwirklichung, nicht aber auf die Höhe des Schadens zu beziehen brauche.[586]

Von anderer Seite wird argumentiert, der Gesetzgeber habe im Schadensersatzrecht bereits durch die differenzierte gesetzliche Haftungsordnung mit dem Verschuldensprinzip als Regel, die durch die Gefährdungstatbestände durchbrochen werde, die wiederum Unterausnahmen kennen, angeordnet, was verhältnismäßig sei.[587] Im übrigen sei es nicht Aufgabe des materiellen Ersatzrechts, vor

---

[583] Vgl. dazu die *Motive* zum BGB, II S. 17 f.

[584] BVerfGE 57, 361, 378; 63, 88, 109.

[585] *Canaris,* JZ 1987, S. 995.

[586] *Canaris,* JZ 1987, S. 1001.

[587] *Medicus,* AcP 192 (1992), S. 37.

drohender Existenzvernichtung wegen extrem hoher Forderungen zu schützen. Das sei vielmehr Aufgabe des Zwangsvollstreckungsrechts. Zudem sei eine drohende Existenzvernichtung durch extrem hohe Forderungen keine Eigenheit des Schadensersatzrechts, sondern könne auch in anderen Bereichen mit den gleichen Konsequenzen vorkommen.[588]

Der Tatsache, daß der Grundsatz der Totalreparation im Ersatzrecht nicht immer zu angemessenen Ergebnissen führt, hat der Gesetzgeber bereits mit der Vorschrift des § 254 BGB ausdrücklich Rechnung getragen. Aber auch darüber hinaus zeigt sich an den Einschränkungen und Abmilderungen von Ersatzverpflichtungen, die Rechtsprechung und Literatur im Laufe der Zeit entwickelt haben und die zu einem Großteil nicht mehr ernsthaft in Frage gestellt werden,[589] daß unter bestimmten Umständen ein Bedürfnis danach besteht, die vom Gesetz vorgesehene Totalreparation zugunsten des Schuldners aufgrund von Billigkeitsgründen einzuschränken.

II. Möglichkeiten der Haftungsbegrenzung aus Billigkeitsgründen

Unterstellt man, daß im konkreten Fall aus Billigkeitserwägungen eine Haftungsbeschränkung notwendig ist, stellt sich weitergehend die Frage, wie eine solche Beschränkung umgesetzt werden kann.

1. Haftungsbegrenzung *de lege lata* über den Rechtsmißbrauchseinwand des § 242 BGB

Zum Teil wird angenommen, dem Bedürfnis einer Haftungsbeschränkung könne *de lege lata* bereits über den Rechtsmißbrauchseinwand des § 242 BGB nachgekommen werden.[590] Diese Vorschrift dient als das gesamte Zivilrechtsleben beherrschende Generalklausel gegen jedes in irgendeiner Form rechtsmißbräuchliche Verhalten, daß eben – wie es in der Norm formuliert wird - gegen Treu und Glauben verstößt, und ermöglicht zugleich die Korrektur unbilliger Ergebnisse.[591]

Bei einem Vorgehen über § 242 BGB müsse dann nach der oben genannten Meinung eine Abwägung der widerstreitenden Interessen von Gläubiger und Schuldner erfolgen, bei der vor allem beider Vermögensverhältnisse als wesentli-

---

[588] *Medicus*, AcP 192 (1992), S. 66.

[589] Dazu zählen etwa die Haftungsbeschränkung wegen betrieblich veranlaßter Tätigkeit (dazu oben D) I. 1.), die Beschränkung der Betriebsratshaftung (dazu oben D) II. 1.) oder der gestörte Gesamtschuldnerausgleich.

[590] Dazu und zum folgenden: *Canaris*, JZ 1987, S. 1002 ff.; ähnlich Soergel/*Mertens*, vor § 249 Rdnr. 40.

[591] Palandt/*Heinrichs*, § 242 Rdnr. 1 f., 13.

ches Entscheidungskriterium im Vordergrund zu stehen hätten. Demgegenüber könne dem Ausmaß des Verschuldens nur eine untergeordnete Rolle zukommen, zumal sich das Verschulden gerade nicht auf die Schadenshöhe, die erst eine Haftungsreduktion ermögliche, zu beziehen habe. Darüber hinaus sei die konkrete Feststellung eines bestimmten Verschuldensgrads auch nur unter Schwierigkeiten und mit eher willkürlichen Ergebnissen möglich. Dem Richter stehe bei diesem Vorgehen zwar ein bedenklich großer Ermessensspielraum zur Verfügung, das sei aber als kleineres Übel im Vergleich zur Totalreparation hinzunehmen.

Gegen den vorgeschlagenen Weg über den individuellen Mißbrauchseinwand nach § 242 BGB wird zutreffend eingewandt, dem Geschädigten könne kein Rechtsmißbrauch vorgeworfen werden, wenn er - dem geltenden Recht entsprechend - vom Schädiger auch bei hohen Schäden vollen Ersatz verlange.[592] Es kann nicht dem Geschädigten angelastet werden, wenn das Verhalten des Schädigers bei ihm zu extrem hohen Schäden führt. Wenn er diese Schäden, an deren Entstehen ihn kein Verschulden trifft (denn ein solches würde ja bereits über § 254 BGB angerechnet), in vollem Umfang ersetzt verlangt, kann ihm kein Rechtsmißbrauch allein aufgrund der Schadenshöhe vorgeworfen werden, selbst dann nicht, wenn er wirtschaftlich nicht auf die Ersatzleistung angewiesen wäre.

2. Haftungsbegrenzung *de lege ferenda* nach dem Vorbild einer Reduktionsklausel

Lehnt man eine Umsetzung *de lege lata* über den Rechtsmißbrauchseinwand ab, bleibt die Möglichkeit einer Umsetzung *de lege ferenda.*[593] Erwägen könnte man dabei eine Beschränkung nach dem Vorbild einer haftungsrechtlichen Reduktionsklausel.

a) Der Referentenentwurf des § 255 a BGB von 1967

Eine solche Reduktionsklausel wurde auch bereits für das allgemeine Schadensrecht diskutiert.[594] Auf Anregung des 43. Juristentages von 1960[595] wurde sogar der folgende Referentenentwurf eines § 255 a BGB vorgelegt, der allerdings nie Gesetz geworden ist:

---

[592] *Medicus,* AcP 192 (1992), S. 67.

[593] *Medicus,* AcP 192 (1992), S. 67 mit verschiedenen Ansätzen.

[594] Normiert ist eine solche Reduktionsklausel etwa in der Schweiz in Art. 43 Obligationenrecht.

[595] Dazu aus den Verhandlungen des 43. Deutschen Juristentages das Gutachten von *Lange* sowie die Referate von *Wilburg* und *Hauß*.

„(1) Ist der Schaden im Hinblick auf die Ersatzpflicht begründenden Umstände außergewöhnlich hoch, so kann das Gericht die Ersatzpflicht insoweit einschränken, als sie für den Ersatzpflichtigen auch unter Berücksichtigung der berechtigten Interessen des Gläubigers zu einer schweren Unbilligkeit führen würde.
(2) Eine Einschränkung der Ersatzpflicht ist ausgeschlossen, soweit der Ersatzpflichtige oder ein verfassungsmäßig berufener Vertreter des Ersatzpflichtigen oder im Falle des § 839 derjenige, der die Amtspflicht verletzt hat, den Schaden vorsätzlich oder grob fahrlässig herbeigeführt hat.
(3) Im übrigen ist das Verschulden von Personen, für die der Ersatzpflichtige einzustehen hat, bei Anwendung des Absatzes 1 angemessen zu berücksichtigen."[596]

Die wesentlichen Elemente einer solchen Reduktionsklausel sind also, daß eine Haftungsreduzierung überhaupt nur bei leichter und mittlerer Fahrlässigkeit in Betracht kommt, ein im Verhältnis zu den haftungsbegründenden Umständen extrem hoher Schaden sowie daraus resultierend ein an Billigkeitserwägungen orientiertes Entscheidungsermessen des angerufenen Gerichts hinsichtlich des Ausmaßes der Reduzierung.[597] Wie auch bei den Grundsätzen zur Betriebsratshaftung und zur Haftung bei betrieblich veranlaßter Tätigkeit[598] erfolgt die Haftungsbeschränkung ausschließlich auf der Rechtsfolgenseite unter Berücksichtigung des dem Schuldner vorzuwerfenden Verschuldens, indem der Umfang der Haftung und damit die Höhe des Ersatzanspruchs reduziert wird. Damit wird das normalerweise im Haftungsrecht geltende „Alles oder nichts"-Prinzip durchbrochen, und es erfolgt ein Übergang vom strengen zum billigen Recht.[599] Greifen sollte die Reduktionsklausel in der oben dargestellten Form allerdings ausdrücklich nur in extremen Ausnahmefällen mit einem außergewöhnlich hohen Schaden.[600]

Gegen eine solche im gesamten Schadensrecht mögliche Reduktion wird unter anderem eingewandt, sie erlege dem Geschädigten ein Sonderopfer auf.[601]

---

[596] *RefE* Art. 1 Nr. 2.

[597] *Bydlinski*, JBl 1968, S. 331 f., verlangt die Festschreibung von Richtlinien, an denen der Richter sich bei seiner Entscheidung zu orientieren hat, und will gleichzeitig die Voraussetzung des „außergewöhnlich hohen Schadens" aufgeben.

[598] Dazu oben D).

[599] *Bydlinski*, JBl 1968, S. 330; *Deutsch*, Rdnr. 631; *Hauß*, C 23; *Löwe*, VersR 1970, S. 289; *RefE*, Begründung, S. 40; *Stoll*, RabelsZ 1970, S. 481; *Wadle*, VersR 1971, S. 485. Kritisch zum „Alles oder nichts"-Prinzip bereits *Jhering*, S. 54 ff; *Gierke*, S. 198, 266 f.; nach *Dernburg*, § 28 II, S. 74, ist das „Alles oder nichts"-Prinzip Ausdruck einer „einäugigen Gerechtigkeit", die einseitig den Interessen des Geschädigten dient.

[600] *RefE* S. 42 f.. Dabei soll durch den Begriff des „außergewöhnlich hohen Schadens" im Verhältnis zu § 254 Abs.2 BGB, wo von einem „ungewöhnlich hohen Schaden" die Rede ist, ein noch gesteigerter Grad der Ungewöhnlichkeit Tatbestandsvoraussetzung sein; siehe auch *Hauß*, C 38; *Löwe*, VersR 1970, S. 290; *Stoll*, RabelsZ 1970, S. 483.

[601] *Löwe*, VersR 1970, S. 291; *Medicus*, SchuldR I, Rdnr. 585; *Wadle*, VersR 1971, S. 491.

Gerade hier kommt jedoch der Billigkeitsgedanke zum Tragen, weil dem Sonderopfer des Geschädigten die durch eine volle Ersatzpflicht für den außergewöhnlich hohen Schaden drohende Existenzvernichtung des nur leicht fahrlässig handelnden Schädigers gegenübersteht.[602] Es kommt also darauf an, die widerstreitenden Interessen unter Billigkeitsgesichtspunkten gegeneinander abzuwägen. Auch bei anderen mittlerweile weitestgehend anerkannten Haftungsbeschränkungen, wie etwa bei der betrieblich veranlaßten Tätigkeit, wird im übrigen zur Rechtfertigung gerade der krasse Gegensatz zwischen dem drohenden Schadensrisiko und den zur Verfügung stehenden Mitteln des Schuldners unter Billigkeits- bzw. Gerechtigkeitserwägungen herangezogen.[603]

Zum Teil wird angenommen, eine solche Reduktion sei bereits - zumindest verdeckt - über § 254 BGB möglich.[604] Damit wird die Reichweite des § 254 BGB indes über das vertretbare Maß hinaus ausgedehnt, denn § 254 BGB setzt zumindest irgendeinen Verschuldensbeitrag des Geschädigten voraus,[605] was bei der Reduktionsklausel gerade nicht der Fall ist. Denn dort erfolgt die Beschränkung des Haftungsumfanges nur aufgrund des angesichts der Gesamtumstände extrem hohen Schadens, ohne daß der Gläubiger in irgendeiner Form auf die Schadensverursachung oder auch nur die Gesamtumstände Einfluß gehabt zu haben braucht.

Weiter wird gegen eine Durchbrechung des „Alles oder nichts“-Prinzips eingewandt, sie laufe dem Zweck der Ersatzpflicht in Form der Schadenskompensation zuwider. Denn durch die Verknüpfung von Verschuldensausmaß und Höhe der Ersatzleistung würde der Ersatzpflicht ein Strafcharakter zugewiesen, der vom Gesetz nicht bezweckt sei.[606] Aber auch dem läßt sich wieder entgegenhalten, daß bei anderen Haftungsbegrenzungen (hier ist wiederum die betrieblich veranlaßte Tätigkeit zu nennen) die Höhe der Ersatzleistung ebenfalls an das Verschuldensausmaß gekoppelt ist. Letztlich stellt die Vorschrift des § 254 BGB gleichfalls eine solche Verknüpfung her, wenn auch auf der Seite des Geschädigten, der im Verhältnis zu seinem Mitverschulden seinen Schaden selbst tragen muß.

Für das allgemeine Schadensrecht ist die Einführung einer Reduktionsklausel in der oben dargestellten Form abgelehnt worden, wobei als Argument vor allem angeführt wurde, der Richter könne nur auf Kosten des Geschädigten Milde

---

602 Ähnlich *Deutsch*, Rdnr. 631.

603 Dazu oben D) I.

604 *Hohloch*, S. 386.

605 Erman/*Kuckuk*, § 254 Rdnr. 20; Palandt/*Heinrichs*, § 254 Rdnr. 14.

606 *Wadle*, VersR 1971, S. 487. Die *Motive* zum BGB, II S. 17 f., lehnen in der Tat eine Abstufung der Ersatzpflicht nach der Art oder dem Grad des Verschuldens als eine „Hereinziehung moralisierender oder strafrechtlicher Gesichtspunkte“ ausdrücklich ab.

gegen den Schädiger walten lassen.[607] Dem wird entgegengehalten, daß das herrschende „Alles oder nichts"-Prinzip umgekehrt ausschließlich die Gläubigerinteressen berücksichtige.[608]

Die Entscheidung gegen eine Reduktionsklausel als Generalklausel des allgemeinen Schadensrecht hat gewichtige Gründe für sich. Gerade die Häufung unbestimmter Rechtsbegriffe erschweren eine gleichmäßige Anwendung in der Praxis und führen damit zu einer nur schwer hinnehmbaren Rechtsunsicherheit.[609] Selbst bei einer gewollten Begrenzung auf besondere Extremsituationen ergeben sich für den Rechtsanwender erhebliche Schwierigkeiten schon bei der Entscheidung, wann tatsächlich eine solche Ausnahmesituation vorliegt und woran die außergewöhnliche Höhe des Schadens zu messen ist.[610]

Entscheidend ist im Rahmen der vorliegenden Untersuchung jedoch nicht, ob eine für das gesamte Schadensersatzrecht geltende Reduktionsklausel wünschenswert wäre. Hier geht es vielmehr um die Frage, ob eine solche Klausel als Vorbild dienen kann, um *de lege ferenda* eine Haftungsreduzierung für die Arbeitnehmervertreter im Aufsichtsrat zu erreichen.

b) Übertragung auf die Haftungssituation der Arbeitnehmervertreter im Aufsichtsrat

Um nach dem Vorbild einer Reduktionsklausel eine Haftungsbegrenzung zugunsten der Arbeitnehmervertreter einführen zu können, ist Grundvoraussetzung, daß die bisherige Rechtslage zu unbilligen Ergebnissen führt. Abzuwägen ist damit, inwieweit die Arbeitnehmervertreter sich angesichts der Tatsache, daß sie in gleicher Weise wie die Anteilseignervertreter haften, in einer nicht hinzunehmenden Situation befinden.

Nicht argumentiert werden kann hier mit der Höhe des drohenden Schadens. Auch wenn in vielen Fällen die geschädigte Gesellschaft trotz des verursachten Schadens erheblich finanzstärker ist als der schädigende Arbeitnehmervertreter, darf seine persönliche Verantwortung nicht allein aufgrund der finanziellen Verhältnisse beschränkt werden, denn dem Gesetz ist der Grundsatz „richesse oblige"[611] fremd.

Ein ebenfalls eher zweifelhaftes Argument für eine Haftungsreduktion, das sich gerade in der arbeitsrechtlichen Literatur zu dort möglichen Haftungsbeschränkungen immer wieder findet,[612] ist die Förderung der Entschlußfreudigkeit

---

[607] *Medicus*, SchuldR I, Rdnr. 585.

[608] *Hauß*, C 23; *Lange*, S. 24.

[609] *Löwe*, VersR 1970, S. 291; i.E. ebenso *Stoll*, RabelsZ 1970, S. 484 f.; dagegen *Hauß*, C 42.

[610] Kritisch zu einer allgemeinen Reduktion per Generalklausel: *Lorenz-Meyer*, S. 81 ff.

[611] *Bydlinski*, JBl 1968, S. 333.

[612] Dazu oben D).

der potentiellen Schädiger, also hier der Arbeitnehmervertreter. Dabei wird von der Überlegung ausgegangen, daß bei einem (vor allem hinsichtlich der Schadenshöhe) extrem großen Haftungsrisiko die Entschlußfreudigkeit aus Angst vor der drohenden Haftung sinkt und damit die Effektivität der Arbeit leidet.[613] Dem ist aber entgegenzuhalten, daß regelmäßig mit der Übernahme eines Amtes - auch außerhalb der Aufsichtsratstätigkeit - ebenso die Übernahme von Verantwortung und eines Haftungsrisikos verbunden ist. Wer sich dieser Verantwortung nicht gewachsen und deshalb gehindert sieht, rechtserhebliche Beschlüsse zu fassen, darf ein solches Amt nicht übernehmen. Ihn trifft ein Übernahmeverschulden, falls er es dennoch tut. Denn die Übernahme eines Aufsichtsratsmandates erfolgt stets freiwillig. Zudem ist zu bedenken, daß derjenige, der keine Beschlüsse faßt oder sich nicht an einer entsprechenden Beschlußfassung beteiligt, ebenso eine Entscheidung trifft. Auch diese Entscheidung, untätig zu sein, kann gleichermaßen eine Pflichtverletzung darstellen und damit eine Haftung auslösen.

Bedacht werden muß in diesem Zusammenhang ebenfalls, daß sich das drohende Haftungsrisiko durch eine Versicherung zumindest für den Bereich der einfachen Fahrlässigkeit absichern und damit begrenzen läßt. Mit einer solchen D&O-Versicherung[614] ist nicht nur dem versicherten Aufsichtsratsmitglied, sei es ein Vertreter der Arbeitnehmer oder der Anteilseigner, gedient, sondern auch dem betroffenen Unternehmen bzw. den anderen in Betracht kommenden Gläubigern. Denn bei einer vorhandenen Amtspflichtversicherung sind die Gläubiger gegen eine mögliche Insolvenz des Schuldners geschützt, die gerade angesichts der hohen Schadensforderungen, die im Haftungsfall drohen, durchaus im Bereich des Möglichen liegt. Grundsätzlich wird für den Fall einer Versicherung, die wegen § 61 VVG auch lediglich bei einfacher Fahrlässigkeit eingreift, von vornherein eine Reduktion der Haftung ausgeschlossen, denn eine solche Reduktion ist allein für den Fall vorgesehen, daß dem Schädiger nur ein geringer Verschuldensvorwurf gemacht werden kann.[615] Das gilt zwar vom Prinzip her bloß bei einer bestehenden Versicherung. Allerdings muß hier bedacht werden, daß durch eine Amtspflichtversicherung das Haftungsrisiko relativ einfach begrenzt werden kann. Daher spricht allein die Versicherbarkeit des Haftungsrisikos gegen eine nachträgliche Haftungsreduzierung, weil durch den Abschluß einer Versicherung das Aufsichtsratsmitglied selbst Einfluß darauf nehmen kann, inwieweit er für ein mögliches Fehlverhalten letztendlich persönlich mit seinem Vermögen zur Verantwortung gezogen wird. Daß diese Versicherung im Regelfall von der Gesellschaft abgeschlossen und finanziert wird, entspricht auch einer gerechten Risiko-

---

[613] So auch für die Haftung von Aufsichtsrat und Vorstand *Hopt*, FS Mestmäcker, S. 914, nach dem ein zu großes Haftungsrisiko bei den Bedrohten zu einem defensiven Verhalten führen könne.

[614] Dazu oben § 5 C).

[615] *Bydlinski*, JBl 1968, S. 333; *Deutsch*, Rdnr. 631.

verteilung zwischen dem Aufsichtsratsmitglied und der Gesellschaft, die im Haftungsfall meist mit betroffen ist, entweder als direkt Geschädigte oder wegen der eventuellen Freistellungspflicht im Innenverhältnis.[616]

Ebenso wenig kann zugunsten einer Haftungsbeschränkung damit argumentiert werden, auch bei Vorliegen der erforderlichen Mindestkenntnisse[617] fehle es den Arbeitnehmervertretern möglicherweise an notwendigen Spezialkenntnissen, so daß sie in konkreten Fällen gar nicht in der Lage seien, in gleichem Umfang wie die Anteilseignervertreter den entscheidungserheblichen Sachverhalt zu beurteilen. Selbst wenn man einen Fall konstruiert, in dem eine solche Situation gegeben ist, ohne daß den Arbeitnehmervertretern ein Vorwurf wegen mangelnder Sachkenntnisse gemacht werden könnte, könnte dem zugunsten der betroffenen Arbeitnehmervertreter im Rahmen des ohnehin anzustellenden Gesamtschuldnerausgleichs durch eine entsprechende Quotelung Rechnung getragen werden. Denn eine solche Situation ist - wenn überhaupt - nur denkbar in Fällen, wo mehrere Aufsichtsratsmitglieder an der schadensbegründenden Entscheidung beteiligt waren. In allen anderen Fällen wäre das betreffende Aufsichtsratsmitglied bei Fehlen der konkret notwendigen Spezialkenntnisse schon gar nicht befugt, allein zu handeln oder zu entscheiden, so daß ihm dann wiederum ein Pflichtverstoß vorgeworfen werden müßte.[618]

Ein zusätzliches Problem, das sich ergibt, wenn man die Übertragbarkeit der dargestellten Grundsätze erwägt, rührt daher, daß sich im Haftungsfall nicht nur der Arbeitnehmervertreter als Schädiger und der Geschädigte als Gläubiger einer möglichen Ersatzforderung in einem zweiseitigen Verhältnis gegenüberstehen. Dazu kommt mit den Anteilseignervertretern noch eine weitere Gruppe von potentiellen Schädigern, die selbst mit einer Reduktionsklausel zumindest tatbestandsmäßig aus denselben Vorschriften haften wie die Arbeitnehmervertreter. Bei der hier vorzunehmenden Abwägung müssen also nicht nur das Schadensausgleichsinteresse des Geschädigten und das Haftungsreduktionsinteresse des schädigenden Arbeitnehmervertreters gegeneinander abgewogen werden. Darüber hinaus muß das Reduktionsinteresse des Arbeitnehmervertreters in Verhältnis gesetzt werden zu dem Interesse des oder der mithaftenden Anteilseignervertreter an voll haftenden Mitschuldnern einerseits und an einer auch für sie geltenden Haftungsreduktion andererseits. Denn jede Haftungsreduktion für Arbeitnehmervertreter ist nicht nur an ihrer Rechtfertigung gegenüber dem Gläubiger zu messen, sondern auch und wohl sogar in erster Linie an ihrer Rechtfertigung gegenüber den übrigen mithaftenden Personen, vor allem den mithaftenden Anteilseignervertretern.

---

[616] Dazu oben § 5 A) I. 3.

[617] Dazu oben § 3 C) II.

[618] Dazu oben § 3 C) III 2. a).

Entscheidend ist jedenfalls auch hier wieder die Rechtsstellung der Arbeitnehmervertreter im Aufsichtsrat, gerade im Verhältnis zu den Anteilseignervertretern. Selbst wenn bei gruppenmäßiger Betrachtung keine Parität im Aufsichtsrat gegeben ist und die tatsächliche Arbeit in den Aufsichtsräten stark vom „Bänkedenken“ geprägt ist, darf nicht aus den Augen verloren werden, daß das Gesetz, sobald die Aufsichtsratsmitglieder in ihr Amt bestellt sind, keinen Unterschied zwischen den einzelnen Gruppen macht und jedes Aufsichtsratsmitglied mit den gleichen Rechten und Pflichten ausstattet. Wenn diese vom Gesetz vorgegebene Gleichheit der Rechte und Pflichten in der Praxis nicht umgesetzt wird, kann es nicht Aufgabe des Haftungsrechts sein, diese Mängel durch eine gesetzliche Umgestaltung der Haftung auszugleichen.

Letztendlich hat jedes einzelne Aufsichtsratsmitglied schließlich, unabhängig davon, welche Gruppe es entsandt hat, die gleiche Position im Aufsichtsrat.[619] Damit steht auch jedem Aufsichtsratsmitglied rechtlich das gleiche Maß an Entscheidungskompetenz und Macht innerhalb des Organs zur Verfügung. Mit der Entscheidungskompetenz muß aber immer ein ebenso großes Maß an Verantwortlichkeit einhergehen. Das folgt aus dem Prinzip der Privatautonomie, das dem gesamten Privatrecht zugrunde liegt und nach dem jeder Einzelne die Freiheit besitzt, selbst eine Regelung seiner Lebensverhältnisse zu treffen.[620] Die Privatautonomie, die sich aus der allgemeinen Handlungsfreiheit nach Art. 2 Abs. 1 GG ergibt, ist aber als Teil des allgemeinen Prinzips der Selbstbestimmung untrennbar mit dem Prinzip der persönlichen Verantwortung verbunden.[621] Es gehört damit zu den Grundfesten unserer Privatrechtsordnung, daß Entscheidungskompetenz mit der persönlichen Verantwortlichkeit einhergehen muß. Das beruht nicht zuletzt darauf, daß die persönliche Verantwortlichkeit den Entscheidungsträger dazu zwingt, seine Entscheidung sorgsam hinsichtlich der damit verbundenen Konsequenzen und Risiken zu überdenken. Gerade in den Bereichen, in denen die zu treffenden Entscheidungen sich nicht in erster Linie für den Entscheidungsträger selbst auswirken, sondern für eine andere natürliche oder juristische Person, stellt das Prinzip der persönlichen Verantwortlichkeit sicher, daß diese Entscheidungen sorgfältig getroffen werden. Es bestehen nicht genügend Anhaltspunkte, daß die Arbeitnehmervertreter im Aufsichtsrat in ihrer Entscheidungskompetenz derartig eingeschränkt wären, daß eine Einschränkung ihrer persönlichen Verantwortlichkeit aus Billigkeitsgründen gerechtfertigt wäre. Selbst wenn in einzelnen Aufsichtsräten eine solche Kompetenzbeschränkung faktisch gegeben ist, kann das nicht über eine Haftungsreduzierung aus Billigkeitserwägungen korrigiert werden, sondern muß über eine den gesetzlichen Vorgaben entsprechende Verstärkung der Entscheidungskompetenz behoben werden.

---

[619] Die Sonderposition des Aufsichtsratsvorsitzenden kann hier außer acht gelassen werden.

[620] *Brox*, BGB AT, Rdnr. 24.

[621] Erman/*Palm*, Einl. § 104 Rdnr. 1; Palandt/*Heinrichs*, Überbl. vor § 104 Rdnr. 1.

Da die Entscheidungskompetenz der einzelnen Arbeitnehmervertreter nicht im Übermaß eingeschränkt ist, erscheint es auch in Hinsicht auf die ebenfalls von einer Amtshaftung bedrohten Anteilseignervertreter nicht gerechtfertigt, die Haftung der Arbeitnehmervertreter einseitig einzuschränken. Denn gerade im Vergleich zu dieser Gruppe zeigt sich keine Benachteiligung oder gar Unterdrückung der Arbeitnehmervertreter, die ausreichend wäre, um eine nur für einen Teil des Aufsichtsrats geltende Haftungsreduzierung für notwendig zu erachten. Durch die Unternehmensmitbestimmung wird den Arbeitnehmern schließlich in hohem Maße Einfluß auf die Geschäftsführung und damit die Geschicke des mitbestimmten Unternehmens eingeräumt. Ein solcher Einfluß verpflichtet die Arbeitnehmervertreter dazu, die mit dieser Macht verbundene Verantwortlichkeit anzunehmen. Dem stände eine Haftungsmilderung ausschließlich zugunsten der Arbeitnehmervertreter entgegen. Zudem würde sich eine solche Haftungsbeschränkung wahrscheinlich negativ auf die Arbeit der Arbeitnehmervertreter auswirken, die dann nicht mehr befürchten müßten, für ihre Entscheidungen zur Verantwortung gezogen zu werden, und dementsprechend auch nicht darauf bedacht sein müßten, sorgfältig zu handeln.

Wollte man die persönliche Verantwortung zugunsten der Arbeitnehmervertreter durch eine Reduzierung ihrer Haftung einschränken, würde man damit zudem gleichzeitig die Unternehmensmitbestimmung als Institution schwächen. Denn Arbeitnehmervertreter, die für ihre im Aufsichtsrat getroffenen Entscheidungen nicht einzustehen haben, können auch nicht erwarten, von den Anteilseignervertretern oder dem Vorstand als vollwertige Aufsichtsratsmitglieder angesehen und gehört zu werden. Wollen die Arbeitnehmervertreter aber die Unternehmensmitbestimmung in ihrer vollen Tragweite umsetzen, müssen sie auch mit der damit verbundenen unternehmerischen und gesellschaftlichen Macht die mit der Machtausübung verbundene Verantwortung für Fehler akzeptieren und für diese Fehler nach den allgemeinen zivilrechtlichen Vorschriften wie die Anteilseignervertreter haften, ohne sich auf eine Beschränkung berufen zu können.

Letztendlich fehlt es also hinsichtlich der Haftung bereits an einer für die Arbeitnehmervertreter im Aufsichtsrat nicht hinzunehmenden Situation. Die bestehende Rechtslage führt für die Arbeitnehmervertreter damit nicht zu unbilligen Ergebnissen, die *de lege ferenda* eine Reduktion der Haftung rechtfertigen würden.

III. Ergebnis

Die Arbeitnehmervertreter haben mit der Übernahme des Aufsichtsratsamts Verantwortung für die Geschicke des Unternehmens übernommen. Diese Verantwortung enthält als wesentliches Element auch die mögliche Amtshaftung bei Pflichtverletzungen, die sich aus dem Prinzip der persönlichen Verantwortlichkeit ergibt. Dabei ist der einzelne Arbeitnehmervertreter gegenüber den Anteilseignervertretern in seiner Entscheidungskompetenz nicht derartig stark benachteiligt, daß zu seinen Gunsten aus Billigkeitsgründen eine Reduzierung seiner Haftungsverpflichtung notwendig wäre. Daher kann die Haftung der Arbeitnehmervertreter weder *de lege lata* noch *de lege ferenda* nach dem Vorbild einer Reduktionsklausel eingeschränkt werden. Die Arbeitnehmervertreter im Aufsichtsrat haften damit in gleicher Weise und vor allem auch in gleichem Umfang wie die Anteilseignervertreter für Pflichtverletzungen, die sie im Rahmen der Wahrnehmung ihres Mandats begehen.

§ 7 Schlußbetrachtung

Die vorliegende Untersuchung hat gezeigt, daß die Arbeitnehmervertreter im Aufsichtsrat in gleicher Weise wie die Anteilseignervertreter haften. Eine Reduzierung dieser Haftung zu ihren Gunsten läßt sich unter keinem rechtlichen Gesichtspunkt rechtfertigen. Zusammenfassend kann folgendes festgehalten werden:

Die Arbeitnehmervertreter werden in den Aufsichtsrat entsandt, um die Arbeitnehmermitbestimmung auf Unternehmensebene durchzusetzen. Dabei werden sie in das bestehende gesellschaftsrechtliche Konzept eingebunden. Wichtigste Aufgabe des Organs Aufsichtsrat ist die Überwachung des Vorstands. An dieser Hauptaufgabe sind alle seine Rechte und Pflichten ausgerichtet.[622] Mit der Überwachung der Geschäftsführung übernimmt der Gesamtaufsichtsrat in hohem Maße Mitverantwortung für die Geschicke des Unternehmens. Das Ausmaß dieser Verantwortung spiegelt sich in der Rechtsstellung der einzelnen Aufsichtsratsmitglieder wider.[623] Dabei wird diese Rechtsstellung vor allem geprägt durch die Rechtsstellung des Aufsichtsrats als Organ der Gesellschaft und alleinigem Pflichtenadressat. Die Anforderungen, die an die Aufsichtsratsmitglieder zu stellen sind, korrespondieren mit ihren Aufgaben.[624] So muß der Aufsichtsrat in seiner Gesamtheit die Kenntnisse und Fähigkeiten in sich vereinigen, die er braucht, um allen seinen gesetzlichen Aufgaben ordnungsgemäß nachgehen zu können. Dabei muß zwar nicht jedes einzelne Aufsichtsratsmitglied alle diese notwendigen Kenntnisse vorweisen können, es muß aber in der Lage sein, die zur Entscheidung anstehenden Sachverhalte eigenständig beurteilen zu können und aufgrund dieser Beurteilung eine selbständige Entscheidung zu treffen. Auch die das einzelne Aufsichtsratsmitglied treffenden Rechte und Pflichten sind in erster Linie an der Überwachungsaufgabe des Aufsichtsrats ausgerichtet und sollen das einzelne Mitglied in die Lage versetzen bzw. dazu anhalten, dieser Aufgabe ordnungsgemäß nachzukommen.[625] Dabei werden grundsätzlich zwischen den einzelnen Aufsichtsratsmitgliedern keine Unterschiede gemacht.

Trotz des für jedes Aufsichtsratsmitglied geltenden Gleichbehandlungsgrundsatzes ergeben sich für die Rechtsstellung der Arbeitnehmervertreter im Aufsichtsrat einige Besonderheiten.[626] Dabei muß unterschieden werden zwischen der Gruppe der Arbeitnehmervertreter in ihrer Funktion als Repräsentanten der Unternehmensmitbestimmung und dem einzelnen Arbeitnehmervertreter in

[622] Dazu oben § 3 A).

[623] Dazu oben § 3 C).

[624] Dazu oben § 3 C) II.

[625] Dazu oben § 3 C) III.

[626] Dazu oben § 4.

seiner Funktion als Mitglied des Unternehmensorgans Aufsichtsrat. Die Idee der Arbeitnehmermitbestimmung darf von deren Repräsentanten im Aufsichtsrat nicht bedingungslos durchgesetzt werden. Genau wie die Anteilseignervertreter sind auch die Arbeitnehmervertreter bei ihrer Amtsführung in erster Linie dem Interesse des mitbestimmten Unternehmens verpflichtet und dürfen den von ihnen vertretenen Partikularinteressen im Konfliktfall keinen Vorrang einräumen.[627] Insofern bestehen zwischen der Arbeitnehmermitbestimmung auf betrieblicher und auf Unternehmensebenen bedeutsame Unterschiede.[628] Obwohl angesichts ihrer Anbindung an die Arbeitnehmerschaft darüber diskutiert wird, bestimmte Pflichten für die Arbeitnehmervertreter nur eingeschränkt gelten zu lassen, muß im Ergebnis festgehalten werden, daß sich solche Einschränkungen im Verhältnis zur Gruppe der Anteilseignervertreter nicht rechtfertigen lassen.[629] Dennoch ist nicht zu verkennen, daß die Arbeitnehmervertreter als Interessengruppe im Aufsichtsrat nicht dieselben Durchsetzungsmöglichkeiten haben wie die Anteilseignervertreter. Die zum Teil in den Gesetzen zur Unternehmensmitbestimmung bereits angelegte Minderparität sowie das in der Praxis gebräuchliche „Bänkedenken“ führen dazu, daß die Einflußmöglichkeiten der Arbeitnehmergruppe auf Aufsichtsratsentscheidungen im Vergleich zu den Möglichkeiten der Anteilseignervertreter deutlich beschränkt sind. Gerade die zunehmende Bedeutung der Ausschußarbeit für eine ordnungsgemäße Ausführung des Überwachungsauftrags verschlechtert die Situation der Arbeitnehmervertreter, weil sich bei der Besetzung der Ausschüsse regelmäßig das zahlenmäßige Verhältnis nochmals zu ihren Lasten verschiebt.[630] Hinzu kommt, daß das Unternehmensinteresse tendenziell ohnehin näher an den Interessen der Anteilseigner liegen dürfte als an den Interessen der Arbeitnehmer. Während also für den einzelnen Arbeitnehmervertreter als individuelles Aufsichtsratsmitglied der Gleichheitsgrundsatz in vollem Umfang gilt, sind die Durchsetzungsmöglichkeiten der Interessengruppe der Arbeitnehmer deutlich geschwächt.

Angesichts dieser mangelnden Durchsetzungskraft war eine Reduzierung der Haftung zugunsten der Arbeitnehmervertreter zu erwägen. Die Amtshaftung für Aufsichtsratsmitglieder ist vom Gesetzgeber zwingend und materiell-rechtlich streng geregelt.[631] Gerade gegenüber der Gesellschaft haften die Aufsichtsratsmitglieder grundsätzlich für alle Verletzungen ihrer Amtspflichten. Obwohl es in der Vergangenheit nur selten dazu gekommen ist, daß entsprechende Schadensersatzansprüche seitens der Gesellschaft geltend gemacht wurden, ist für die Zu-

[627] Dazu oben § 4 B) I.

[628] Dazu oben § 4 B) II.

[629] Dazu oben § 4 C) II.

[630] Dazu oben § 4 D).

[631] Dazu oben § 5.

kunft davon auszugehen, daß die Bereitschaft zu einer Klage vor allem auf Seiten der Aktionäre wächst.[632] Damit gewinnt die Frage nach der Haftung zunehmend an Bedeutung. Zugleich wächst aber auch die wirtschaftliche Bedeutung der Organhaftpflichtversicherung, der sogenannten D&O-Versicherung, mit der die Gesellschaft ihre Organmitglieder - und damit auch die Aufsichtsratsmitglieder - gegen die Inanspruchnahme aus Amtshaftungsansprüchen versichern kann.[633]

Vor dem Hintergrund ihrer Rechtsstellung bieten sich zumindest auf den ersten Blick für die Arbeitnehmervertreter verschiedene rechtliche Ansatzpunkte an, um die sie treffende Haftung zu reduzieren.[634] Keiner dieser Ansätze läßt sich jedoch vertretbar umsetzen. Dabei spielen unterschiedliche Kriterien eine Rolle. Angesichts der Tatsache, daß alle Aufsichtsratsmitglieder die gleichen Rechte und Pflichten treffen, ist es nicht gerechtfertigt, allein für die Arbeitnehmervertreter, die im Grundsatz genauso qualifiziert sein müssen wie die Anteilseignervertreter, den Verschuldensmaßstab zu senken.[635] Auch hinsichtlich der im Arbeitsrecht gebräuchlichen Haftungsbeschränkungen ist festzuhalten, daß die besondere Situation der Arbeitnehmervertreter als Teil eines Gesellschaftsorgans nicht mit klassischen arbeitsrechtlichen Konstellationen ausreichend vergleichbar ist.[636] Schließlich kommt ebensowenig aus Billigkeitsgründen eine Beschränkung ihrer Haftung auf der Rechtsfolgenseite in Betracht.[637] Während sich hier schon *de lege lata* kein Ansatz für eine solche Reduzierung bietet, ist dafür selbst *de lege ferenda* kein Raum. Denn obwohl die Gruppe der Arbeitnehmervertreter nicht dieselben Durchsetzungsmöglichkeiten im Aufsichtsrat hat wie die Anteilseignervertreter, trifft die haftungsrechtliche Verantwortung letztlich das individuelle Aufsichtsratsmitglied, dem es zufällt, seine Aufgaben im Aufsichtsrat ordnungsgemäß zu erfüllen. Der einzelne Arbeitnehmervertreter ist aber gegenüber den anderen Aufsichtsratsmitgliedern nicht derartig benachteiligt, daß sich allein aufgrund von Gerechtigkeitserwägungen eine Haftungsreduzierung *de lege ferenda* rechtfertigen ließe.

Hauptaspekt ist dabei die untrennbare Verknüpfung von Handlungsmacht und Verantwortlichkeit, die in der Rechtsordnung verankert ist. Das Ausmaß der Verantwortlichkeit, das sich regelmäßig in der Haftung des Verantwortlichen ausdrückt, bestimmt sich regelmäßig nach Art und Umfang der Handlungsmacht. Mit der Unternehmensmitbestimmung wird den Arbeitnehmern ein maßgeblicher Einfluß nicht nur auf die Führung und Entwicklung des konkreten mitbestimmten

[632] Dazu oben § 5 B) I.

[633] Dazu oben § 5 C).

[634] Dazu oben § 6.

[635] Dazu oben § 6 C).

[636] Dazu oben § 6 D).

[637] Dazu oben § 6 F).

Unternehmens verschafft. Zugleich dient die Mitbestimmung der Gestaltung der Wirtschafts- und Gesellschaftsordnung und gewährt damit in erheblichem Maß Einfluß- und Gestaltungsmöglichkeiten für die Akteure. Ein solcher Einfluß benötigt als Korrektiv und immanente Kontrolle die persönliche Verantwortlichkeit der handelnden Personen für ihr Tun. Diese Verantwortlichkeit wird durch die zivilrechtliche Haftung, wie sie eben vom Gesetz für alle Aufsichtsratsmitglieder vorgesehen ist, sichergestellt.

Peter Lang · Europäischer Verlag der Wissenschaften

Guido Hobert

Datenschutz und Datensicherheit im Internet

Interdependenz und Korrelation von rechtlichen Grundlagen und technischen Möglichkeiten
2., durchgesehene Auflage

Frankfurt/M., Berlin, Bern, Bruxelles, New York, Oxford, Wien, 2000. 302 S.
Europäische Hochschulschriften: Reihe 2, Rechtswissenschaft. Bd. 2501
ISBN 3-631-36130-0 · br. DM 98.–*

Unsere Zeit ist geprägt durch den alles beherrschenden Einfluß der digitalen Medien. Kommunikationsforscher sprechen vom Beginn einer neuen technischen Ära: dem Zeitalter der totalen Informations- und Kommunikationsgesellschaft. Diese wird jedoch in Zukunft nicht nur höchste Anforderungen an die multimedialen Technologien stellen, sondern auch neue Fragen im Bereich der Gesetzgebung und Rechtsprechung aufwerfen. In den Mittelpunkt des Interesses rücken in diesem Zusammenhang Schutz und Sicherheit der Datenübertragung. Die Arbeit beschäftigt sich mit dem Spannungsverhältnis von technischer Entwicklung (Datensicherheit) und normativen rechtlichen Vorgaben (Datenschutz). Ziel der Arbeit ist eine Gesamtdarstellung der aktuellen Problematik des Datenschutzes und der Datensicherheit im Internet. Eine Bewertung des vorhandenen Datenschutzes und der bestehenden Datensicherheit sowie ein Ausblick auf deren künftige Entwicklung bilden den Abschluß des Buches.

Aus dem Inhalt: Entstehung, Funktionsweise und Dienste des Internets · Daten und Risiken der Internet-Kommunikation · Technische und rechtliche Möglichkeiten der Gefahrenabwehr · Kryptographie, Digitale Signaturen, Electronic Commerce, Home Banking · Gesamtsituation und Bewertung von Datenschutz und Datensicherheit im Internet

Frankfurt/M · Berlin · Bern · Bruxelles · New York · Oxford · Wien
Auslieferung: Verlag Peter Lang AG
Jupiterstr. 15, CH-3000 Bern 15
Telefax (004131) 9402131

*inklusive Mehrwertsteuer
Preisänderungen vorbehalten

Homepage http://www.peterlang.de

Kolibri 360 GmbH
Ferdinand-Jühlke-Straße 7
99095 Erfurt, Deutschland
produktsicherheit@kolibri360.de

Druck:
CPI Druckdienstleistungen GmbH
im Auftrag der
Kolibri 360 GmbH
Ferdinand-Jühlke-Str. 7
99095 Erfurt